MUJERES TRADUCTORAS, MUJERES LUCHADORAS

LA TRAYECTORIA EN LA SOMBRA DE MARÍA ANTONIA GUTIÉRREZ BUENO Y AHOIZ

(1781-1874)

Serie: Monográficos de la revista Hermēneus; 25

Pérez Ramos, Sandra

Mujeres traductoras, mujeres luchadoras : la trayectoria en la
sombra de María Antonia Gutiérrez Bueno y Ahoiz (1781-1874) /
Sandra Pérez Ramos. – Valladolid: Universidad de Valladolid 2023

168 p. ; 24 cm. Monográficos de la revista Hermēneus ; Vertere ; 25

ISBN : 978-84-1320-272-3

1. Gutiérrez Bueno, Antonia, 1781-1874 – Traductores – España –
Historia – Siglo XVIII-XIX. I. Universidad de Valladolid, ed. II Serie

81'25-051-055.2(460)"17/18"

SANDRA PÉREZ RAMOS

MUJERES TRADUCTORAS, MUJERES LUCHADORAS

LA TRAYECTORIA EN LA SOMBRA DE MARÍA ANTONIA GUTIÉRREZ BUENO Y AHOIZ (1781-1874)

EDICIONES
Universidad de Valladolid

En conformidad con la política editorial de Ediciones Universidad de Valladolid (http://www.publicaciones.uva.es/), este libro ha superado una evaluación por pares de doble ciego realizada por revisores externos a la Universidad de Valladolid.

Preimpresión: Ediciones Universidad de Valladolid

ISBN 978-84-1320-272-3

Diseño de cubierta: Ediciones Universidad de Valladolid

Motivo de cubierta: Fotografía de la autora

Dep. Legal: VA 916-2023

Imprime: ULZAMA

A todas aquellas mujeres, aún heroínas ignotas,
que han pasado por la historia sin dejar sus nombres escritos

A mi pequeña gran familia: tanto la biológica como la amical

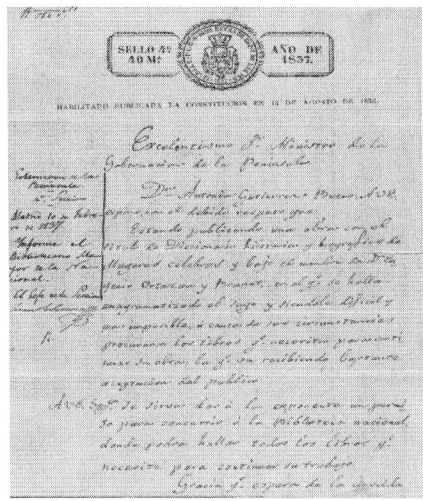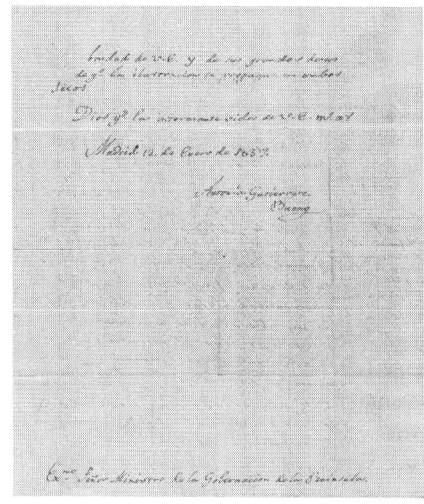

Instancia de María Antonia Gutiérrez Bueno y Ahoiz para acceder a Biblioteca Nacional de España en 1837

En la última frase (situada en el documento de la derecha), la biógrafa concluye con lo siguiente: «Gracia que espero de la conocida bondad de V. E. y de sus grandes deseos de que la ilustración se propugne en ambos sexos». A partir del 22 de marzo de 1837, las puertas de la BNE quedaron al fin abiertas a las mujeres.

Fuente: Archivo de la Biblioteca Nacional de España (BNE-A, BN 0104/06).

ÍNDICE

Xaverio BALLESTER GÓMEZ (Universitat de València, España)

Christian BALLIU (ISTI – Bruxelles, Bélgica)

Josu BARAMBONES ZUBIRIA (Euskal Herriko U. / U. del País Vasco, España)

George BASTIN (Université de Montréal, Canadá)

Klaudia BEDNÁROVÁ-GIBOVÁ (Universidad de Prešov, Eslovaquia)

Lieve BEHIELS (Lessius Hogeschool, Antwerpen – Bélgica)

Carmen BESTUÉ SALINAS (Universitat Autònoma de Barcelona, España)

Freddy BOSWELL (Summer Institute of Linguistics, Dallas – EE. UU.)

Hassen BOUSSAHA (Université Mentouire-Constantine, Argelia)

Míriam BUENDÍA CASTRO (Universidad de Granada, España)

Antonio BUENO GARCÍA (Universidad de Valladolid, España)

Teresa CABRÉ CASTELLVÍ (Universitat Pompeu Fabra, España)

Ingrid CÁCERES WÜRSIG (Universidad de Alcalá, España)

Philippe CAIGNON (Concordia University, Montreal, Canadá)

José Ramón Calvo Ferrer (Universidad de Alicante, España)

Helena CASAS TOST (Universitat Autònoma de Barcelona, España)

Carlos CASTILHO PAIS (Universidade Aberta, Lisboa – Portugal)

Nayelli CASTRO (University of Massachusetts, EE. UU.)

Pilar CELMA VALERO (Universidad de Valladolid, España)

María Sierra CÓRDOBA SERRANO (McGill University, Montreal, Canadá)

José Antonio CORDÓN GARCÍA (Universidad de Salamanca, España)

María del Pino DEL ROSARIO (Greensboro College, NC – EE. UU.)

Jorge DÍAZ CINTAS (University College London, Reino Unido)

Oscar DIAZ FOUCES (Universidade de Vigo, España)

Álvaro ECHEVERRI (Université de Montréal, Canadá)

Luis EGUREN GUTIÉRREZ (Universidad Autónoma de Madrid, España)

Pilar ELENA GARCÍA (Universidad de Salamanca, España)

Martín J. FERNÁNDEZ ANTOLÍN (U. Europea Miguel de Cervantes, Valladolid, España)

Alberto FERNÁNDEZ COSTALES (Universidad de Oviedo, España)

Purificación FERNÁNDEZ NISTAL (Universidad de Valladolid, España)

Maria FERNANDEZ-PARRA (Swansea University, Reino Unido)

Marco A. FIOLA (Ryerson University, Toronto, Canadá)

Olivier FLÉCHAIS (Africa Training Institute, Fondo Monetario Internacional / Asociación Internacional de Intérpretes de Conferencias – AIIC)

Javier FRANCO AIXELÁ (Universidad de Alicante, España)

Christy FUNG-MING LIU (The Education University of Hong Kong, China)

Daniel GALLEGO HERNÁNDEZ (Universidad de Alicante, España)

Yves GAMBIER (University of Turku, Finlandia)

Pilar GARCÉS GARCÍA (Universidad de Valladolid, España)

Ángeles GARCÍA CALDERÓN (Universidad de Córdoba, España)

Isabel GARCÍA-IZQUIERDO (Universitat Jaume I de Castelló, España)

Francisca GARCÍA LUQUE (Universidad de Málaga, España)

Carmen GIERDEN VEGA (Universidad de Valladolid, España)

Susana GIL-ALBARELLOS (Universidad de Valladolid, España)

Juliana Aparecida GIMENES (Universidade Estadual de Campinas, Brasil)

Simone GRECO (Università di Bari Aldo Moro, Italia)

Pierre-Paul GRÉGORIO (Université Jean Monet, Saint Étienne, Francia)

Amal HADDAD (Universidad de Granada, España)

Theo HERMANS (University College London, Reino Unido)

César HERNÁNDEZ ALONSO (Universidad de Valladolid, España)

Rebeca HERNÁNDEZ ALONSO (Universidad de Salamanca, España)

María José HERNÁNDEZ GUERRERO (Universidad de Málaga, España)

Carlos HERRERO QUIRÓS (Universidad de Valladolid, España)

Juliane HOUSE (Universität Hamburg, Alemania)

Miguel IBÁÑEZ RODRÍGUEZ (Universidad de Valladolid, España)

Laurence JAY-RAYON (University of Massachusetts - Amherst, EE. UU.)

Louis JOLICOEUR (Université Laval, Québec, Canadá)

Jana KRÁLOVÁ (Universidad Carolina de Praga, Praga, República Checa)

Elke KRÜGER (Universität Leipzig, Alemania)

Masako KUBO (Universidad de Salamanca, España)

Francisco LAFARGA (Universitat de Barcelona, España)

Juan José LANERO FERNÁNDEZ (Universidad de León, España)

Jorge LEIVA (Universidad de Málaga, España)

Brigitte LÉPINETTE (Universitat de València, España)

Daniel LÉVÊQUE (Université Catholique d'Angers, Francia)

LIANG Linxin (School of Foreign Languages, Huazhong University of Science and Technology / HUST, China)

Belén LÓPEZ ARROYO (Universidad de Valladolid, España)

Ramón LÓPEZ ORTEGA (Universidad de Extremadura, España)

Rachel LUNG (Lingnan University, Hong Kong, China)

Anna MALENA (University of Alberta, Edmonton, Canadá)

Carme MANGIRON (Universitat Autònoma de Barcelona, España)

Elizabete MANTEROLA AGIRREZABALAGA (U. del País Vasco UPV/EHU, España)

Josep MARCO BORILLO (Universitat Jaume I de Castelló, España)

NOTA DEL DIRECTOR

Veinticinco años de la colección Vertere:
Las recompensas de *jugar bien*

Con este nuevo volumen de la colección que ahora mismo llega a sus manos, apreciado lector(a), la colección «Vertere. Monográficos de la Revista Hermēneus» alcanza la respetable cifra de veinticinco volúmenes. Creemos que se trata de una buena ocasión para celebrarlo, pues no ha sido tarea fácil. Es de justicia agradecer, como bien nacidos, a todos los autores que confiaron y siguen haciéndolo, sin reparos, en nuestra publicación, a los diversos equipos editoriales que invirtieron su ilusión en sacarla adelante cada anualidad, en los comités asesores y evaluadores, a los editores y especialistas en la edición de textos impresos y digitales, a la Diputación de Soria y a Ediciones Universidad de Valladolid. Llegar hasta aquí ha sido mérito de muchas manos bien dispuestas y muchas voluntades inquebrantables. Gracias.

Después de haber sido testigos, el comité editorial y yo mismo, de la construcción de este edificio impreso, universitario y erudito a lo largo y ancho de todos estos años, si me viera en la tesitura de tener que compararlo con algo sencillo de comprender, creo que una buena ocurrencia sería inspirarse en los alegres trabajos de la construcción de un bloque de un juego de Lego. Lego según grata invención del fundador de tal empresa lúdica con pilares de esfuerzo y paciencia, el danés Ole Kirk Christiansen (1891-1958) y su interés por *leg godt* (jugar bien). Toda una leyenda mundial desde el año de 1932.

Lo hemos disfrutado, hemos aprendido mucho, hemos *jugado bien*.

Juan Miguel Zarandona
25 de mayo de 2023

PRÓLOGO

La contribución que nos brinda Sandra Pérez-Ramos titulada *Mujeres traductoras, mujeres luchadoras: la trayectoria en la sombra de María Antonia Gutiérrez Bueno y Ahoiz* (1781-1874) es un apasionante recorrido por la vida y la obra de una traductora y biógrafa española del siglo XIX que desempeñó un papel relevante en su época como mediadora cultural y científica. Gracias a un exhaustivo trabajo de exploración de documentos y archivos de difícil acceso, Sandra Pérez ha recuperado los aspectos esenciales de la labor de traducción y creación de María Antonia Gutiérrez Bueno que, como muchas mujeres de su época, vivió en la sombra de un entorno familiar y social poco proclive a facilitar el acceso a la vida profesional y cuya figura no había sido rescatada del olvido. Las reflexiones y dilucidaciones de esta contribución se enmarcan en la fructífera perspectiva de la historia cultural y una rigurosa contextualización histórica y metodológica.

María Antonieta Gutiérrez Bueno y Ahoiz es un caso ejemplar en la medida en que ilustra la invisibilidad de las mujeres en un ámbito tradicionalmente reservado a los hombres. Biógrafa pionera, sin formación académica reglada, fue una de las pocas traductoras especializadas en el mundo de las ciencias cuyo compromiso profesional a favor de la divulgación científica en ámbitos como la química y la ciencia tuvo un importante impacto cultural, favoreciendo incluso la comunicación científica entre España y Francia. La labor de traducción de Gutiérrez y Bueno, desarrollada en torno a dos periodos, el primero de 1800 a 1804 con una dedicación exclusiva a la traducción de artículos sobre remedios medicinales con compuestos químicos y una segunda etapa en 1832 centrada en la recopilación desde la prensa francesa de noticias sobre el cólera-morbo, permite apreciar la curiosidad intelectual y el enriquecimiento personal de una mujer cuyo interés por la ciencia se explica, en parte, por su entorno familiar. Inmersa en el universo letrado, acomodado y privilegiado de la alta sociedad madrileña, María Antonieta Gutiérrez Bueno pasó su vida a la sombra de tres figuras masculinas que tuvieron notable influencia en su trayectoria profesional. Su padre, Pedro Gutiérrez Bueno, que desempeñaba el oficio de farmacéutico en una oficina propia, ocupó una cátedra de química a partir de 1787. Autor de varios cursos y escritos sobre química teórica y práctica, traductor de artículos científicos, sus colaboraciones con otros científicos y su actividad práctica diaria estimularon la curiosidad y la capacidad de observación de su hija. Fueron las relaciones del propio padre con el profesor de medicina y especialista de ciencias naturales, Antonio Francisco d'Arnaud, las que aparentemente facilitaron su matrimonio con Gutiérrez Bueno. Esta unión, en la que probablemente se valoraron el estatus social e incluso político de un representante de la alta burguesía del siglo XIX, refleja el escaso protagonismo de las mujeres en la vida social. Las indagaciones de Sandra Pérez sobre las circunstancias de este matrimonio han esclarecido con especial relevancia algunos rasgos y tópicos que connotaban negativamente la identidad femenina, rasgos que pudieron influir en las preocupaciones recurrentes de María Antonieta Gutiérrez Bueno por la enfermedad y la muerte. Su supuesta dolencia debida a «violentos insultos histéricos» se utilizó como motivo para agilizar el matrimonio. Estas circunstancias explican, en gran parte, la elección de las obras traducidas, dedicadas en su mayoría a la divulgación de conocimientos médicos. Este compromiso como mediadora científica se afianzó en la década de 1820 cuando, al quedar viuda, Gutiérrez Bueno dedicó el resto de su vida a acompañar a su hijo, Antonio Luis d'Arnaud Gutiérrez Bueno, quien había emprendido una carrera diplomática fuera de España, pero cuya salud estaba quebrantada por causa del cólera y de afecciones del estómago.

Los aspectos más personales de la vida de esta traductora no pueden disociarse, como lo demuestra este esclarecedor estudio, del contexto general de una época en la que se produjo una gran efervescencia científica, reforzada por múltiples publicaciones en la prensa y mediante las traducciones. Una época también marcada por las enfermedades y epidemias que asolaron gran parte de Europa. Gutiérrez Bueno tuvo un protagonismo destacado en este proceso de transferencia cultural desde sus primeras traducciones publicadas en revistas especializadas como la *Revista de Agricultura y Artes destinada a los párrocos* (1797-1808), de carácter agronómico-científico y en su *Recopilación de lo más interesante que se ha publicado en abril de 1832 en la Gaceta de Francia concerniente al cólera-morbo*, una recopilación en la que trasluce su vocación profundamente didáctica. Gracias la catalogación minuciosa y al análisis profundizado de las traducciones llevado a cabo por Sandra Pérez, se puede valorar el notable impacto cultural que tuvo María Antonnieta Gutiérrez Bueno, una «mediadora hiperespecializada» para quien la traducción era una forma de reescritura capaz de constituirse como un auténtico acto interpretativo. En este aspecto es destacable su trabajo de explicación, ampliación y reflexión ya que, sin ser químico o médico, había sido capaz de asimilar conocimientos técnicos y científicos y realizar un auténtico trabajo de exégesis. Lo atestiguan los comentarios, los paratextos y las ampliaciones por reafirmación conceptual o explicativa que acompañan los textos traducidos, así como su destacada labor lingüística y terminológica. Su capacidad creativa también puede comprobarse en la elaboración de su *Diccionario histórico y biográfico de mujeres célebres*, publicado por entregas y para el que consiguió en 1837 el acceso a los fondos bibliográficos de la Biblioteca Nacional de España que hasta entonces había sido taxativamente prohibido a las mujeres. A pesar de limitaciones impuestas por un entorno social y familiar conservador y poco favorable a la visibilidad de la mujer en el espacio público, María Antonieta Gutiérrez Bueno supo imponer su voz, reclamar derechos desde un tímido reformismo feminista (varias traducciones fueron publicadas con un seudónimo) y desempeñar un papel pionero como traductora especializada.

Solange Hibbs
Universidad de Toulouse-Jean Jaurès

INTRODUCCIÓN

«Una vez más la Historia muestra no estar hecha solo por aquellos cuyos nombres figuran en los libros. Muchas veces las batallas ganadas a la injusticia han estado determinadas por acciones de seres ignorados, por los "sin historia" de la Historia. En ocasiones ellos han sido los verdaderos protagonistas. Así ocurrió en el caso que estudiamos» (Carreño Ribero y Colmenar Orzaes, 1985, p. 181).

El pasado seis de abril de dos mil veinte tres se cumplieron ciento cincuenta y dos años del fallecimiento de María Antonia Gutiérrez Bueno y Ahoiz[1], pero su trayectoria aún sigue siendo poco conocida. Nuestra investigación pretende recuperar la memoria histórica de la traductora y escritora a través de la reconstrucción de su vida y del estudio de sus obras desde una óptica traductológica.

Este estudio se enmarca, principalmente, en las disciplinas de Historia de la Traducción y Género, así como en la Historiografía y la Traductología. Gutiérrez Bueno y Ahoiz (1781-1874) desempeñó, sobre todo, la labor de traductora entre los años 1800 a 1804 y 1832, aunque, también, redactó diversos artículos de un diccionario biográfico dedicado a mujeres célebres durante los años 1835 a 1837. Obra que no concluyó, pero que para elaborarla solicitó el acceso, vetado hasta entonces a las mujeres, a la Biblioteca Nacional de España, obteniéndolo en 1837. Sin embargo, Gutiérrez Bueno y Ahoiz pasó toda su vida a la sombra de tres figuras masculinas que influyeron notablemente en su trayectoria profesional: su padre, Pedro Gutiérrez

---

[1] De aquí en adelante, alternaremos las menciones de María Antonia Gutiérrez Bueno y Ahoiz o Gutiérrez Bueno y Ahoiz para referirnos a la traductora.

Bueno[2] (1743-1822), su marido, Antonio d'Arnaud (1778-1818) y su hijo, Antonio Luis d'Arnaud Gutiérrez Bueno[3] (1803-1863).

A nivel investigador, esto se traduce en pistas bastantes discretas y de difícil rastreo que Gutiérrez Bueno y Ahoiz fue dejando a lo largo de su vida, como ya apuntaba Gema Hernández Carralón en 2012:

> Escasas y difícilmente rastreables son sus pistas biográficas pues, si ya de por sí las mujeres pasaban desapercibidas, no ayudan al caso ni la ponderada virtud femenina de la modestia ni la desaforada afición de las autoras a los seudónimos masculinos, causa y efecto de dicha virtud.[4]

De ahí nace nuestra motivación particular de rendir homenaje y hacer justicia a una figura femenina que, aunque puede que en menor medida que otras coetáneas internacionales, también contribuyó con sus aportaciones a fomentar la comunicación científica entre Francia y España gracias a la traducción, así como a visibilizar a otras mujeres precedentes mediante su *Diccionario histórico y biográfico de mugeres [sic] célebres*.

El rescate y el estudio de las traducciones de antaño permiten enriquecer la historia de la traducción, así como la disciplina traductológica, en sí misma. Como ya apuntaba D'hulst existen múltiples ventajas en cuanto al análisis de las traducciones se refiere: entre ellas, facilita al mundo de la investigación nuevas formas de pensar y de concebir la traducción, fomentando la tolerancia hacia otras formas de actuación diferentes, contribuye a construir un concepto unitario en la disciplina, aunando pasado y presente, y, además, facilita dicha revisión traductológica y la recurrencia a otros modelos precedentes (1994, p. 13). En este trabajo hemos recopilado un repertorio de las traducciones que llevó a cabo Gutiérrez Bueno y Ahoiz con el fin de estudiar, en primer lugar, las estrategias y las técnicas que puso en marcha y, en segundo lugar, relatar la trayectoria de la traductora para observar y detallar las complejidades a las que tuvo que hacer frente. La parte traductológica está intrínsecamente ligada a la histórica y a la biográfica, ya que nos preguntamos cómo pudo hacer frente a las traducciones especializadas, teniendo en cuenta que, muy probablemente, careció de formación académica reglada. Según obra en nuestro conocimiento, escasas mujeres se dedicaron a la traducción científico-técnica en el siglo XIX. Por tanto, el estudio está proyectado desde una perspectiva de género con el objetivo de darle voz a una traductora que ha

---

[2] De aquí en adelante, emplearemos las menciones de Pedro Gutiérrez Bueno o Gutiérrez Bueno para referirnos al padre de la traductora.

[3] De aquí en adelante, utilizaremos los nombres de Antonio d'Arnaud o Arnaud para hablar sobre el hijo de Gutiérrez Bueno y Ahoiz.

[4] Recuperado 13 abril de 2022 de: https://blog.bne.es/blog/eva-en-la-bne/

contribuido al progreso de esta disciplina, pero cuya labor, sin embargo, nunca ha sido realmente reconocida. Como sucede en otros campos del conocimiento, las mujeres suelen aparecer poco o casi nada en los compendios históricos. Este estudio responde, así, a ciertas motivaciones de índole personal y académica.

Esta investigación es el resultado de un trabajo que se ha ido fraguando a lo largo de estos últimos años, a través del cual, nos planteamos reconstruir, en la medida de lo posible, la vida y las obras de Gutiérrez Bueno y Ahoiz con el objetivo de darle el lugar que creemos que merece en el mundo de la traducción. Llegados a tal punto, es necesario mencionar la escasez de fuentes primarias directas sobre la traductora, María Antonia Gutiérrez Bueno y Ahoiz, quien sin duda ha pasado por la historia de forma muy discreta.

Esta escasez ha complicado la reconstrucción de su vida, ya que hemos tenido que recurrir, por ejemplo, al análisis de la correspondencia personal de su hijo para encontrar datos sobre ella, así como a documentos personales y profesionales de su padre, Pedro Gutiérrez Bueno. Esta casuística puede explicarse por el hecho de que la traductora enfocase su actividad sin ningún tipo de pretensión, sino simplemente como ayuda y colaboración puntual. Del mismo modo, también encontramos una explicación evidente en cuanto a la preservación de documentos de archivo se refiere: su padre y su hijo ocupan puestos distinguidos a través de los cuales son reconocidos y sus documentos archivados; ella, traductora en la sombra, se dedica a la publicación de su *Diccionario* y de sus traducciones sin reconocimiento profesional oficial. Este aspecto pudo motivar el hecho de que sus documentos no causasen interés y de que no hayan sido, por consiguiente, conservados como lo han sido los de sus parientes varones. Además, no podemos olvidar que la traducción ha sido considerada como una actividad secundaria de carácter invisible y, mucho más aún, si está realizada por mujeres.

Por este motivo y al hilo de la biografía de Gutiérrez Bueno y Ahoiz, esta monografía pretende recuperar la historia contextual de la mujer en el mundo de la traducción decimonónica con el fin de rescatar también a aquellas otras traductoras que han pasado por la historia sin dejar apenas huella y cuyos nombres no son realmente conocidos ni estudiados. Así pues, pretendemos mencionar a sus coetáneas con el fin de estudiar las dificultades que han atravesado por ser mujeres y traductoras, víctimas de una doble invisibilidad. A través de estas menciones, encontraremos ciertos paralelismos vivenciales entre ellas y, a veces, las mismas dificultades para publicar sus traducciones, los mismos métodos y ambientes de trabajo, las mismas perspectivas, etc.

A nivel estructural, esta monografía se divide en dos partes: en la primera, presentamos la biografía inédita y las obras de María Antonia Gutiérrez Bueno y Ahoiz y, en la segunda, exponemos un estudio de corte analítico con el fin de estudiar sus traducciones y explorar las decisiones y las elecciones a las que tuvo que hacer frente, teniendo en cuenta las limitaciones propias de su condición femenina (falta de instrucción reglada, dificultad de acceso a fuentes bibliográficas, etc.).

Sin mayor dilación, se trata de una monografía cuya finalidad es rendir homenaje a las traductoras, mujeres luchadoras, que han colaborado a lo largo de la historia con esta disciplina para ayudar a que la comunicación y la transmisión de ideas y conceptos crucen más allá de las fronteras geográficas, lingüísticas y políticas. Ellas, sin duda, merecen nuestro respeto y reconocimiento y a través de este libro pretendemos humildemente plantar una pequeña semilla que esperemos que, más tarde, germine y brote con muchas otras iniciativas.

PARTE I

VIDA Y OBRAS DE MARÍA ANTONIA GUTIÉRREZ BUENO Y AHOIZ

La vida de María Antonia Gutiérrez Bueno y Ahoiz despierta atención debido a la escasez de información biográfica y bibliográfica que existe sobre su figura. Como bien ya anunció Gema Hernández Carralón (2013, blog) «Escasas y difícilmente rastreables son sus pistas biográficas».

Sin embargo, resulta sumamente pertinente conocer el perfil biográfico para entender, posteriormente, sus obras. Ya que en la literatura producida se proyectarán los rasgos y elementos fundamentales de la vida y de la ideología de dicha traductora y escritora.

1. Introducción: la mujer en la traducción

La traducción se convirtió, desde finales del siglo XVIII, en una vía de expresión y de salida de la esfera privada a la pública. Así que el entorno de las letras, reservado únicamente al sector masculino, comenzó a contemplar la asistencia paulatina de las mujeres: «Según todas las estadísticas, por entonces las mujeres escriben más y abordan dominios nuevos: entre 1700 y 1750, en Francia, por ejemplo, publican casi tantas mujeres como hombres; entre todos estos datos se encuentran libros de todo tipo, también –lo que a nosotros nos interesa– numerosas traducciones de lenguas muertas o vivas» (Bueno, 1997, p. 513). Aunque Bolufer matiza: «Si un buen número de traducciones realizadas en el siglo XVIII nunca se publicaron, sea por no haber superado la censura o por tratarse de textos para el uso personal o de reducidos círculos, que no aspiraban a la difusión impresa, entre las traducciones realizadas por mujeres ello pudo producirse en mayor medida» (2017, p. 27). En este sentido, debemos mencionar el ejemplo de la francesa Georges Sand cuyas obras fueron duramente reprimidas a lo largo del siglo XIX, como lo apuntan Sanmartí y Riba: «Las pocas escritoras españolas que lograron inmiscuirse en el panorama literario del siglo XIX se posicionaron también respecto a Sand. Rosalía de Castro y Gertrudis de Avellaneda, por ejemplo, se valieron de los paralelismos con la francesa para denunciar el ambiente de animadversión y discriminación al que estaban expuestas» (2020, p. 33). Ya que, como Lola Sánchez lo explica, el prisma patriarcal determinaba dicha tendencia:

> El canon patriarcal que ha definido tradicionalmente los valores estéticos y literarios en términos que favorecen las producciones realizadas por varones en detrimento de las mujeres purga también la producción de las traducciones, filtrando lo que debe o no debe traducirse. Como resultado, las obras escritas por mujeres no solo se han visto limitadas en sus propios ámbitos culturales o nacionales de creación, sino que su no-traducción ha frenado la difusión y participación en el intercambio cultura (2015, p. 67).

Sin embargo, la traducción se fue consolidando como una de las actividades de creciente interés:

> [...] el auge de la traducción en el siglo XVIII es revelador de importantes novedades culturales, intelectuales y sociales en toda Europa, entre las que se cuentan el crecimiento y la diversificación del público lector, la mayor circulación de personas, objetos e ideas a través del continente y el intenso internacionalismo de los ideales propios de la Ilustración y del movimiento mismo (Bolufer, 2017, p. 24).

Tras la Revolución francesa, las escritoras volvieron a refugiarse en el anonimato y, por tanto, la traducción se comportó como un nuevo canal de expresión (Bueno, 1997, p. 514). Entre otras ventajas, la traducción permitió ser ejercida en los muros del hogar, pero, además, también facilitó el traspaso de esta frontera para poder ser leídas en el ámbito público:

> Traducir empezará a tener la consideración de actividad femenina por excelencia y ello por razones evidentes: la traducción se hace en casa, es una actividad privada y no se da en ella esa exposición indecente en el mercado literario. [...] la traducción sigue siendo una actividad anónima en la que no se pone en peligro el nombre de la familia (Bueno, 1997, p. 514).

Por tanto, esta condición de compatibilidad con las tareas familiares y domésticas impuestas a la mujer hizo que la traducción fuera una actividad expresiva de carácter atractivo. Según Pilar Godayol: «La pràctica de traduir com (a) dona –com tota pràctica cultural– és un exercici subtil de poder, però no necessàriament d'apropiació, perquè qui tradueix des d'aquesta perspectiva és conscient que treballa des del poder i, per tant, en pot fer un exercici crític» (2000, p. 85)[60]. Al mismo tiempo, les permitió trabajar los conocimientos lingüísticos adquiridos, así como ejercer la libertad de expresión a través de sus escritos:

> En la traducción hay también un lado creativo innegable, y es que permite hacer uso concreto de los conocimientos adquiridos, lo que para muchas mujeres representará la mujer expresión de su libertad: una libertad que nace con la propia elección de los textos para traducir, y se acrecienta con la posibilidad de deslizar al azar del texto, reflexiones y acentos que de otra manera difícilmente podría expresar (Bueno, 1997, pp. 514-515).

En el contexto español, se produjo un aumento sistemático, desde finales del siglo anterior, en la impresión y la creación literaria en diversos géneros: «Las últimas décadas del siglo XVIII, constituyen en España un periodo de incremento de la producción impresa y de las traducciones, estimuladas por la demanda del público, la introducción de nuevos géneros literarios (como la novela sentimental o la comedia lacrimosa) y las iniciativas reformistas, que impulsan en articular la adaptación de obras de economía política, científicas y técnicas» (Bolufer, 2017, p. 24). A tal respecto, hay que tener en cuenta la consideración que se tuvo del ejercicio de traducción propiamente dicho:

> Traducir no era un oficio plenamente reconocido y como tal reunía las ventajas de una actividad anónima que se podía ejercer en la intimidad del hogar sin arriesgarse a la publicidad casi escandalosa para una mujer en el mercado literario. Además, este amable pasatiempo podía interrumpirse en cualquier momento y era compatible con los deberes domésticos (Hibbs-Lissorgues, 2008, p. 326).

En lo que respecta a las figuras españolas traductoras, Bueno menciona a Gertrudis Gómez de Avellaneda y, en Francia, a Madame de Staël, entre otras (1997, p. 515). Sin embargo, hubo muchas más que se adentraron en el mundo de la traducción y de la creación. Subrayamos la dualidad entre la traducción y la creación debido a los notables casos en los que las traductoras, aparte de traducir, también creaban textos en paralelo o por separado (Lafarga, 2005, p. 186). En este sentido, Bolufer *et al.* mencionan el curioso caso de una de las traducciones de Rita Caveda (1760- ¿?), cuyo texto original nunca se ha encontrado (2008, p. 144-145). El caso es que Caveda seleccionó doce cartas, sobre educación femenina, de un supuesto libro anglo-

---

[60] Traducción propia de la cita: «La práctica de traducir como mujer –como toda práctica cultural– es un ejercicio sutil de poder, pero no necesariamente de apropiación, porque quien traduce desde esta perspectiva es consciente de que trabaja desde el poder y, por tanto, puede hacer un ejercicio crítico» (Godayol, 2000, p. 85).

americano que nunca ha podido ser localizado ni identificado y, sobre el que la propia autora, tampoco dio pista alguna (Bolufer *et al.*, 2008, p. 145).

> […] la conclusión que se impone, hoy por hoy, es que la procedencia americana del texto fue una estrategia ficcional de Rita Caveda para presentar sus ideas según el ya familiar, y pudoroso, patrón de la mujer-traductora que venía distinguiendo el rostro público de la escritura femenina. En apoyo de ello vendría esa tan imprecisa y vaga alusión al texto original, la pureza de su estilo, que lejos de lo que ocurre en la mayoría de las traducciones se caracteriza por su fluidez y corrección (Bolufer *et al.*, 2008, p. 145).

Quizás, bajo el disfraz justificado de la traducción, pudo esconderse el intento real de crear una obra para abogar en pro de la educación femenina. A pesar de que este hecho ya había sido practicado, sin etiquetas ocultas, por otras traductoras de la época como María Antonia F. de Tordesillas, María Cayetana de la Cerda, María Romero Masegosa, Ana Muñoz, María Antonia del Río Arnedo, así como las autoras Beatriz Cienfuegos, Gertrudis de Hore, Nicolasa Helguero y Josefa Amar (Bolufer *et al.*, 2008, p. 147), sin embargo, no deja de llamar la atención la nula visibilidad que tuvo en los medios informativos del momento:

> Sea como fuere, traducción, o, como parece, obra original, las Cartas selectas de Rita Caveda es un texto de indudable interés dentro de esa ya consolidada tradición educativa, tanto por la sistematización y desarrollo que alcanzan las ideas que expone, comparable únicamente al Discurso de Josefa Amar, como por la originalidad de algunos de sus planteamientos. Pese a lo cual, sin embargo, apenas se la ha prestado atención; ni en su tiempo –no conozco ningún comentario contemporáneo fuera de un escueto anuncio en la *Gaceta de Madrid* […] (Bolufer *et al.*, 2008, p. 147).

Francisco Lafarga destaca, en calidad de traductoras y creadoras, a Fernán Caballero (alias Josefina Böhl de Faber), Gómez de Avellaneda y Pardo Bazán, las cuales desarrollaron esta doble faceta entre la creación literaria y la traducción (2005, p. 186). Sin embargo, un hecho remarcable es la presencia de mujeres que pondrán sus conocimientos lingüísticos al servicio de la traducción (Bolufer, 2017, p. 27). En cuanto a las estadísticas de publicación, Bolufer agrega que:

> […], algo más de 1.000 nombres conocidos de personas que publicaron en España peninsular alguna obra traducida en el siglo XVIII, solo 22, es decir, aproximadamente un 2 %, corresponden a mujeres. Sin embargo, esas cifras resultan engañosas debido al anonimato de muchas traducciones y al alto número de obras traducidas que nunca llegaron a la imprenta (2017, p. 28).

Por tanto, mientras que la figura del traductor, masculino, se consagraba y obtenía un lugar en el mercado, la de la mujer era completamente anulada y prácticamente inexistente, de ahí que ni siquiera aspirase a una retribución económica (Bolufer, 2017, p. 29). Sin embargo, sí hubo un tímido avance, es decir, un salto de la esfera privada a la pública:

> [...], la traducción cubría prioritariamente otras funciones, e implicaba realizar un trabajo intelectual para el que se sentían capacitadas y legitimadas, aventurarse de forma más discreta que otras en el mundo público de las letras –teniendo en cuenta que sobre las mujeres pesaba de forma especialmente intensa la exigencia de modestia–, y eventualmente expresarse como sujetos a través de las palabras de otros, o inscribiendo en ellas, entre líneas, las suyas propias (Bolufer, 2017, p. 29).

Por otra parte, resulta necesario mencionar que, tanto los autores como las autoras, no siempre estaban dispuestos a mencionar su autoría, sino que intentaban camuflarla a través de seudónimos, utilizando las letras iniciales de sus correspondientes nombres y apellidos o dejando la obra, simplemente, anónima (Bolufer, 2017, p. 29; Establier Pérez, 2015, p. 73). Según María del Carmen Simón Palmer, pudo deberse al miedo hacia las reacciones y las críticas que sus textos levantaran en el ámbito social y familiar de estas (1900, p. 91-100). Algunas otras sufrieron la usurpación de sus identidades por parte de sus compañeros sentimentales, como es el caso de George Eliot (Balibar, 1991, pp. 63-79, citado por Sánchez, 2015, pp. 68-69). Sin embargo, hay trazos o señales que pueden estudiarse y analizarse en los paratextos, siendo ahí donde el autor o la autora se muestra visible y se pronuncia, en algunos casos, sobre la obra en cuestión (Bolufer, 2017, p. 29-30; Sánchez, 2015, p. 60). En este sentido, Godayol apunta:

> D'una banda, el material paratextual que acompanya la traducció publicada, com les introduccions, els prefacis o les notes de la traductora. De l'altra, el material paratextual que fomenta la publicació de la traducció, en el qual es reflexiona críticament sobre la difusió i la recepció, com les declaracions de principis traductològics, les promocions, les ressenyes, les avaluacions traductològiques o les crítiques de la mateixa traductora després de deixar reposar un temps la feina (2000, p. 94)[61].

Es por ello por lo que, desde un punto de vista investigador, es necesario prestar atención a todos los factores internos y externos que circundan el acto de la traducción, ya que en ellos se pueden encontrar rasgos y pistas sobre la traductora, su ideología y la visibilidad de esta. Lola Sánchez agrega que «el estudio pormenorizado, tanto de las

---

[61] Traducción de la cita: Por una parte, el material paratextual que acompaña a la traducción publicada, como las introducciones, los prefacios o las notas de la traductora. Por otra parte, el material paratextual que fomenta la publicación de la traducción, en el cual se reflexiona críticamente sobre la difusión y la recepción, como las declaraciones de los principios traductológicos, las promociones, las reseñas, las evaluaciones traductológicas o las críticas en materia traductora después de dejar un tiempo dicha actividad (Godayol, 2000, p. 54).

traducciones *stricto sensu* como de los materiales para- o metatextuales que las acompañan, permite leer entre las líneas de los discursos dominantes y relativizar su peso, sacando a la luz materiales que informan sobre las prácticas sociodiscursivas de subversión o resistencia a esos discursos» (2015, p. 75). Por este motivo, debemos destacar a Inés Joyes y Blake (1731-1808), traductora de la novela *Rasselas o The History of Rasselas, Prince of Abissinia* de Samuel Johnson (1709-1784), en la cual introdujo su ensayo *Apología de las mujeres* (1798), el cual «puede situarse en relación con los de Josefa Amar en España, Mme Lambert en Francia o Mary Wollstonecraft en Inglaterra» (Bolufer, 2017, p. 31). El entorno social y familiar de Joyes y Blake ayudan a entender mejor su faceta pionera:

> Su origen extranjero, los fuertes lazos mantenidos con una familia y una comunidad, la irlandesa, con conexiones en gran parte del continente, su experiencia como esposa, madre de nueve hijos y viuda implicada en los negocios y estrategias familiares, y como mujer culta e inquieta en un ambiente intelectual muy limitado, ayudan a explicarlo (Bolufer, 2017, p. 31).

En cuanto a la actividad traductora, hay dos aspectos dignos de atención: el primero, que tradujera la obra directamente del inglés sin necesidad de pasar por el francés como era costumbre en la época, lo que se explica por sus orígenes irlandeses y, en segundo lugar, su fidelidad al texto original, únicamente interrumpida cuando se trataba de secciones que podían interferir con la moral religiosa (Bolufer, 2017, p. 32). En otra línea diferente, pese a compartir similitudes en el perfil, se sitúa Cayetana de la Cerda (1755-1798), la cual tradujo las *Obras de Mme de Lambert* (1781) (Bolufer, 2017, p. 33). En la información paratextual de su obra, dejó entrever sus principios y, su posición, a través de la traducción:

> El breve prólogo que Cayetana de la Cerda incorpora a su versión resulta muy significativo, porque en él se expresa una idea de la traducción como trabajo personal y en cierto sentido original, guiado por una identificación intelectual con la obra original, con su autora y con la moral particular que en ella se manifiesta: una ética de la excelencia, minoritaria y orgullosamente elitista y marcada por una aguda conciencia de su condición de mujer (Bolufer, 2017, p. 33).

Fue víctima del órgano censor cuando intentó publicar la traducción de la obra *Les Américaines, ou la Preuve de la religión par les lumières naturelles* (1769) cuya autoría corresponde a Jeanne-Marie Leprince de Beaumont (Bolufer, 2017; Bolufer, 2002): «El argumento central aducido por los censores fue que la obra, al estar escrita por una mujer, traducida por otra y protagonizada por mujeres sería leída por un público femenino incapaz de comprender sus razonamientos teológicos y al que le haría más mal que bien, pues sembraría dudas en fe» (Bolufer, 2017, p. 34). Sin embargo, De la Cerda, descontenta con la respuesta, reaccionó ante la negativa:

[…] defendió su propio criterio frente a los censores reprochándoles no haber entendido el texto y exigiendo que el mismísimo Inquisidor General revisara el dictamen, los argumentos intelectuales desplegados y su tono asertivo son reveladores. Muestran a una mujer culta y bien informada, consciente de su rango social y de su mérito personal y orgullosa de formar parte de una élite de mujeres lo suficientemente cultivadas e inteligentes como para leer sin escándalo ni riesgo moral alguno disquisiciones filosóficas y teológicas (Bolufer, 2017, p. 34).

Otra figura traductora destacada fue María Rosario Romero Masegosa y Candelada (1765/1770 - ¿?), quien realizó la traducción hacia el español de la obra *Lettres d'une Péruvienne* (1747) escrita por Françoise de Graffigny (Bolufer, 2017, p. 35). En este escrito, aprovechó la traducción para verter su opinión e información, en ocasiones de carácter personal, en las notas y en el prólogo, así como en una carta final (Bolufer, 2017, p. 35).

De una parte, insiste, de forma aún mayor que Mme de Graffigny, en reivindicar la capacidad racional de las mujeres y demostrar la frívola educación que reciben como responsable de su ignorancia y de la corrupción general de las costumbres; de otra, en abierto desacuerdo con la autora francesa, no admite críticas a la conquista española, más allá de reconocer los abusos individuales de algunos conquistadores, y la justifica como suceso providencial que ha permitido a los indios alcanzar la luz de la verdadera fe (Bolufer, 2017, p. 36).

Existen varios paralelismos entre las figuras femeninas anteriormente mencionadas: en primer lugar, firmaron con sus verdaderos nombres y apellidos las distintas traducciones en un contexto en el que no era esa la tendencia más empleada; en segundo lugar, pertenecieron a sectores sociales acomodados y privilegiados y, en tercer lugar, dejaron sus huellas personales en los paratextos de sus traducciones, ya fuese a través de las notas al pie, del prólogo o mediante textos añadidos al cuerpo traducido (Bolufer, 2017, p. 36-37), algunos de estos rasgos se observan igualmente en la trayectoria personal y profesional de María Antonia Gutiérrez Bueno y Ahoiz.

Por tanto, Joyes, De la Cerda y Romero comportan un claro ejemplo de que la traducción, más allá del puente comunicativo que establece, construyó una vía de expresión femenina de vital importancia: «[…] traducir constituyó con frecuencia una forma particular de autoría, convenientemente atenuada en cuanto a los requerimientos que exigía y a la ambición intelectual y a la expresión de ideas propias» (Bolufer, 2017, p. 37).

En estos casos la traducción de textos ajenos supone la reelaboración aséptica de obras cuyos autores poco conocidos en general no representaban un destacado aliciente comercial. El traducir se asemeja a una transferencia moral y literariamente tranquilizadora. […] Se supone que predominan razones personales, ya que la publicación de estas adaptaciones constituye el primer paso hacia cierto reconocimiento como escritor. El grado de libertad tomado por la traductora se especifica con la mención de «arreglo libre» o «arreglo libérrimo» y, muchas veces, ni siquiera se puntualiza que se trata de una traducción (Hibbs-Lissorgues, 2008, p. 326).

Por otra parte, hay que destacar que no siempre se publicaron las traducciones en tomos independientes, sino que también se divulgaban a través de las revistas: como es el caso de las traducciones de Faustina Sáez de Melgar aparecidas en *La Violeta* (1862-1866) y *El Correo de la Moda* (1874-1883), entre otras (Hibbs-Lissorgues, 2008, p. 328). Una práctica notoria en la época de la que, también, hizo uso Gutiérrez Bueno y Ahoiz a través de las traducciones publicadas en el *Semanario de Agricultura y Artes*.

> Aun cuando predomina el formato libro, no son raros los casos de traducciones aparecidas en revistas; algunas de ellas de carácter general, como *La correspondencia de España*, y otras destinadas específicamente a la mujer, como *El correo de la moda*, o al entorno familiar, como *El recreo familiar* o *La madre de familia*. Son varios los casos de traductoras que publican exclusivamente en revistas, aunque normalmente se trata de uno o dos textos por autora; el caso más particular es el de Emilia Quintero, la cual llegó a publicar dieciséis traducciones del francés y del italiano en otros tantos números de *El correo de la moda*, entre 1876 y 1884 (Lafarga, 2005, p. 187).

Por tanto, la prensa y la traducción actuaron conjuntamente como medio de expresión y de expansión de la voz femenina, ya sea a través de las traducciones o a través de las publicaciones de carácter periodístico. En cuanto a la temática de las traducciones publicadas, primaron las obras de carácter religioso y moral: «No son raras las obras de devoción y moral, o las destinadas a la formación, normalmente con una impronta religiosa muy clara. Pueden citarse títulos tan significativos como *Libro de la infancia cristiana o ilustraciones religiosas de una madre a sus hijas* de la condesa de Flavigni, […]» (Lafarga, 2005, p. 187).

A pesar del impulso que les otorgó el mundo de la publicación y de la traducción, la mentalidad de las mujeres osciló entre el deseo de lanzarse al ámbito público y el deber hogareño de la esfera privada:

> Para Sáez de Melgar, cuya actividad literaria reconocida y cuyo acceso a los cenáculos políticos e intelectuales la habían convertido en una «profesional» de las letras, conviene defender lo privado, de la esfera doméstica, sobre lo público. […] el sesgo fundamentalmente moral de su pensamiento: un pensamiento que irá evolucionando, durante la Restauración, hacia un tímido reformismo social. Para Sáez de Melgar, la educación, el ensanchamiento de las capacidades intelectuales de la mujer no pueden ni deben disociarse de su órbita doméstica y privada (Hibbs-Lissorgues, 2008, p. 330).

Al mismo tiempo que se produjo este tipo de inquietud, a medio camino entre la práctica de la traducción y la obligación de cuidar el ámbito privado, muchas de ellas también lo expresaban a modo de justificación en sus escritos: «Sin lugar a dudas, estas tensiones entre la afirmación de una mayor autonomía intelectual para las mujeres y las estrictas limitaciones culturales e ideológicas que impregnan el discurso femenino reflejan a la vez un sentimiento de culpabilidad y la necesidad de una constante autojustificación» (Hibbs-Lissorgues, 2008, p. 330). En cuanto al período histórico, primó la predilección por los textos contemporáneos del siglo XIX: «Son rarísimas las presencias de autores de la Antigüedad o de los siglos XVII y XVIII; descuellan en este sentido la versión del *Arte poética* de Horacio por Dolores Gortázar, o las del *Viaje a Italia* y el *Teatro de Goethe* por Fanny Garrido, o algunas apariciones fugaces en revistas, como la de E. Young (aunque traducido del francés) en *El correo de la moda*» (Lafarga, 2005, p. 188). Del mismo modo en que los textos franceses fueron los más traducidos en el panorama español decimonónico (Lafarga, 2005, p. 188), a tal respecto, debemos añadir y remarcar la importancia de las traductoras que traducían, ellas mismas, sus propias obras (las autotraductoras) como es el caso de Rosalía de Castro, quien, al manejar el gallego y el español a la perfección, lo hizo en reiteradas ocasiones a través de sus propias obras: «En las autotraducciones rosalianas no siempre resulta fácil suponer si el texto fue originariamente escrito en gallego o en castellano, indefinición reforzada por el hecho de que estas versiones pertenecen al material inédito y no coleccionado de la escritora» (Rábade Villar, 2015, p. 384). Además, resulta interesante agregar que «Rosalía de Castro se sitúa bien lejos de la versión *verbum pro verbo* y entiende la traducción como un ejercicio de reescritura ideológica llamado a generar determinados efectos en la comunidad de llegada» (Rábade Villar, 2015, p. 387). En contraposición a la tendencia del *verbum pro verbo*, encontramos la tendencia de la traductora Joaquina García Balmaseda, quien apostó por «el valor de las copias que "valen más cuanto más al original se parecen"», sentencia a través de la cual mostró su preferencia por la traducción literal y fiel al texto origen (Thion, 2015, p. 444).

Por último, cabe destacar la complejidad que engendró la dualidad de mujer y traducción: ya que la traducción, en sí misma, siempre ha sido considerada como un ejercicio inferior a la creación de la obra original (Sánchez, 2015, p. 68). Este hecho, también, lo corrobora Francisco Lafarga Maduell:

La tradición traductora ha premiado aquellas traducciones que no lo parecen, lo que equivale a decir que, de forma paradójica, los traductores, para alcanzar la fama han de pasar desapercibidos. Es probablemente esto lo que ha provocado que ocupen una posición social periférica, a pesar de su indudable importancia como intermediarios culturales. En ocasiones esta invisibilidad se ve magnificada por cuestiones de género: así ocurre, por ejemplo, en las traducciones que María Lejárraga vertió al español en colaboración con su marido, el dramaturgo Gregorio Martínez Sierra, en las que muchas veces desaparece toda constancia de su participación (2015, p. 32).

La consolidación de la mujer traductora comportó una dificultad considerable, no solo por el hecho de ser publicada como hemos analizado, sino también en cuanto a lo que a visibilidad se refiere:

En los mecanismos que las han invisibilizado doblemente, como mujeres y como traductoras, se han observado varios factores concretos que se combinan entre sí para ratificar su ausencia en la historia tradicional de la traducción. En los siglos XVIII y XIX, la desaprobación social de la actividad intelectual de las mujeres y de su labor como escritoras o traductoras constituyó un factor determinante en su reconocimiento social. El dispositivo social y cultural que borró sus nombres se asentaba en unas prácticas de censura institucional o, incluso, de autocensura, utilizada por las mujeres para transgredir los límites impuestos por la sociedad del momento (Sánchez, 2015, p. 68).

Por estos motivos, es necesario que se produzca una estrecha colaboración entre la historia de la traducción y los estudios históricos de género con el fin de reparar la censura y los olvidos que se han ido produciendo a lo largo de los siglos (Sánchez, 2015, p. 71).

2. Biografía de María Antonia Gutiérrez Bueno y Ahoiz

María Antonia Gutiérrez Bueno y Ahoiz crece en un entorno letrado, acomodado y privilegiado de la alta sociedad madrileña. Estas condiciones se traducen en un fuerte carácter monárquico, tradicionalista y eclesiástico que resultará clave para comprender su trayectoria personal y profesional.

2.1. Nacimiento y niñez

María Antonia Gutiérrez Bueno y Ahoiz[62] nació el 17 de enero de 1781 en Madrid, en calle Ancha de San Bernardo, número primero.[63] Fue la tercera y última hija del matrimonio compuesto por Pedro Gutiérrez Bueno, natural de Cáceres, y Mariana Ahoiz y Navarro, procedente de Pamplona (Carrasco Jarabo, 1964, pp.157-159).

Al parecer, Ahoiz y Navarro ya había contraído matrimonio anteriormente con Manuel Anne y, tras nueve años de viudez, se casó con Gutiérrez Bueno el 7 de mayo de 1773 en Madrid (Carrasco Jarabo, 1964, p. 158). Un año más tarde de efectuarse esta unión, nació la primogénita, Tiburcia Antonia,[64] el 11 de agosto de 1774, y cuatro años

---

[62] El apellido materno (Ahoiz) también presenta las siguientes variantes: Ahoíz y Aoiz.

[63] Tal y como se precisa en la partida de bautismo procedente del Archivo Histórico Diocesano (Libro 44.º, Parroquia de San Martín, folio 293, imagen 587).

[64] Partida de bautismo del Archivo Histórico Diocesano (Libro 42.º, Parroquia de San Martín, folio 583 vt.º, imagen 1166).

más tarde, el 13 de junio de 1778, nació la segunda hija, Clotilde Antonia (Carrasco Jarabo, 1964, p. 159). A partir del año 1779, constatamos que Ahoiz y Navarro se encontraba en la cama a causa de ciertos problemas de salud no precisados de acuerdo con la declaración de pobre[65] realizada por el matrimonio el 21 de septiembre de 1779. En esta nombra heredero a su marido y a sus dos primeras hijas ya que, la tercera, María Antonia, aún no había nacido. En esta época y, como figura en dicho documento, el matrimonio convivía con la madre de Gutiérrez Bueno, María Ximénez Pozo.

Según hemos podido constatar en uno de los inventarios,[66] María Antonia Gutiérrez Bueno y Ahoiz creció rodeada de diccionarios de diferentes lenguas (francés y portugués), manuales, ortografías, gramáticas, tratados de química y farmacopeas, entre otros. Este hecho se explica por la profesión desempañada por su padre, Pedro Gutiérrez Bueno:

> […] él mismo da una relación de ejercicios literarios, méritos y servicios que presentó, el 23 de mayo de 1814, para ser nombrado Boticario Mayor Regente de la Real Botica, […]. Se deduce que estudió Lógica, Matemáticas y Física Experimental en los Reales Estudios de San Isidro, de esta Corte, desde 1771, y que en 1777 fue examinado y aprobado en Farmacia por el Real Colegio de Boticarios (Carrasco Jarabo, 1964, p. 158).

Desde el principio, desempeñó el oficio de farmacéutico en una oficina propia en cuyo lugar también se encontraba la casa familiar y la botica del Noviciado (Carrasco Jarabo, 1964, p. 158). Por esta razón creemos que la influencia académica y profesional del padre tuvo una importante repercusión en las hijas y, en concreto, en la tercera y última, María Antonia Gutiérrez Bueno y Ahoiz, por haber nacido y crecido en este domicilio parental.

2.2. Matrimonio y viudez

A finales del año 1802 y con casi 22 años de edad, María Antonia Gutiérrez Bueno y Ahoiz inició los trámites formales para contraer matrimonio con Antonio Francisco d'Arnaud bajo el apoyo y el consentimiento de su padre, según se recoge en el expediente matrimonial[67] del Archivo Histórico Diocesano. En los certificados oficiales que contiene dicho expediente, el prepósito de la Iglesia Colegiata y Parroquial

---

[65] Declaración de pobre otorgada por Pedro Gutiérrez Bueno y su esposa Mariana Ahoiz Navarro el 21 de septiembre de 1779 procedente del Archivo Histórico de Protocolos (T. 20830, f. 272r-273v).

[66] Inventario de los bienes con fecha 7 de agosto de 1805 (T.22332, f. 149r-162r) ubicado en el Archivo Histórico de Protocolos.

[67] Expediente matrimonial de D. Antonio Arnaud y D.ª María Antonia Gutiérrez Bueno, así como la partida matrimonial, 22 de diciembre de 1802, Libro 33.º de matrimonios de la parroquia de San Martín de Madrid (folios 117 y 117 vt.º, imágenes 233/234).

de San Syro expone que Antonio Arnaud, hijo de Luis Arnaud y Angélica Massa, nació en San Remo (República de Liguria) y que fue bautizado el 17 de octubre de 1778 en la misma Iglesia Colegiata y Parroquial de San Syro (Diócesis de Albenga). A título personal, añade:

> Certifico, además, que el expresado Señor Antonio Francisco Arnaud es de índole virtuosa y de inculpables costumbres y que a efecto de seguir su carrera de estudios habrá seis años que se ausentó de esta Ciudad [*sic*], hallándose soltero y libre de todo vínculo, ni obligación matrimonial; segun [*sic*] lo que consta por los libros de esta Parroquia […].[68]

Dicho expediente también contiene un certificado expedido por el padre de Antonio Arnaud en el que describe la trayectoria profesional y personal de su hijo:

> Yo el infrascripto Luis D'Arnaud natural de San Remo, Cabeza del Partido del Departamento de las Palmas, en la República Ligurina, certifico que satisfecho de la prudencia y buena conducta de mi hijo Antonio D'Arnaud de edad de cerca de veinte y quatro [*sic*] años, el qual [*sic*] viaja tiempo hace, para instruirse en medicina è [*sic*] historia natural, le doy mi absoluto permiso para que pueda casarse en qualquiera [*sic*] parte en donde halle un partido de su satisfacción, persuadido de que su elección no podrá menos de recaer en una persona por sus buenas costumbres merezca la estimación de todos quantos [*sic*] lo traten y también de que uno y otro se someterán previamente à [*sic*] las ceremonias que prescribe nuestra Sagrada Religión.[69]

A partir de este extracto, constatamos el fuerte carácter tradicionalista y religioso de la familia Arnaud, así como el de la familia Gutiérrez Bueno y Ahoiz que, a su misma vez, ambos responden al modelo de la familia de la alta burguesía del siglo XIX.

Según el expediente, en diciembre de 1802, Antonio Arnaud residía en Madrid, concretamente, en la plazuela de Santo Domingo, número 4, y llevaba dos meses comprometido con Gutiérrez Bueno y Ahoiz; también, en él se dice que es profesor de medicina y que su madre había fallecido.[70] Previamente, había vivido en París tres años y medio y este hecho también lo corrobora el Ministro Plenipotenciario, Josef Frávega, de la República de Liguria en Francia a través de un certificado en el que expone lo siguiente:

---

[68] *Ibidem*. Certificado efectuado el 17 de septiembre de 1802 en el que Leandro Fernández Moratín (del Consejo de S. M. su secretario y de la Interpretación de Lenguas) da constancia de la veracidad de dicha traducción.

[69] *Ibidem*. Certificado expedido en San Remo el 5 de julio de 1802 y cuya traducción está avalada por Leandro Fernández Moratín (del Consejo de S. M. su secretario y de la Interpretación de Lenguas).

[70] Expediente matrimonial de D. Antonio Arnaud y D.ª María Antonia Gutiérrez Bueno, así como la partida matrimonial, 22 de diciembre de 1802, Libro 33.º de matrimonios de la parroquia de San Martín de Madrid (folios 117 y 117 vt.º, imágenes 233/234). Certificado expedido por Josef Conde.

Certifica y da fe que el Ciudadano Antonio Arnaud, natural de San Remo, territorio de la República Ligurina, domiciliado algunos años hace en París para cultivar el estudio de las ciencias naturales y la medicina, ha dado siempre cuenta de su persona, no solo por los raros conocimientos que ha adquirido, sino también por su exemplar [*sic*] conducta y sus sólidos principios de religión y de honor.[71]

Antes de residir en París, también lo hizo en Florencia y Pisa durante tres años y medio, dedicándose igualmente al estudio de la medicina y las ciencias naturales; al igual que, también, se menciona que pasó toda su infancia en Génova antes de trasladarse a Florencia, Pisa, París y, por consiguiente, Madrid.[72] A partir de este hecho, suponemos que quizás fue el vínculo de las ciencias el que hizo que Gutiérrez Bueno y Ahoiz y Arnaud se conocieran. Aunque quizás el propio Pedro Gutiérrez Bueno también estuvo implicado en que se produjera este encuentro; en cualquier caso, este último tramita una instancia en dicho expediente en la que solicita que «se habiliten los despachos necesarios para que se pueda llevar a cabo el matrimonio lo antes posible».[73] Al respecto, alega dos motivos: en el primero expuesto, dice que «debe partir con prontitud para analizar las aguas de Lupiana por orden de S. M.»; en el segundo, comenta que su hija está enferma sin más precisión y que, por ello, «ruega que se eviten los retrasos en el proceso legal». Este último motivo, interpela nuestra atención ya que el propio Juan Manuel Pérez, Catedrático de Física experimental del Real Seminario de Nobles y Profesor de Medicina, expide *a posteriori* un certificado médico el 16 de diciembre de 1802 en el que expone lo siguiente:

Certifico que Doña María Antonia Gutiérrez Bueno, fue acometida de un violento insulto histérico convulsivo, que se le repite con frecuenta, á [*sic*] principios del presente mes, cuya causa parece una vehemente pasión de animo [*sic*] producida por motivos que están bien patentes en el tribunal; y que para evitar que se radiquen, juzgo sería conducente que se acelerase y llevase a efecto quanto [*sic*] antes el proyecto comenzado; con cuya diligencia cesará la causa.[74]

Según este informe, a Gutiérrez Bueno y Ahoiz se le atribuyó un problema de salud de tipo histérico-convulsivo que se utilizó como motivo para apremiar el matrimonio entre ambos. La histeria fue atribuida en esta centuria a la mujer por causa de la constitución del aparato reproductor femenino. En términos etimológicos, *histeria*

---

[71] *Ibidem*. Certificado fechado en París, el 19 de junio 1802.

[72] *Ibidem*. Declaración de Antonio D'Arnaud hecha ante notario (Joseph Conde) el 11 de diciembre de 1802.

[73] *Ibidem*. Instancia emitida por Pedro Gutiérrez Bueno el 15 de diciembre de 1802.

[74] *Ibidem*. Certificado emitido por Juan Manuel Pérez el 16 de diciembre de 1802.

proviene del francés «hystérie» que, a su misma vez, procede del griego «ὑστέρα» que significa «útero».[75]

Según este imaginario, los fenómenos histéricos derivados de la sexualidad y la represión del deseo fueron adjudicados al imaginario femenino, y estas ideas sobrevivieron hasta mediados del siglo XIX, patologizando a aquellas mujeres consideradas viriles, demasiado «activas» en lo sexual o reprimidas (Durán Sandoval, 2015, p. 3). De hecho, Pierre Briquet (1796-1881), médico francés de la Academia Real de Medicina de Madrid, asumía que no solo las mujeres la padecían, sino que concluía rotundamente que estaban hechas para sufrir la histeria, a diferencia de los hombres: «La femme est faite pour sentir, et sentir c'est presque de l'hystérie ; l'homme, au contraire, est fait pour agir, à lui les inconvénients de l'action» (1859, p. 50). A modo de conclusiones, llegó incluso a justificar que el padecimiento de la histeria estaba ligado a la «misión» y «sensibilidad» maternal de la mujer:

> [...] 7º La femme a dans la société une mission noble et de la plus grande importance, celle d'élever l'enfance, de soigner et de faire le bien-être de l'âge et de la vieillesse ; 8º Pour remplir ce but, elle a été douée d'un mode spécial de sensibilité qui est fort différent de celui de l'homme ; 9º C'est dans ce mode de sensibilité que se trouve la source de l'hystérie. [...] (Briquet, 1859, p. 51).

En cuanto a la experiencia femenina, George Sand (París 1804-Nohant 1876) relató su experiencia propia:

> Qu'est-ce que c'est aussi d'être hystérique ? Je l'ai peut-être aussi, je le suis peut-être, mais je n'en sais rien, n'ayant jamais approfondi la chose et en ayant ouï parler sans l'étudier. N'est-ce pas un malaise, une angoisse causée par le désir d'un impossible quelconque ? En ce cas, nous en sommes tous atteints, de ce mal étrange, quand nous avons de l'imagination ; et pourquoi une telle maladie aurait-elle un sexe ? (Lubin, 1964, vol. XX, p. 297)[76].

Tal y como se cuestionó Sand, parecía injusto que a una enfermedad se le atribuya un sexo determinado; además, el hecho de considerarlo algo propiamente femenino suponía, nuevamente, utilizarlo como pretexto para impedir y negar la presencia femenina en ciertos sectores:

---

[75] Definición etimológica recogida del DRAE: https://dle.rae.es/histeria?m=form

[76] Traducción propia de la cita: ¿Qué es ser histérica? Quizás ya lo haya sido, quizás lo sea, ni idea, ya que nunca he averiguado la cosa ni tampoco he hablado sin estudiarla. ¿No es una enfermedad, una angustia causada por el deseo de obtener algo imposible? En este caso, estamos todos enfermos a causa de este mal extraño cuando empleamos nuestra imaginación; y entonces, ¿por qué esta enfermedad tendría un sexo determinado? (Lubin, 1964, vol. XX, p. 297).

Los discursos médicos en torno a la configuración física y mental de la mujer establecieron una configuración fisiológica propensa al desarrollo de las enfermedades nerviosas. Este discurso fue matizado con elementos raciales y de clase, vinculado lo biológico al rol social de la mujer. Según este discurso la mujer debía evitar los oficios que le sometieran a fuertes impresiones, negando para ella los roles principales en la sociedad en los ámbitos públicos (Durán Sandoval, 2015, p.10).

Por tanto, suponemos que los «violentos insultos histéricos convulsivos» padecidos por Gutiérrez Bueno y Ahoiz antes de contraer matrimonio pudieron ser utilizados como argumentos para agilizar un matrimonio que, de alguna forma, la privase del entorno público, así como para garantizar una descendencia. Ya que el propio médico insinúa que cuanto antes se efectúe el enlace, antes se lograría un «cese» en la enfermedad: «[…] y que para evitar que se radiquen, juzgo sería conducente que se acelerase y llevase a efecto quanto [sic] antes el proyecto comenzado; con cuya diligencia cesará la causa».[77] Los alegatos aportados por Pedro Gutiérrez Bueno, así como por Juan Manuel Pérez, fueron, finalmente, tomados en consideración y el enlace se llevó a cabo el 22 de diciembre de 1802 en la Iglesia Parroquial de San Martín, en Madrid.[78]

El año siguiente, 1803, fue un año particular por diversos motivos. En primer lugar, Mariana Navarro y Ahoiz, madre de María Antonia Gutiérrez Bueno y Ahoiz, falleció el 22 de marzo de 1803 en calle Ancha de San Bernardo, en la Botica del Noviciado, según consta en la partida de defunción del Archivo Histórico Diocesano.[79] En dicha partida, se mencionan como únicas herederas a Tiburcia Antonia y a Clotilde Antonia, ya que se tomó como referencia la última declaración de pobre efectuada en 1779,[80] fecha en la que Gutiérrez Bueno y Ahoiz, aún no había nacido. Al parecer, Tiburcia Antonia pudo fallecer antes que su propia madre (Carrasco Jarabo, 1964, p. 159), puesto que su nombre no figura en la partición de bienes que Pedro Gutiérrez Bueno realizó tras quedarse viudo el 7 de agosto de 1805, a petición de sus hijas.[81] Sin embargo, no hemos logrado localizar la partida de defunción de Tiburcia Antonia para poder comprobarlo. En segundo lugar, el 15 de septiembre de 1803, nació su primer y

---

[77] Expediente matrimonial de D. Antonio Arnaud y D.ª María Antonia Gutiérrez Bueno, así como la partida matrimonial, 22 de diciembre de 1802, Libro 33.º de matrimonios de la parroquia de San Martín de Madrid (folios 117 y 117 vt.º, imágenes 233/234). Certificado emitido por Juan Manuel Pérez el 16 de diciembre de 1802.

[78] Según consta en la partida de matrimonio de Antonio Arnaud y María Gutiérrez, de 22 diciembre de 1802, que reside en el Archivo Histórico Diocesano. Libro 33.º de matrimonios de la parroquia de San Martín de Madrid (folios, 117 y 117 vt.º; imágenes 233 y 234).

[79] Libro 26 de defunciones de la parroquia de San Martín de Madrid (folio 293 vt.º, 582).

[80] Declaración de pobre otorgada por Pedro Gutiérrez Bueno y su esposa Mariana Ahoiz Navarro el 21 de septiembre de 1779 procedente del Archivo Histórico de Protocolos (T. 20830, f. 272r-273v).

[81] Partición de los bienes quedados al fallecimiento de Mariana Aoiz, en 7 de agosto de 1805. T. 22332. F.163r-164r, procedente del Archivo Histórico de Protocolos.

único hijo, Antonio Nicomedes Rogelio Luis d'Arnaud Gutiérrez Bueno[82] en calle Ancha de San Bernardo, en la Botica del Noviciado, según se refleja en la Partida de bautismo del Archivo Histórico Diocesano.[83]

Dos años más tarde, en 1805, sabemos que María Antonia Gutiérrez Bueno y Ahoiz se encontraba viviendo con su marido e hijo en París, conforme a lo dispuesto en un inventario de bienes realizado a instancia de Pedro Gutiérrez y sus hijas Clotilde Antonia y María Antonia.[84] Al parecer, las hijas de Pedro Gutiérrez Bueno no recibieron con agrado el nuevo matrimonio que se produjo entre Pedro y Josefa Aguado poco después del fallecimiento de Mariana Ahoiz y Navarro (Carrasco Jarabo, 1964, p. 159). De hecho, María Antonia Gutiérrez Bueno y Ahoiz impugnó, desde Francia (a través del procurador Manuel Cardeñoso y Herrel), el convenio que efectuó Pedro Gutiérrez Bueno el 7 de noviembre de 1807.[85]

Así, Pedro Gutiérrez Bueno redacta, el 10 de abril 1816, un primer testamento en el que admite que, en su segundo matrimonio, tuvo un hijo, llamado Juan Bautista Lorenzo Tiburcio Ramón, nacido en Barcelona, y aclara también que su segunda hija del primer matrimonio, Clotilde Antonia, se encontraba casada con José Rotondo, natural de Génova.[86] En esta primera versión de su testamento, nombra herederos universales a partes iguales a sus tres hijos: Clotilde Antonia, María Antonia y Juan Bautista, aunque legó la botica al hijo con todas las farmacopeas y herramientas. Sin embargo, este documento fue matizado por él mismo el 15 de enero de 1817 a través de un codicilo.[87] En esta nueva versión, declaraba que no había habido ganancias en su matrimonio con Josefa Aguado ya que los gastos habían absorbido todos los intereses de este, así como hizo manifiesto que su actual mujer, Aguado, era un «genio díscolo» por lo que pidió que no se la dejara intervenir en ningún inventario ni que se le permitiera entrar en la casa después de su fallecimiento. Incluso en las capitulaciones matrimoniales entre Pedro Gutiérrez Bueno y Josefa Aguado,[88] realizadas el 1 de agosto de 1805, constatamos un fuerte interés económico en Aguado al exigir a

---

[82] El apellido de su hijo (Arnaud) también aparece escrito con las siguientes variantes: De Arnau, d'Arnaud, d'Arnaud y Arnault.

[83] Libro 52.º de bautismos de la parroquia de San Martín de Madrid (folios 64vt.º y 65; imágenes 128 y 129).

[84] Partición de los bienes quedados al fallecimiento de Mariana Aoiz, en 7 de agosto de 1805. T. 22332. F.163r-164r, procedente del Archivo Histórico de Protocolos.

[85] Protocolos notariales de Juan Garrido, Tomo 23569, folio 3414, Archivo Histórico de Protocolos de Madrid.

[86] Testamento otorgado por Pedro Gutiérrez Bueno, regente de la Real Botica y primer catedrático del Real Colegio de Farmacia, viudo de Mariana Ahoiz y Navarro y casado con Josefa Aguado, en 10 de abril de 1816, T. 23736, f.186r-189r., ubicado en el Archivo Histórico de Protocolos de Madrid.

[87] Codicilo otorgado por Pedro Gutiérrez Bueno el 15 de enero de 1817, T. 23736, f. 23r-24r, Archivo Histórico de Protocolos de Madrid.

[88] Capitulaciones matrimoniales de Pedro Gutiérrez Bueno y Josefa Aguado, ambos viudos, en 1 de agosto de 1805. T. 22332. F.149r-162r.

Gutiérrez Bueno un incremento del importe de la dote que se debía producir pasados los primeros diez años de matrimonio, así como la propiedad de la botica o su equivalente, tras producirse la muerte de este. Quizás por ello, Pedro Gutiérrez Bueno dejó dicho que los rendimientos de la botica serían para alimentar a su hijo a través de la figura de un tutor sin que la madre, Aguado, se interpusiera.

A través de estos documentos notariales ubicados en el Archivo Histórico de Protocolos, Pedro Gutiérrez Bueno reiteró constantemente la mala relación con su segunda esposa y los problemas familiares ocasionados con sus hijas: «aunque en 1804 tuvieron un hijo, Juan Bautista, este segundo matrimonio no llegó a feliz término, acabando con la separación de los contrayentes; las desavenencias entre los esposos o entre éstos y las hijas [...]» (Carrasco Jarabo, 1964, p. 159). Por lo que redactó un último testamento el 23 de septiembre de 1818,[89] en el que corroboramos que María Antonia Gutiérrez Bueno y Ahoiz se encontraba viuda de Antonio d'Arnaud, al igual que su hermana, Clotilde Antonia de José Rotondo. Su hermana, según se dice en este documento, dedicó su tiempo a los cuidados de su padre:

> Declaro que la citada mi hija D.ª Clotilde se halla en mi casa y compañía cuidando de mi salud y de lo más que tengo a bien encargada y por cuyo motivo escuso de tener una criada; por lo mismo es mi voluntad que no traiga a colación su manutención ni se la descuenta nada por esta razón en la parte que la pueda tocar, antes por el contrario se deberá tener en consideración a juicio prudencia de mis albaceas lo que pueda haber ganado y lo que se la abonará si lo reclamase no exigiéndole cuenta ni razón de la existencia o lo que haya existido en mi casa, pues he intervenido en el recibo de cantidad alguna ni en su gasto ni empleo (Carrasco Jarabo, 1965d, p. 173).

En lo que respecta a María Antonia Gutiérrez Bueno y Ahoiz, hemos constatado que quedó viuda el 18 de mayo de 1818 y que su marido falleció en San Remo.[90] Sin embargo, el testamento paterno no precisó ninguna información específica de ella salvo cuando la menciona heredera universal: «Y en el remanente que quedare de todos mis bienes instituyo y nombro por mis únicos y universales herederos a los citados mis dos hijas Clotilde y María Antonia Gutiérrez Bueno del primer matrimonio y a Juan Gutiérrez Bueno del segundo matrimonio para que todo lo hagan llano, y gozen [sic] con la bendición de Dios y la mía».[91] El fallecimiento de su padre, Pedro Gutiérrez Bueno, se produjo el 4 de junio de 1822 en Madrid a los 79 años, según Paula Carrasco Jarabo (1964, p. 162). Por tanto, en estas fechas, Gutiérrez Bueno y Ahoiz estaba viuda,

---

[89] Testamento otorgado por Pedro Gutiérrez Bueno el 23 de septiembre de 1818, Tomo 23517, Archivo Histórico de Protocolos de Madrid.

[90] Certificado de defunción expedido por la Parroquia de San Siro, en San Remo, Diócesis de Albenga, expedido por el párroco Alvise Lanteri.

[91] Testamento otorgado por Pedro Gutiérrez Bueno el 23 de septiembre de 1818, Tomo 23517, Archivo Histórico de Protocolos de Madrid.

sus padres también habían fallecido y, a partir de ese momento, dedicaría el resto de su vida a acompañar a su hijo, el cual emprendió una carrera diplomática.

2.3. Acceso a la Biblioteca Nacional de España

Su primogénito, Antonio Luis d'Arnaud Gutiérrez Bueno, recibió el primer destino diplomático el 29 de marzo de 1826 como Agregado de la Legación en Turín.[92] Aunque nunca llegarían a instalarse en dicho destino debido a la información revelada en una carta confidencial con fecha de 27 de abril de 1826, expedida por el Conde Clément Soler de la Marguerite, ministro de asuntos extranjeros de Cerdeña.

En dicha carta, este último pide al Duque del Infantado, Pedro Alcántara Álvarez de Toledo Silva y Mendoza Salm Salm que se le otorgue otro destino a Arnaud ya que su padre, Antonio Francisco d'Arnaud, tuvo nacionalidad genovesa y legó las propiedades ubicadas en este lugar a su hijo en calidad de legítimo heredero. Por tanto, la carta tiene como objetivo advertir al Duque del Infantado de este hecho para que se le conceda otro destino en el que Arnaud no tenga ningún vínculo patrimonial. Esta carta resulta bastante reveladora pues el Conde Clément de la Marguerite confirma que el marido de Gutiérrez Bueno y Ahoiz, es decir, Antonio Francisco d'Arnaud murió en 1818 en su patria, es decir, en la República de la Liguria y que, tras realizar varias estancias en países del extranjero, dejó a su hijo, Antonio Luis d'Arnaud, junto a su madre en Madrid. Al parecer, los miembros de la Corte española no estaban al corriente de este hecho antes de que se le concediera dicho destino, con lo cual suponemos que la familia debió sufrir un largo periodo de separación, pero desconocemos más detalles al respecto.

Sin embargo, un mes más tarde, el 27 de abril de 1826, el Duque del Infantado, ministro de Estado y persona de confianza de Fernando VII, anunció la anulación del viaje a Turín a través de una nueva carta,[93] albergada en el Archivo Histórico Nacional. En este comunicado no se detalló ninguna explicación ni tampoco se expuso el motivo concreto de la suspensión.

El nuevo destino tardaría un año más en llegar, el 6 de febrero de 1827; Arnaud recibió una nueva carta en la que se le nombra Agregado de la Legación en Roma,[94] con solo medio sueldo, y junto a su madre se instalaron en dicha ciudad el 31 de mayo de 1827. En una de las cartas analizadas, con fecha del 12 de febrero de 1827, Manuel González Salmón, secretario de Estado, agrega que se le adjudicó «casa y mesa acorde a su clase» y que este debía emplear su tiempo en realizar sus estudios y formar memorias sobre las leyes, usos y estados del país. Meses más tarde, el 3 de noviembre

---

[92] Según la carta de nombramiento extraída del Ministerio de Exteriores, PP, 19, Exp. 92, del Archivo Histórico Nacional de Madrid.

[93] FC M.º Hacienda, 3372, Exp. 863, Archivo Histórico Nacional de Madrid.

[94] M.º Exteriores, PP, 19. Exp. 92, Archivo Histórico Nacional de Madrid.

de 1827, Arnaud escribiría al Rey para pedirle que se le concediera el sueldo completo con el que pueda financiar sus estudios y no sería la primera vez en la que este reclame ascensos o aumentos de salario.

Un año más tarde, sabemos que, según la carta expedida en Madrid el 6 de julio de 1828, le destinaron a París y, el 31 de agosto del mismo año, se le concede el sueldo completo como este solicitaba en 1827. Así, se instalaron en la región parisina el 13 de marzo de 1829,[95] día en el que Arnaud tomó posesión de su nuevo cargo.

Antes de que se produjera dicha instalación, el Conde de Ofalia redactó una carta dirigida[96] a Manuel González Salmón para preguntarle si sería mejor destinarle a Londres o a París, a lo que el propio Arnaud respondió manifestando su preferencia por la ciudad francesa en la que ya había residido en su infancia, concretamente, en el año 1805, tal y como se recoge en la partición de bienes realizada a nombre de Pedro Gutiérrez, mencionada anteriormente. En esta ciudad, pasarían la mayor parte del tiempo y desarrollaría, igualmente, gran parte de su carrera.

Las siguientes pistas que hemos obtenido datan del año 1832: Gutiérrez Bueno y Ahoiz publica su primer libro titulado *Recopilación de lo más interesante que se ha publicado en abril de 1832 en la Gaceta de Francia concerniente al cólera-morbo*, bajo seudónimo masculino, Eugenio Ortazan y Brunet. Por lo que suponemos que, durante la estancia en París, acompañando a su hijo, se dedicó a recopilar las noticias que salían publicadas sobre el cólera-morbo y pensó que, al traducirlas y publicarlas en España, servirían para paliar los efectos de dicha pandemia. De hecho, su hijo, Arnaud se dirigió al Rey, concretamente el 6 de diciembre de 1832 en París, por medio del Conde de Ofalia, para solicitarle una baja temporal que le permitiera viajar a España o a Italia para recuperarse y añade que «su salud está quebrantada a causa del cólera y padece una afección en el estómago y en las entrañas».[97] Dicha baja será prolongada en varias ocasiones a lo largo del año 1833, concretamente, el 14 de enero de 1833 en la que se le conceden tres meses para ir a España, con el sueldo incluido, así como el 1 de junio y el 22 de diciembre de 1833.[98] Esta última fue renovada durante tres meses y este alegó la dificultad para transitar por los caminos hasta llegar a París. Con lo cual, vivieron durante este año en Madrid, ya que las cartas fueron enviadas desde esta ciudad. El 23 de marzo de 1834,[99] Arnaud intentó solicitar una nueva prórroga a la que la Reina gobernadora responderá de forma negativa y le concedió el cargo de oficial de

---

[95] *Ibidem.*

[96] M.º Exteriores, PP, 19. Exp. 92, Archivo Histórico Nacional de Madrid. Fechada en París, el 13 de marzo de 1829 antes de que se produjera la toma de posesión.

[97] M.º de Exteriores, PP, 19, Exp. 92, Archivo Histórico Nacional de Madrid.

[98] *Ibidem.*

[99] *Ibidem.*

la Embajada de París, por lo cual le insta para que se incorpore con la mayor prontitud en su nuevo destino, reinstalándose en París el 14 de abril de 1834.[100]

En 1835, Arnaud envió una carta el 7 de octubre a la Reina regente en la que se quejaba de la reducción de sueldo que había sufrido y, en este momento, se le concede la Cruz de Carlos III y la de Caballero de la Legión de Honor, esta última expedida por el rey de los franceses.[101]

Al hilo de esta discusión establecida por carta, el Duque de Frías se dirige al primer secretario de Estado y de despacho, el 19 de octubre de 1835, para apoyar la solicitud de Arnaud en la que pedía la exención fiscal de los títulos con los que había sido premiado ya que con dicha cuantía «contaba con ayudar a la existencia a su madre»,[102] eximiéndole del pago de dichas tasas el 27 de octubre de 1835. Por tanto, constatamos el fuerte vínculo existente entre madre e hijo a lo largo de la carrera profesional de este. En este mismo año, Gutiérrez Bueno y Ahoiz publicó un nuevo libro, en este caso, dedicado a las mujeres y titulado *Diccionario histórico y biográfico de mugeres [sic] célebres*, nuevamente firmado bajo el mismo seudónimo masculino.

Al año siguiente, en 1836,[103] se produce un cese en la carrera diplomática de Arnaud como se constata en la carta enviada desde París el 8 de septiembre. Dicha carta es remitida por el embajador de París, con carácter «personal», al primer secretario en la que se expone que Arnaud se ha negado a jurar la Constitución de 1812. En la parte baja, se encuentra la respuesta que dice textualmente: «se separa a Arnaud de empleo y sueldo y debe aplicarse la misma resolución que se ha adoptado con aquellos que han rehusado dicho juramento». Este hecho se debe a la sublevación del Motín de la Granja que tuvo lugar en este mismo año. La Reina regente restableció la Constitución de 1812 a través de un nuevo Decreto el 13 de agosto de 1836 en San Ildefonso; tras haber destituido a Mendizábal por Isturiz se produjo la insurrección de los sargentos a favor de la restitución de la Constitución de 1812, así como a favor del nombramiento de un nuevo gobierno liberal progresista que en el que se rehabilitó a Mendizábal en Hacienda y se proclamó un Gobierno dirigido por Calatrava (Ull Pont, 1974, pp. 142-143). Por este motivo, suponemos que la nueva corporación gubernamental dictó orden para que el cuerpo diplomático también jurase dicha constitución y fue, en ese justo momento, en el que Arnaud fue cesado al rechazar dicho acto. Años más tarde, en una carta que data del 1844, Arnaud explicaba los motivos por los que no juró la Constitución de 1812 y, por lo cual, se produjo el cese de su actividad entre el 8 de septiembre de 1836 al 10 de febrero de 1838:

---

[100] *Ibidem.*

[101] *Ibidem.*

[102] M.º de Exteriores, PP, 19, Exp. 92, Archivo Histórico Nacional de Madrid.

[103] *Ibidem.*

Aunque recientemente postergado en mi carrera y perjudicado en mis intereses al ocurrir los acontecimientos de la Granja en agosto de 1836, no titubeé en seguir los impulsos de mi conciencia política, y [*sic*] hice dimisión de mi destino con 8 de septiembre de aquel año, retirándome de la Embajada al verificarlo el Excmo. Señor Don Miguel Ricardo de Álava. Jurada espontáneamente por S. M. Y promulgada la Constitución de 1837, la presté juramento; y en 10 de febrero de 1838 se dignó S. M. Reponerme en mi empleo de oficial de aquella Embajada. […] Madrid, 29 de mayo de 1844. Antonio Luis de Arnau.

Con esta declaración, Arnaud reconocía sus convicciones monárquicas, apegadas siempre al interés de la Corona y a la complacencia de esta. Por tanto, esta declaración aporta la visión de una familia puramente tradicionalista, católica, monárquica y, en cuanto a los principios políticos se refiere, conservadora.

Entre finales de 1836 y principios de 1838, periodo en el que duró el cese diplomático de Arnaud, suponemos que, madre e hijo, regresaron a Madrid; ya que Gutiérrez Bueno y Ahoiz aprovechó la oportunidad para solicitar el acceso a la Biblioteca Nacional.[104] El 12 de enero de 1837, Gutiérrez Bueno y Ahoiz depositó en el Ministerio de la Gobernación de la Península una instancia mediante la cual solicitaba el acceso a la Biblioteca Nacional. En aquel momento, la Biblioteca se situaba en calle Arrieta, lugar que ocupa hoy el edificio de la Real Academia de Medicina (García Ejarque, 1992, p. 210). Un año antes, la Real Biblioteca cambió su nombre por el de Biblioteca Nacional y pasó a ser competencia del Ministerio de la Gobernación de la Península:

Mediante Decreto de 25 de noviembre de 1836, comunicado al Bibliotecario mayor por Real Orden del día siguiente, la Reina Gobernadora dispuso que la Real Biblioteca, como todos los demás establecimientos literarios, estuviese bajo la dirección y gobierno del Ministerio de la Gobernación de la Península, con lo cual se convirtió definitivamente en Biblioteca Nacional, consideración y tratamiento que ya había recibido antes oficialmente durante la ocupación francesa y durante todos los periodos constitucionales, desde que la primera Constitución española se aprobó en 19 de marzo de 1812 (García Ejarque, 1991, pp. 206-207).

El entramado constitucional y legislativo de la Biblioteca prohibía taxativamente la entrada a todas las mujeres. Prueba de ello es el texto constitucional publicado en 1761 por el que se regía la institución en 1837. Así pues, Carlos III aprobó la Real Cédula de 11 de diciembre de 1761 que contenía las constituciones redactadas por parte de Juan de Santander, bibliotecario mayor en esta época (García Ejarque, 1991, p. 207). En dicha Constitución se recoge explícitamente (capítulo primero, artículo undécimo) la prohibición de la entrada de las mujeres en la biblioteca:

---

[104] Expediente de María Antonia Gutiérrez Bueno y Ahoiz, 0104, 06, Archivo de la biblioteca Nacional BNE-A, BN 0104/006de España.

La Real Bibliotheca [*sic*] tendrá para su custodia y quietud un cuerpo de guardia permanente, compuesto de seis hombres, incluso el cabo, que estará siempre à [*sic*] las ordenes [*sic*] del Bibliotecario Mayor en lo perteneciente à [*sic*] Bibliotheca [*sic*]. Y conforme à [*sic*] ellas podrá registrar à [*sic*] los que entraren [*sic*], ó [*sic*] salieren [*sic*], no dejando entrar, ni sacar libro alguno; y si hubiere quien lo intentare, le detendrá y dará cuenta al Bibliothecario [*sic*] Mayor, ò [*sic*] à [*sic*] alguno de los quatro [*sic*] Bibliothecarios [*sic*]. Tampoco permitirá que se entre en ella con gorro, cofia, pelo atado, embozo, ù [*sic*] otro trage [*sic*] indecente ò [*sic*] sospechoso; ni muger [*sic*] alguna en dia [*sic*] y horas de estudio; pues para ver la Bibliotheca podrán ir en los feriados con permiso del Bibliothecario [*sic*] Mayor (Constituciones de la Real Biblioteca [Manuscrito]. 1761, pp. 5-6).

De acuerdo con este artículo, las mujeres podían entrar, pero solo para visitar las instalaciones en ciertos días festivos y, por supuesto, bajo el consentimiento del bibliotecario mayor, quien cumplía las funciones equivalentes a lo que, en la actualidad, es el cargo de director o directora.

La especificación de que «para ver la Bibliotheca podrán ir en los feriados», no hace más que confirmar una discriminación respecto a las capacidades, ligada al sexo, y que tenía profundas raíces en el sentir general que aconsejaba educar a la mujer para ser «esposa y madre». Era imposible que «Muger alguna» pudiera tener un motivo que fuera más allá de la mera curiosidad para visitar un lugar reservado a los hombres, según la usanza (Carreño Rivero y Colmenar Orzaes, 1986, p. 179).

En este mismo sentido, existe otro «permiso» de tipo puntual y restrictivo en el año 1819 cuando la Biblioteca se trasladó al Convento Trinidad Calzada (en calle Atocha); por aquel entonces Francisco Antonio González, bibliotecario mayor, pronunció en su discurso de apertura que Fernando VII permitía que las mujeres tuvieran acceso durante cuatro escasos días a la Biblioteca:

Para que nada falte á [*sic*] completar esta satisfaccion [*sic*] tan gloriosa á [*sic*] la literatura española, y para que el público pueda disfrutarla, permite S.M. la entrada en su Real Biblioteca á [*sic*] todas las personas de ambos sexos desde el dia [*sic*] 14 de este mes de Octubre [*sic*] hasta el 18 del mismo, de las diez de la mañana hasta la una, á [*sic*] fin de que dándose principio en el dia [*sic*] de su feliz cumpleaños, sea mas [*sic*] memorable la época en que tan util [*sic*] establecimiento obtuvo un edificio permanente, y los fieles vasallos de S. M. conserven en su memoria un testimonio auténtico de su Real beneficencia (Noticia de Colocación de la Real Biblioteca de S. M. 1819, p. 7).

Una vez más, la entrada de las mujeres se reducía a una simple visita turística con motivo del cumpleaños del monarca y de la apertura de las nuevas instalaciones. Por tanto, el acceso de las mujeres con fines educativos y formativos quedó completamente vetado durante muchos años.

Sin embargo, en toda época hay adelantadas que tienen la suficiente imaginación, creatividad y audacia para considerar como prejuicio aquella que la práctica ha legitimado como verdad. Nuestra adelantada, en este caso, fue doña Antonia Gutiérrez Bueno, mujer doblemente afortunada ya que, además de haber podido acceder a la educación, tuvo el valor suficiente para ensayar la ruptura de esta norma que establecía el citado apartado 7.º del capítulo 1.º de las Constituciones de 1761 (Carreño Rivero y Colmenar Orzaes, 1986, p. 180).

Gutiérrez Bueno y Ahoiz argumentó en la instancia presentada en enero de 1837 la necesidad de acceder a la Biblioteca Nacional para consultar los fondos bibliográficos que le permitieran continuar con la redacción del *Diccionario histórico y biográfico de mugeres [sic] célebres* cuya primera entrega había salido publicada dos años antes, en 1835. Según las líneas expositivas pronunciadas por Gutiérrez Bueno y Ahoiz, las primeras publicaciones habían tenido bastante aceptación por parte del público y deseaba poder continuar con esta labor. Además, confesó que tras el seudónimo de Eugenio Ortazan y Brunet se escondía en anagrama su verdadera identidad. A modo de conclusión, utilizó una frase que interpela la atención pues alude a la Ilustración y al anhelo de que, en virtud de esta, se reconozca la igualdad de sexos: «Gracia que espero de la conocida bondad de V. E. y de sus grandes deseos de que la ilustración [sic] se propugne en ambos sexos». A partir de entonces, se abrió un debate que duró dos meses y en el que se sopesó de forma exhaustiva el interés de acoger a una mujer en el seno de esta institución.

Un mes después, el 16 de febrero de 1837, Joaquín María Patiño, quien cumplía con las funciones de bibliotecario mayor, respondió a dicha solicitud alegando que las Constituciones prohibían taxativamente la entrada a las mujeres, así como la extracción de libros. En la primera parte de su escrito, Patiño se mostró completamente reacio a la idea, pero terminó por proponer la posibilidad de ocupar una sala vacía situada en la planta baja:

[…] Pero hay una sala en la planta baja que ahora se halla desocupada y en ella puede entregarse sin inconveniente la interesada á [sic] sus laudables estudios, cumpliéndose de esta manera con el espíritu de los estatutos y complaciendo al mismo tiempo á [sic] una persona doblemente recomendable por el sexo á [sic] que pertenece y por el util [sic] empleo que hace de sus ocios (BNE-A, BN 0104/006).

Por tanto, impedían el contacto entre personas de diferente sexo en la biblioteca como, también, sucedía con la segregación escolar. Además, la expresión «el útil empleo que hace de sus ocios» muestra la poca consideración que se tuvo sobre su trabajo pese a que más arriba lo tacharan de «laudables estudios». Dicha sala proyecta una imagen marginal y aislada del concepto colectivo que arrojan los salones bibliotecarios por antonomasia. Por tanto, estamos de acuerdo con Carreño Rivero y Colmenar Orzaes (1968, p. 181):

No deja de llamar la atención que se juzgara a doña Antonia como persona «doblemente recomendable por el sexo a que pertenece»; siendo un sexo marginado no podemos ver esto más que como un ademán paternalista, como un gesto de condescendencia. La separación en una sala distinta confirma lo que pensamos.

Este escrito fue respondido diez días más tarde, el 26 de febrero de 1837, por el secretario de Estado y del Despacho de la Gobernación de la Península y el cual criticó con rotundidad a través de la siguiente nota la prohibición de la entrada a las mujeres:

No alcanzara qué razon [sic] pudieron tener los reglamentistas de la Biblioteca para cerrar sus puertas á [sic] las mujeres: los nombres de unas Genlis, de una Staël y otros infinitos son suficiente respuesta á [sic] esta práctica monacal. No parece sino que el genio del oscurantismo, derrotado ya por el hombre, aun [sic] conserva su imperio sobre la muger [sic]: esta mitad del pueblo tiene todavía en España conventos donde encerrarse y no bibliotecas donde instruirse. La Ilustración de V. E. podría desterrar ese precepto bárbaro, mandando que así en la Biblioteca Nacional como en todas las públicas del Reino puedan entrar las mugeres [sic] de igual modo que los hombres (BNE-A, BN 0104/006).

Este discurso lo adjuntó a la instancia y lo destinó a María Cristina de Borbón-Dos Sicilias, quien otorgaba, en definitiva, la última decisión ante la visible falta de consenso. Sin lugar a dudas, este párrafo es digno admiración en el contexto español decimonónico en el que todo giraba en contra de la aceptación de los principios igualitarios entre hombres y mujeres. De hecho, consideramos que fue decisivo en la formulación de la respuesta por parte de la Reina regente, quien determinó el 27 de febrero de 1837, mediante una Real Orden, permitir el acceso no solo a Gutiérrez Bueno y Ahoiz sino también a las mujeres que quisieran asistir: «[…] se ha servido a resolver S. M. permita V. E. la entrada en la sala baja que indica, á [sic] las mujeres que gusten concurrir á [sic] esa Biblioteca» (BNE-A, BN 0104/006).

Esta decisión no fue bien aceptada por el bibliotecario mayor, el cual alegó toda clase de pretextos en los escritos que datan del 5 y del 7 de marzo de 1837. Según Patiño, quien tachó de imposible esta decisión, expuso que la sala no tenía la capacidad suficiente para acoger a todas las mujeres y que sería necesario emplear dinero en muebles (braseros, escribanías, entre otros) y en oficiales, del mismo modo en que aprovechó para recordarle a la Reina regente que hacía tiempo que no recibían «un solo maravedí» para poder sustentar la Biblioteca. Este conjunto de excusas de índole económica y espacial tenían como objetivo hacer revocar la decisión de la regente. El bibliotecario mayor era el máximo responsable de la Biblioteca Nacional, aunque no tenía plena potestad sobre esta puesto que debía dirigirla en conformidad con la Corona. Sin embargo, Patiño se permitió exponer sus argumentos en contra con la esperanza de que la decisión fuera rectificada. Una esperanza que no se cumplió pues la regente ratificó finalmente su decisión en un nuevo y último escrito que data del 22 de marzo de 1837:

> Vistas las razones manifestadas por V. S. en su oficio de informar al corriente, se ha servido resolver S. M. la Reina Gobernadora habilita a V. S. la sala baja en los términos que usted propuso, permitiendo la entra en ella, no solamente a Dª Antonia Gutiérrez Bueno, cuya admisión iba ya implícitamente concebida en la Real Orden de 27 de febrero último, sino a todas las demás mujeres que gusten concurrir; y en el caso de que afortunadamente el número de estas exceda de 5 o 6, lo haga V. S. presente, manifestando el aumento del gasto que sea indispensable; para que S. M. resuelva lo que estime conveniente (BNE-A, BN 0104/006).

A partir de entonces, las puertas de la Biblioteca Nacional quedaron abiertas a ambos sexos, aunque con ciertas restricciones, ya que las mujeres estuvieron nuevamente obligadas a instalarse en una sala baja, marginal y separada del resto. Sin embargo, este hecho supuso en aquella época un gran adelanto ya que, tras ciento veinticinco años, se consiguió desterrar una prohibición que apartaba completamente a las mujeres del acceso al conocimiento (García Ejarque, 1992, p. 207).

Nos hemos cuestionado qué motivos, aparte de la continuación de su obra y de sus inquietudes intelectuales, pudieron motivar a Gutiérrez Bueno y Ahoiz a solicitar dicho acceso. A tal respecto, sabemos que el círculo de amigos de los Gutiérrez Bueno contaba con la presencia de Leandro Fernández de Moratín, bibliotecario mayor durante los años 1811 y 1812. Según García Morales (1971, p. 27), Moratín obtuvo su puesto en la Real Biblioteca gracias a la amistad y al favor de José I Bonaparte. También fue quien tradujo los informes del expediente matrimonial de Gutiérrez Bueno y Ahoiz y Arnaud y mantuvo una amistad con la familia.

En su diario personal constan varias frases sucintas, escritas en diversas lenguas, en las que se evidencia este hecho: en abril de 1804, escribía que había estado con Melón en casa de «Petrus Bonus» porque María Antonia se iba a Francia. Utilizaba como apelativo los nombres de «Petrus Bonus» para hablar sobre Pedro Gutiérrez Bueno y «Marie Antoinnette o Marie Toinnette Bonus» para María Antonia Gutiérrez Bueno y Ahoiz. En enero de 1808, comentó que estaba en casa de Toinnette y que, al parecer, pasó para saludarla. De igual modo, en marzo de 1808, pasó en dos ocasiones por casa de Gutiérrez Bueno y Ahoiz, de nuevo, para saludar. Algunas frases con este mismo contenido relatan los mismos hechos con el padre de Gutiérrez Bueno y Ahoiz, estas datan de mayo de 1799 y enero de 1801. Leandro Fernández de Moratín, intérprete y dramaturgo, tomó partido por el bando francés durante la ocupación española y sus ideas ilustradas le llevaron a plantearse la importancia de la educación femenina. Algunas de sus obras teatrales más importantes como *El sí de las niñas* proyectaban el reflejo de la sumisión femenina en la época (Ruiza, Fernández y Tamaro, 2004). Por tanto, la estrecha relación que mantenían y su paso por la Real Biblioteca en calidad de bibliotecario mayor posiblemente pudo influenciar a Gutiérrez

Bueno y Ahoiz en el hecho de solicitar el acceso, aunque Moratín ya había fallecido en esas fechas. En cualquier caso, lo que podemos afirmar es que Gutiérrez Bueno y Ahoiz se encontraba temporalmente residiendo en Madrid y que poco más tarde, en el año 1838, regresó a París para acompañar a su hijo en sus funciones diplomáticas. Por lo que, en definitivas cuentas, pudo disfrutar poco tiempo del acceso a la Biblioteca Nacional. No siendo hasta más tarde, en el año 1854, cuando regresen definitivamente a la capital. En cuanto a la continuación de su obra lexicográfica, sabemos que continuó publicando entregas hasta 1837 pero no hay constancia de que su obra estuviera concluida. Como apunta Hernández Carralón (2012), probablemente utilizara este argumento como un pretexto para poder obtener dicho acceso. En cualquier caso, el análisis del discurso expuesto por Gutiérrez Bueno y Ahoiz nos demuestra que esta iniciativa en pleno siglo XIX se corresponde, más bien, a una postura individual de la propia Gutiérrez Bueno y Ahoiz: «Actitud señera en un medio difícil y en una época en la que la organización en grupos feministas todavía no se había logrado en España» (Carreño Rivero y Colmenar Orzaes, 1986, p. 182). Para sustentarla abogó por los principios de igualdad entre sexos, evocando a la Ilustración. Su petición adquirió una amplitud colectiva en el debate que se propició entre el secretario de la Gobernación, la Reina regente y el bibliotecario mayor. Este hecho permitió que otras mujeres también pudieran disfrutar del mismo derecho.

Aunque históricamente parezca un hecho puntual y aislado, constituyó un primer gran paso por varios motivos. En primer lugar, permitió que las mujeres pudieran tener acceso libre, a partir de este momento, al material bibliográfico de la BNE. Al principio, el aforo se redujo a cinco o seis mujeres, según la discusión en el expediente, pues la Reina regente pidió al bibliotecario mayor comunicarle si el número aumentaba: «y en el caso de que afortunadamente el número de estas exceda de 5 o 6, lo haga V. S. presente, manifestando el aumento del gasto que sea indispensable». Entendemos, por tanto, que estaba dispuesta a proporcionar espacio y el dinero necesario para acoger a todo el público femenino que deseara asistir. Suponemos que a lo largo del siglo XIX esta iniciativa atrajo el interés de más usuarias, aunque no podemos demostrarlo puesto que en la época no se realizaba un registro escrito de lectores. Lógicamente, el hecho de que las mujeres pudieran tener acceso a la cultura y concentrarse espacialmente en un mismo entorno fomentó lo que, más tarde, sería la organización de estas en agrupaciones o colectividades. Sin embargo, habría que esperar hasta el siglo XX para que estos cambios fueran apareciendo, ya que, en 1909 se produjo la apertura de bibliotecas femeninas como la Biblioteca Pública Francesa Bonnemaison fundada en Barcelona y cuyo propósito era permitir el acceso a la educación y a la cultura de las mujeres (Muñoz-Muñoz y Argente Jiménez, 2015, p. 56-57). Del mismo modo, en 1913, Ángela García Rives fue la primera mujer que llegó a ostentar un puesto de bibliotecaria en España a través de un sistema de oposición (Muñoz-Muñoz y Argente Jiménez, 2015, p. 52) y, en 1948, le concedieron el puesto de jefe en la Sección de Catalogación de la BNE, aunque, al parecer, ya lo había estado desempeñando previamente (Pola Morillas y Arquera Avilés, 2020).

2.4. Adultez y vejez

El 10 de febrero de 1838,[105] y tras haber jurado la Constitución de 1837, el Conde de Ofalia transmitió por carta a Arnaud la nueva decisión de la Reina regente de nombrarle agregado de la legación de París. Una vez instalados en la capital francesa, Arnaud declara el 25 de mayo de este mismo año[106] que no ha podido conseguir los documentos que justifican la nobleza de la línea materna de la que desciende a causa de los conflictos de la guerra carlista en Navarra y, por tanto, solicita que se le exima temporalmente de presentar dichos documentos para avalar el mérito concedido en la Real Orden de Carlos III. La parte materna de su familia con descendencia en Navarra, a la que se refiere, fue su abuela materna, Mariana Ahoiz y Navarro, fallecida meses antes de su nacimiento, en marzo de 1805. En lo que respecta a los títulos y condecoraciones recibidas, un año más tarde, el 6 de octubre de 1839,[107] Palacio expide una nueva carta dirigida al Marqués de Miraflores en la que le adjudica a Arnaud la Cruz de Comendador de la Real Orden Americana de Isabel la Católica, en este caso, libre de todo gasto, salvo del impuesto de las Cortes. Incluso, nueve días más tarde, concretamente el 15 de octubre del mismo año, recibió la mención oficial de la Legión de Honor francesa cuyo título fue firmado el 24 de diciembre de 1839.[108]

El 18 de abril de 1840,[109] Arnaud, en el desempeño de su actividad en la Embajada, envía una carta con carácter reservado a Palacio en la que relata los secretos que un desertor del bando carlista, asentado en Londres, había confiado al embajador de París. También, expone alguno de los planes que se habían trazado para hacerse con el trono como, por ejemplo, casar a Carlos Luis de Borbón y Braganza (hijo de Carlos María Isidro) con Isabel II, así como otras estrategias bélicas del general Cabrera.

Este hecho nos demuestra aún más su implicación monárquica y, más concretamente, el interés que manifestaba por el triunfo del bando isabelino. Al parecer, Palacio recibió con agrado estas noticias ya que, el 26 de abril,[110] la primera secretaría de Estado expide una carta para que se le concedan seis mil reales de vellón anuales en reconocimiento a su labor diplomática. Sin embargo, meses más tarde, el 13 de noviembre de 1840, fue nombrado secretario de la legación en los Países Bajos por la regente y este no recibió con gran agrado dicho destino.

Por tanto, expidió una nueva carta el 3 de diciembre de 1840,[111] en la que expresó su descontento ya que consideraba que este destino supondría un retroceso en su carrera

---

[105] M.º Exteriores PP, 19, Exp. 92, procedente del Archivo Histórico Nacional.

[106] *Ibidem.*

[107] *Ibidem.*

[108] Ministère de la Culture, f.1 LH/54/50, procedente de los Archivos Nacionales de París.

[109] M.º Exteriores PP, 19, Exp. 92, procedente del Archivo Histórico Nacional.

[110] *Ibidem.*

[111] *Ibidem.*

y, además, argumentaba que no lograría soportar el clima ya que incluso el de París, aun siendo más benigno, le había provocado un desarreglo en el sistema nervioso. A tal efecto, sabemos que, madre e hijo, nunca viajarían a los Países Bajos ya que, entre el 1 de enero y el 16 de junio de 1841, solicitó constantemente bajas médicas para recuperar su salud; de tal modo que, el 8 de noviembre del mismo año, se enunció el nombramiento de una nueva persona para ocupar dicho destino y se le declaró cesante por no haber tomado posesión. Así que permanecieron en Madrid y Arnaud encontró un nuevo puesto en calidad de representante de la empresa de arriendo de la sal en Lugo.[112] Según una carta expedida en Madrid, el 11 de diciembre de 1843,[113] por el Marqués de Miraflores, Arnaud obtuvo dicho puesto gracias a la intermediación de este en la empresa de la sal y, además, recomendaba la labor diplomática realizada antes de su cese a Luis González Bravo, ministro de Estado, en ese mismo año; en esta carta, Miraflores aprovecha la ocasión para hablar del trabajo realizado por Arnaud y Joaquín Magallón (secretario en Constantinopla) e, incluso, habla de las misiones que este les había confiado así como declara que Arnaud es conservador y Magallón progresista pero que, pese a las diferencias ideológicas, siempre tuvieron una buena relación laboral basada en la abstracción de las opiniones políticas. Esta declaración escrita en forma de carta de recomendación nos confirma una vez más la posición ideológica y política de Arnaud. Dicha carta debió surtir efecto ya que, el 14 de octubre de 1844,[114] Palacio le envía una nueva en la que se le nombra cónsul general en Lisboa así que se instalan en dicha ciudad el 3 de diciembre.

Por tanto, en ese momento abandonó su puesto como representante de la empresa de la sal de la cual sabemos que fue trasladado de Lugo a Cuenca el 20 de abril de 1844,[115] es decir, seis meses antes de reintegrar el cuerpo diplomático.

Sin embargo, este no sería el último destino que cubriría Arnaud ya que, el 20 de febrero de 1845,[116] recibió desde Palacio una nueva carta oficial en la que se le nombra secretario de la Legación en Roma, ciudad en la que se instalaron el 15 de junio del mismo año. Y, dos años más tarde,[117] se le nombra primer secretario oficial en la Embajada de París en donde se reinstalaron nuevamente el 27 de junio de 1847.

Al año siguiente, sabemos que continuó padeciendo algunos problemas de salud sin llegar a precisarlos ya que, según se recoge en una carta escrita en París el 19 de agosto de 1848,[118] solicitó una baja de cuatro meses para recuperarse. Al parecer, ocupó

---

[112] Conforme a la carta emitida en noviembre de 1841 por José Salamanca: M.º Hacienda, 3372, Exp. 863, del Archivo Histórico Nacional.

[113] M.º Exteriores PP, 19, Exp. 92, procedente del Archivo Histórico Nacional.

[114] *Ibidem.*

[115] M.º Hacienda, 3372, Exp. 863, procedente del Archivo Histórico Nacional.

[116] *Ibidem.*

[117] Según la carta oficial con fecha del 27 de abril de 1847 ubicada en M.º Hacienda, 3372, Exp. 863. AHN.

[118] M.º Exteriores PP, 19, Exp. 92, procedente del Archivo Histórico Nacional.

varias funciones en la Embajada parisina, entre ellas, la de encargado de negocios cuya actividad cesó el 30 de septiembre de 1848.[119] Sin embargo, fue nombrado ministro residente en dicha Embajada el 8 de enero de 1849 de acuerdo con la carta escrita por Pedro José Pidal,[120] ministro de Estado en ese momento. En 1851, llama nuestra atención una carta que recibió de Juan Suárez Casadoiro,[121] en la que pide a Arnaud que entregue unos poemas compuestos por él mismo al Marqués de Valdegamas; estas composiciones poéticas guardaban un carácter satírico contra los españoles que habían apoyado la presencia francesa en España, así como criticaba a Napoleón y a la República. Por tanto, este escrito aporta testimonio una vez más del carácter tradicionalista de Arnaud afín a la monarquía española y al conservadurismo ya que, a pesar de no ser autor de las composiciones, suponemos que Casadoiro le confió dicho envío por afinidad ideológica.

Esta devoción se refleja nuevamente en la carta remitida desde Madrid, el 29 de mayo de 1851,[122] en la que el propio Arnaud aceptó con gratitud una nueva misión y en la que dice que regresaría a París lo antes posible para «el desempeño de una comisión importante y reservado al servicio del Estado». El 13 de julio de 1851,[123] se instalan en Viena tras haber obtenido el cargo de encargado interino en dicha legación el pasado 13 de julio, según atestigua una carta emitida por el Conde de Colombí en la que informa de su llegada. Aunque dicho nombramiento no sería por mucho tiempo, ya que el 19 de diciembre de 1851,[124] Palacio le envía una nueva carta para nombrarle ministro residente en Bruselas. En Bélgica, solamente permanecerían un año y medio, ya que el 4 de enero de 1853,[125] le remiten una nueva carta por medio de la cual le nombra ministro residente en La Haya.

En esta ocasión, Arnaud aceptó dicho destino y se incorporaron en esta ciudad el 23 de febrero de 1853.[126] En cambio, constatamos que, a lo largo de este año, Arnaud tuvo diferentes problemas de salud, motivo por el cual continuó solicitando varios permisos como el que data del 22 septiembre de 1853,[127] para ir a Alemania y poder curar unas cataratas. Por ello, creemos que, debido a su delicado estado de salud, la Reina le nombró secretario de las Reales Órdenes de Carlos III, Isabel la Católica y Damas Nobles de la reina María Luisa a finales de este año, el 17 de diciembre de

---

[119] Según una carta emitida en esta fecha en la que el propio Arnaud declara el fin de dicha actividad, ubicada en M.º Exteriores PP, 19, Exp. 92, procedente del Archivo Histórico Nacional.

[120] *Ibidem*.

[121] Carta expedida el 1 de enero de 1851 por Juan Suárez Casadoiro, Legajo 25/9, Archivo Regional de la Comunidad de Madrid.

[122] M.º Exteriores PP, 19, Exp. 92, procedente del Archivo Histórico Nacional.

[123] M.º Exteriores PP, 19, Exp. 92, procedente del Archivo Histórico Nacional.

[124] *Ibidem*.

[125] *Ibidem*.

[126] *Ibidem*.

[127] *Ibidem*.

1853.[128] Por lo que se reinstalaron en Madrid el 16 de marzo de 1854,[129] día en el que también tomó posesión de su nuevo cargo. Este sería uno de los destinos más longevos que llegó a ocupar ya que, como él mismo sabía, el 20 de febrero de 1854,[130] estando todavía en La Haya, pide al ministerio de Hacienda que se haga cargo de todas las pertenencias que había acumulado en los distintos destinos (Bruselas, París y La Haya) y que los envíen a Madrid. Durante su estancia en La Haya, el rey de los Países Bajos le concede la Cruz de Comendador de la Orden del León Neerlandés antes de su partida.[131]

En su nuevo cargo en Madrid, aprovechó la ocasión para solicitar que se le aumentara la distinción en este cargo y la Reina le nombra ministro secretario (de acuerdo con el último rango obtenido en el extranjero), según figura en una carta expedida por Palacio el 28 de noviembre de 1854 y firmada por Francisco Pacheco.[132]

Entre los años 1854 y 1857, no tenemos constancia de ningún hecho en particular; por tanto, suponemos que la nueva vida inauguradas por Gutiérrez Bueno y Ahoiz y su hijo en Madrid se desarrolló sin ningún impedimento. Sin embargo, sabemos que el 29 de julio de 1857 fallece su hermana, Clotilde Antonia, a los 79 años de edad. Según se menciona en la partida de defunción,[133] Clotilde falleció en la casa familiar ubicada en calle Ancha de San Bernardo a consecuencia de una apoplejía sanguínea cerebral instantánea. Años antes, en 1849, había realizado una declaración de pobre en la que proclamó herederos universales a su sobrino, Antonio d'Arnaud, y a su hermana, María Antonia Gutiérrez Bueno y Ahoiz, a partes iguales. En dicha declaración, se confirma que había quedado viuda de José Rotondo.[134] Por lo que la familia Gutiérrez Bueno y Ahoiz quedó drásticamente reducida y, de acuerdo con los documentos estudiados, María Antonia Gutiérrez Bueno y Ahoiz, en estas fechas, estaría únicamente acompañada por su hijo.

Entre los años 1860 y 1862, Arnaud solicitó varios permisos para recuperar su salud: el primero, data de 1 de junio de 1860,[135] a través del cual, alegó que necesitaba acudir a las aguas del Pirineo y de Vichy. Al parecer, la asistencia a los baños termales como método de cura fue una práctica muy común en la época, pues así lo refleja

---

[128] Carta firmada por Ángel Calderón de la Barca y expedida por Palacio el 17 de diciembre de 1853. M.º Exteriores PP, 19, Exp. 92, procedente del Archivo Histórico Nacional.

[129] *Ibidem.*

[130] *Ibidem.*

[131] De acuerdo con la carta emitida por Arnaud el 24 de marzo de 1854. M.º Exteriores PP, 19, Exp. 92, procedente del Archivo Histórico Nacional.

[132] M.º Exteriores PP, 19, Exp. 92, procedente del Archivo Histórico Nacional.

[133] Libro 40.º de defunciones de la parroquia de San Martín de Madrid (folios 356 y 356 vt.º; imágenes 712 y 713), procedente del Archivo Histórico Diocesano.

[134] Declaración de pobre otorgada el 24 de mayo de 1849, T25650, f.514r-515r, Archivo Histórico de Protocolos.

[135] M.º Exteriores PP, 19, Exp. 92, procedente del Archivo Histórico Nacional.

también el estudio de la correspondencia de Assumpció Baldrich Arandes (1770-1848) realizado por Carme Sanmartí Roset: «En el text explica que va tenir el cap clar fins al darrer moment. Creu que, en part, la causa de la mort va ser haver anat a França a prendre uns banys per curar-se d'alguns "pequeños achaques"» (2012, p. 92).

El 27 de julio de 1862,[136] Palacio le envía una nueva carta para destinarle a Suecia y Noruega en calidad de ministro residente mediante un Real Decreto. Esta decisión no fue bien recibida por Arnaud debido a su estado de salud y, también, por el esfuerzo al que expondría a su madre, Gutiérrez Bueno y Ahoiz, con tal viaje. Por lo que redactó una carta desde Gijón, el 29 de julio de 1862, en la que expuso:[137]

> […] Es notorio, Excmo. Señor, el mal estado de mi salud que no me permitiría, triste y ciertamente, soportar el excesivo rigor del clima de aquel país: soy hijo único de una madre octogenaria que nunca se ha separado de mí, de la que no pudiera alejarme, ni tampoco exponer á [sic] su edad á [sic] tan largo viaje y penosa residencia: otras consideraciones de distinta naturaleza, que omito, pudiera aun someter á [sic] la ilustrada y justificada apreciación de V. E. Me hallo pues precisado á [sic] suplicarle se sirva hacer presentes á [sic] la Reina V. M las razones que me impiden trasladarme á [sic] Suecia, por más que sucesivamente acate yo, y profundamente reverente, como siempre lo he hecho, sus reales determinaciones.

Dicho escrito fue tomado en consideración y, el 4 de agosto de 1862,[138] una nueva carta enuncia que se ha dejado sin efecto el Real Decreto del 27 de julio de 1862 a través del cual se le destinaba a Suecia y Noruega. De igual modo, el ministro de Estado, Saturno Calderón Collantes, expidió una nueva carta desde San Idelfonso,[139] en beneficio de Arnaud para informarle de que su renuncia al puesto de ministro Residente no afectaría a la plaza que ocupaba en aquel momento como ministro secretario de las Órdenes de Carlos 3º y, el 13 de septiembre de 1862,[140] Mariano Prendegast y Frías, le confirmó definitivamente que podía seguir ejerciendo dicha ocupación sin repercusión alguna. Aunque no sería por mucho tiempo, ya que el 10 de marzo de 1863,[141] se le nombró comisario general de los Santos Lugares de Jerusalén a través de una nueva carta expedida por Palacio, siendo este el último puesto de trabajo que Arnaud ostentaría. Tomó posesión de este cargo el 31 de marzo en Madrid.[142]

---

[136] *Ibidem*.

[137] *Ibidem*. Lugar en el que disfrutaba de la última baja solicitada en Madrid, el 4 de junio de 1862, a través de la cual se le concedieron tres meses de permiso.

[138] M.º Exteriores PP, 19, Exp. 92, procedente del Archivo Histórico Nacional.

[139] *Ibidem*.

[140] *Ibidem*.

[141] *Ibidem*.

[142] *Ibidem*.

Pocos meses después, el 6 de julio,[143] solicitó una nueva baja médica para recuperar su salud y la Reina le vuelve a conceder cuatro meses.[144] En este mismo mes, a través del Real Decreto del 21 de julio,[145] se le concedió el último de los méritos que recibiría por su carrera diplomática: la Gran Cruz de la Real Orden de Isabel la Católica. En cuanto a la baja médica solicitada, sabemos que no disfrutó de los cuatro meses íntegros, ya que se reincorporó al trabajo el 7 de septiembre,[146] según una carta escrita por él mismo en la que expone que, tras haber realizado un viaje (sin mayor precisión), se encontraba recuperado para poder retomar sus obligaciones laborales.

Un mes y medio más tarde, el 31 de octubre de 1863,[147] se anunció su fallecimiento a Palacio, a los 58 años de edad, a través de un comunicado. Según la partida de defunción ubicada en el Archivo Histórico Diocesano,[148] falleció en Madrid, soltero, en la plazuela de la Leña (número quinto, cuarto segundo), a consecuencia de un enfisema pulmonar de acuerdo con el certificado expedido por el médico José Antonio Moñino. En dicha partida, también se expone que fue enterrado el 3 de noviembre en el Cementerio de la Sacramental de Santa Cruz, San Justo y San Millán.

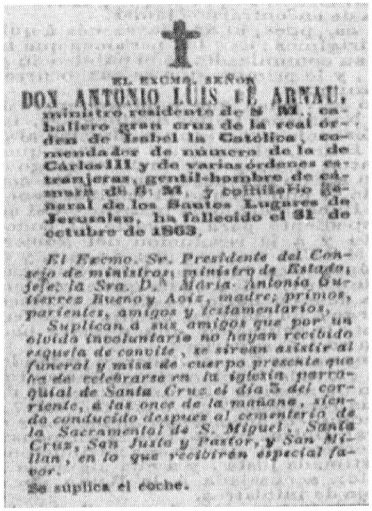

Figura 1. Esquela de Antonio Luis de Arnaud

---

[143] *Ibidem.*

[144] Según la carta con fecha 9 de julio de 1863. M.º Exteriores PP, 19, Exp. 92, procedente del Archivo Histórico Nacional.

[145] M.º Exteriores PP, 19, Exp. 92, procedente del Archivo Histórico Nacional.

[146] *Ibidem.*

[147] *Ibidem.*

[148] Partida de defunción de Antonio Luis de Arnau Gutiérrez Bueno, de 3 de noviembre de 1863. Libro 27. º defunciones de la parroquia de Santa Cruz de Madrid (folio 22 vt.º, imagen 44).

En el testamento otorgado por Arnaud el mismo día de su fallecimiento,[149] atribuyó una pensión al personal de servicio que le había ayudado durante este tiempo en su casa, entre ellos, mencionó a Pedro Mercier, Lucía Zorortiza y Beitia y Sabina Espleguero y Moreno. Nombró albaceas testamentarios a Juan Falcó (Príncipe Pío) y Juan Guzmán y Caballero (Conde de Treviño) para que se ocupasen del funeral y de la correcta ejecución de su testamento, así como aludió a la supervisión y control de las cuentas del administrador de los bienes de Italia durante el año de albaceazgo. Suponemos que dichos bienes en Italia le fueron legados por parte paterna, aunque no tenemos constancia. Finalmente, declaró única y heredera universal a María Antonia Gutiérrez Bueno y Ahoiz. Dicho documento está firmado por los testigos presentes ya que, según se recoge al final del testamento, Arnaud no pudo hacerlo por el avanzado estado de su enfermedad. El 10 de noviembre de 1863,[150] Gutiérrez Bueno y Ahoiz tramitó una carta a la Reina en la que exponía lo siguiente:

> Que en vista de los dilatadísimos servicios prestados durante 52 años por su difunto padre […] y por los prestados por su difunto hijo Don Antonio Luis de Arnau en la Carrera Diplomática por espacio de 35 años habiendo desempeñado el cargo de secretario de las Órdenes de Carlos 3º, Damas Nobles de la Reina María Luisa é [sic] Isabel la Católica y últimamente el de Comisario General de los Santos Lugares de Jerusalén hasta su fallecimiento ocurrido el 31 de octubre último; concediéndole V. M. en vista de sus méritos la Gran Cruz Americana de Isabel la Católica; y habiendo la exponente vivido siempre á [sic] la sombra y amparo de su hijo, único recurso que le quedaba en su abanzada [sic] edad, se vé en la necesidad de acudir á V. M. Suplicándola rendidamente se digne remediar á [sic] la que expone señalándola una pensión sobre los fondos de la Comisaria de los Santos Lugares según ya se ha hecho en favor de otras personas desvalidas.[…]. Madrid, 10 de noviembre de 1863. Señora B. L. R. S. de V. M. Antonia Gutiérrez Bueno.

Este escrito constata una vez más que Gutiérrez Bueno y Ahoiz acompañó a su hijo hasta el último día de su vida como ella misma dijo: «habiendo vivido siempre en la sombra y amparo de su hijo, único recurso». Dicha solicitud fue respondida (bajo la rúbrica de «Minuta»), el 17 de noviembre,[151] y en ella le informan de la concesión ochenta mil reales anuales que provendrían de los presupuestos de Jerusalén. Gutiérrez Bueno y Ahoiz perdió progresivamente a cada uno de los miembros de su familia y, al morir su hijo, no dejó descendencia.

Sobre los últimos años de vida de Gutiérrez Bueno y Ahoiz, no hay mucha información salvo que dictó testamento, el 18 de abril de 1864, ante el notario Miguel

---

[149] Testamento otorgado por Antonio Luis Arnau Gutiérrez-Bueno el 31 de octubre de 1863, T.27466, f. 3563r-3566r, procedente del Archivo Histórico de Protocolos.

[150] M.º Exteriores PP, 19, Exp. 92, procedente del Archivo Histórico Nacional.

[151] *Ibidem.*

Ángel Noblejas.[152] En dicho testamento, se declaró viuda de Antonio Arnau y Massa, con lo cual no volvió a contraer matrimonio tras la muerte de este y, además, reafirmó por escrito sus creencias católicas, apostólicas y romanas.[153] Su patrimonio material quedó repartido entre sus amistades, miembros de la nobleza en su mayoría,[154] a los que lega cuadros, objetos decorativos, joyas y ciertos libros. El patrimonio intelectual de su padre compuesto por la Cátedra de Química (junto a un busto de este) lo cede a la Facultad de Farmacia de la Universidad Central.[155] Asimismo, aprovechó el testamento para hacer manifiesto el orgullo que sentía por su padre y defendió el papel pionero que este obtuvo como docente de química. Al mismo tiempo, criticaba que se considerase a Proust como el primer profesor de química ya que, según esta, su padre llevaba mucho más tiempo enseñando esta materia y pone como ejemplo las clases en el Café de Solís (en calle Alcalá).[156] Al parecer, Andrés Alcón y Calduch, quien ocupó la cátedra tras la muerte de Gutiérrez Bueno, quedó a cargo de realizar la biografía de este cuando murió, pero nunca llegó a hacerlo ya que Alcón y Calduch tuvo que expatriarse.[157] Por tanto, María Antonia Gutiérrez Bueno y Ahoiz decía sentirse con la obligación moral y legítima de reivindicarlo en su testamento: «Pero á [sic] mi como á [sic] hija y unica [sic] persona que queda y pueda manifestar la verdad, es á [sic] quien el amor y el deber obligan (antes que mi abanzada [sic] edad me lleve para siempre á [sic] reunirme con mi amado Padre [sic]) á [sic] hacer patente la verdad de los hechos […]».[158] Por otra parte, queda patente el mal entendimiento y la rivalidad que siempre existió entre Proust y la familia Gutiérrez Bueno y Arnaud, prueba de ellos son las discusiones que se publicaron en el año 1804 en el *Semanario de Agricultura y Artes dirigido a los párrocos*.[159]

---

[152] Testamento otorgado el día 18 de abril de 1864, ante el notario Miguel García Noblejas, T. 27596, f. 550r-581r (procedente del Archivo Histórico de Protocolos).

[153] *Ibidem*, p. 1.

[154] Entre las personalidades a las que menciona lega sus objetos materiales podemos destacar al Marqués y a la Marquesa de Miraflores, los cuales guardaron una estrecha amistad con su hijo al que le firmaron varias cartas de recomendación, al Príncipe y a la Princesa Pío, a la Marquesa de Oñate, a la Condesa y a la Marquesa de Campo Verde, al Conde de Valencia, al Marqués de Bassecour, entre otros. *Ibidem*, p. 11-35.

[155] *Ibidem*, pp. 35-36.

[156] *Ibidem*, pp. 36.

[157] *Ibidem*, pp. 37.

[158] *Ibidem*, pp. 37-38.

[159] Véase en: Yus, F. (1804). Carta en que se ofrece un premio al que se presente a hacer el mejor salitre y pólvora. Semanario de Agricultura y Artes dirigido a los párrocos, n.º 399, p. 124-128. Recuperado el 15 de mayo de 2020, de: http://hemerotecadigital.bne.es/issue.vm?id=0003354392&search=&lang=en

Figura 2. Esquela a nombre de María Antonia Gutiérrez Bueno y Ahoiz

En cuanto al patrimonio económico, legó gran parte de su fortuna a su familia política (incluyendo las propiedades materiales de San Remo), entre ellos a su ahijado, Pedro Gena y de Arnau, así como a sus amistades más cercanas, pero, también, incluyó rentas y pensiones vitalicias a nombre de los sirvientes que la habían acompañado.[160] Los herederos debían aportar limosnas (de la cantidad que estos decidiesen) a las Casas del Socorro y a la Junta de Damas. Por otra parte, legó 2000 reales para que fueran repartidos entre veinte pobres de la parroquia en la que falleciera y mencionó que este dinero fuera esencialmente distribuido entre las viudas con hijos, así como legó 552 reales para enfermos necesitados.[161] Con su testamento se constata, una vez más, el ambiente acomodado y privilegiado en el que siempre vivió. El 6 de abril de 1874, María Antonia Gutiérrez Bueno y Ahoiz fallece en Madrid a los 93 años. De acuerdo con la información que figura en su partida de defunción,[162] murió en la plaza del Progreso, n.º 5, 2.º derecha, perteneciente a la parroquia de San Millán y San Cayetano y no se celebró funeral; fue enterrada a las 16.00 h en el cementerio del Sacramental de San Justo, en el nicho de adultos de 1.ª N. 41 del patio de Santa Cruz (Carrasco Jarabo, 1965c, pp. 105-106). Tres años más tarde, apareció una esquela en su nombre para conmemorar el aniversario de su fallecimiento.

---

[160] Testamento otorgado el día 18 de abril de 1864, ante el notario Miguel García Noblejas, T. 27596, f. 550r-581r (procedente del Archivo Histórico de Protocolos). Véase en la cláusula octava, p. 43.

[161] *Ibidem*, pp. 4-5.

[162] Partida de defunción procedente de la iglesia de San Millán y San Cayetano, inscripción en el libro 22, folio 230 v.

3. Obras de María Antonia Gutiérrez Bueno y Ahoiz

Fruto de la influencia paterna, Gutiérrez Bueno y Ahoiz consagra su tiempo a traducir textos científicos que son publicados en diferentes periodos. Su actividad traductora se divide en dos etapas: la primera que abarca los años entre 1800 y 1804 y, la segunda, se circunscribe al año 1832. Entre estas dos etapas se observa una diferencia notoria en cuanto a la determinación y a la intencionalidad traductora, siendo este el motivo que nos llevará a realizar el análisis traductológico posterior.

En calidad de escritora, produjo una última obra histórico-biográfica en 1835 que quedó aparentemente inconclusa y a la que dedicaremos la tercera parte de este capítulo.

3.1. Traducciones publicadas entre 1800-1804

La primera publicación de Gutiérrez Bueno y Ahoiz fue una traducción titulada *De los efectos de las fricciones con éter acético en los reumatismos, ceática [sic], y aun en la gota*, con fecha del 7 de agosto de 1800. Apareció en el *Semanario de Agricultura y Artes dirigido a los párrocos* (1797-1808). El texto original fue publicado meses antes en *La Décade philosophique*, sin autoría.

Dicho *Semanario* se considera la primera publicación española especializada en agricultura y la concepción de esta corrió a cargo de Manuel Godoy y Álvarez de Faria (1767-1851) con el propósito de promover el desarrollo agrícola en España (Acosta Meneses, 2008, p. 95). En un primer estadio, estuvo dirigida por Juan Antonio Melón (1758-1843) desde la aparición de la primera publicación en enero de 1797 hasta finales de 1804.

En un principio, la empresa se constituyó como una entidad privada, pese a estar apoyada y fomentada por el Gobierno, pero, a partir de 1804, la publicación pasó a manos del Real Jardín Botánico de Madrid. En 1806, cuando Melón abandonó el *Semanario de Agricultura y Artes dirigido a los párrocos*, los profesores Francisco Zea, Claudio Boutelou y Simón de Rojas Clemente se encargaron de su edición (Acosta Meneses, 2008, p. 96).

Sabemos que Juan Antonio Melón, clérigo afrancesado, guardaba una estrecha amistad con la familia de Gutiérrez Bueno, prueba de ello son las líneas que Leandro Moratín escribió en su diario y en las que menciona que frecuentaba la casa de estos en compañía de Melón.

Por su parte, María Antonia Gutiérrez Bueno y Ahoiz, a los diecinueve años de edad, debutó con esta primera traducción, firmada con su verdadero nombre y apellidos, en una revista de carácter agrónomo-científico en la que la mayor parte de colaboradores (traductores y escritores) eran hombres. De hecho, su padre, Pedro Gutiérrez Bueno y, también, su marido, Antonio d'Arnaud, después de haber contraído matrimonio y, aunque en menor proporción, participaron en el *Semanario* asiduamente hasta 1804, año en el que se produce el cambio en la dirección de Melón. Colaboraban frecuentemente con sus artículos, promoviendo incluso debates, como el que se produjo entre Arnaud y Proust a propósito del salitre.

Pedro Gutiérrez Bueno comenzó a publicar el 3 de julio de 1800, *Principios del arte de teñir*, en varios números consecutivos previos a la primera traducción de su hija y la penúltima entrega aparece en el mismo número en el que ella publica, justo después de la traducción de esta. El hecho de que padre e hija publiquen artículos diferentes en el mismo número puede deberse a un principio legitimador de los conocimientos químicos de Gutiérrez Bueno y Ahoiz (Serrano, 2012, p.101). Sin duda alguna, consideramos que fue su padre el que la introdujo al mundo de la traducción y, también, el que, por ende, le facilitó el acceso a la revista. Ya que Pedro Gutiérrez Bueno, aparte de publicar en esta revista artículos científicos sobre diversas temáticas como el arte de la vidriería, las aguas minerales de Puertollano o los ácidos minerales, también se dedicó a la traducción. De hecho, en 1788 publicó la traducción de *Méthode de nomenclature chimique* que Morveau, Lavoisier, Bertholet y Fourcroy presentaron en la Real Academia de Ciencias de París (Carrasco Jarabo, 1964, p. 160). Otro aspecto que llama nuestra atención es que esta primera publicación de Gutiérrez Bueno y Ahoiz contiene una nota al pie de página en la que menciona la botica de su padre para informar que un compuesto químico (concretamente, el éter), que aparece en su traducción, se puede adquirir en dicha botica. Quizás su introducción en el mundo de la traducción, en un principio, estuvo motivada por el deseo de dar publicidad a los productos y compuestos químicos vendidos en el negocio familiar. Aunque esta práctica parece habitual en la revista y no solo Gutiérrez Bueno y Ahoiz hizo publicidad de la botica. En 1805, otro de los contribuyentes (un traductor cuyo nombre y apellidos no figuran en el artículo) también introduce una nota en esta misma línea: «D. Pedro Gutiérrez Bueno prepara en Madrid, calle Ancha de S. Bernardo, estos frascos, que se han mandado extender en los pueblos en que haya epidemias, y acompaña una explicación sobre el modo de usarlos. Los hay grandes, medianos y chicos» (*Semanario de Agricultura y Artes dirigido a los párrocos*, n.º 424, p. 110).

Sin embargo, en la siguiente contribución, titulada *Método que se emplea en Lieja para fabricar la sal amoniaco* y publicada en 1801, Gutiérrez Bueno y Ahoiz incluye una nueva y larga nota, pero, en este caso, para aportar aclaraciones y reexplicar la descripción del método propuesto por Chevremont. En esta, que ocupa casi dos páginas de las cinco que comprende la traducción, emplea la primera persona (en frases como «segun [*sic*] yo lo comprehendo, para la [...]») para explicar el procedimiento de obtención de la sal amoniaco, así como finaliza dando su opinión:

> Esta breve memoria me ha parecido muy importante, porque oigo decir que no hay en el reyno [*sic*] ninguna fábrica de sal amoniaco, y que toda la que se gasta, que es mucha, viene de paises [*sic*] extrangeros [*sic*], pudiéndose hacer en España con la mayor facilidad, como

que las materias que entran en su compo*si*cion [*sic*] abundan por todas partes, y apenas tienen precio, y la manipulación es tan sencilla como se acaba de ver.

Sería de desear que en Madrid hubiese quien recogiese las materias animales de los basureros, como trapos de lana, pellejos crudos ó [*sic*] curtidos, pelos, huesos, astas, pezuñas, desperdicios de peineros &c. y estableciese un horno para destilarlos: de ellos sacaria [*sic*] un líquido alkalino [*sic*] volatil [*sic*] con bastante aceyte [*sic*] empyreumático [*sic*] que sobrenadaria [*sic*]: separado dicho aceyte [*sic*] por medio de una canilla, y saturado con ácido muriático, se evapora hasta sequedad en vasijas de barro ó de hierro ; y finalmente se sublima el residuo de la operacion [*sic*] en vasijas de barro, como queda dicho. Por este método he visto algunas libras de sal amoniaco en el real laboratorio de la calle de Alcalá en el año 1792 (Gutiérrez Bueno y Ahoiz, 1801, pp. 205-206).

Tras la lectura y el análisis de los comentarios vertidos por Gutiérrez Bueno y Ahoiz, coincidimos con Elena Serrano (2012, p. 101) en que, en este caso, expuso abiertamente sus conocimientos (aportando cantidades y conceptos precisos) y se atrevió incluso a dar su opinión, sin mencionar la botica familiar. De hecho, este fragmento nos demuestra que, a pesar de la carencia de documentos que acrediten o testifiquen una posible formación académica, Gutiérrez Bueno y Ahoiz tenía nociones sobre la materia y estaba en contacto directo con los procedimientos químicos con los que, más allá de ser una simple observadora, mantenía un criterio y una opinión al respecto.

Además, en la última frase de su nota al pie de página («Por este método he visto algunas libras de sal amoniaco en el real laboratorio de la calle de Alcalá en el año 1792»), afirma haber presenciado cómo, a través de este método, se obtuvo la sal amoníaco en el Real Laboratorio. Por otra parte, sabemos que Pedro Gutiérrez Bueno obtuvo el cargo de Catedrático de Química en 1787 (Carrasco Jarabo, 1964, p. 160) y que, en 1788, publicó la primera edición del titulado *Curso de química teórica y práctica para la enseñanza del Real Laboratorio de Química de esta Corte* (Carrasco Jarabo, 1965a, p. 20) con el objetivo de recopilar las lecciones y los últimos avances sobre la química. Por lo que esto demuestra que su padre asumió diversas labores docentes en el entorno en el que Gutiérrez Bueno y Ahoiz dijo haber visto dicho método; así que, muy probablemente, obtuvo un acceso a dichos conocimientos académicos por vía paterna en algunos de los cursos o demostraciones impartidas. Además, sabemos que durante este periodo y, gracias al apogeo y a la fama de la química, se realizaban demostraciones experimentales en salones y que las mujeres formaron parte del público como asistentes (Muñoz Bello, 2016, p. 269). Así que, tanto por una vía como por la otra, es muy probable que el testimonio vertido por Gutiérrez Bueno y Ahoiz obedezca, al menos, a uno de estos razonamientos expuestos.

Un año más tarde, en 1802, su nombre vuelve a aparecer en otra nota al pie de página. En esta ocasión, bajo una publicación firmada por Odier que versa sobre las fumigaciones con vapores nítricos para evitar el contagio epidémico. En esta nota, aprovechó, en primer lugar, para promocionar nuevamente el ácido nítrico que se vendía en su botica y, en segundo lugar, ofreció detalladamente la receta para conseguir dicho compuesto químico:

> Algunos médicos se quexan [*sic*] de que no advierten en la aplicacion [*sic*] del ácido nítrico los efectos que indican los libros, lo qual [*sic*] no extrañará el que sepa que regularmente se vende en nuestro comercio el ácido nitroso ó [*sic*] agua fuerte con el nombre de ácido nítrico, de lo qual [*sic*] se siguen graves perjuicios á [*sic*] la salud pública. Para hacer ácido nítrico se ponen en una retorta 32 partes de nitrate [*sic*] de potasa (salitre), y 16 de ácido sulfúrico: el pico de ella se adapta á [*sic*] un recipiente grande que tenga 8 partes de agua destilada, y se aplica fuego por 12 horas á [*sic*] la retorta que está sobre el baño de arena. Al día siguiente se saca el líquido que está en el recipiente, que pesará 20 onzas, se pasa á [*sic*] una redoma, se le añaden 2 dracmas de plata en granalla, y se mantiene á [*sic*] calor lento hasta que la plata se disuelva. Al otro día se pasa á [*sic*] una retorta, dexando [*sic*] el poso en la redoma, se destila en paño de arena hasta sequedad, y queda en el recipiente lo que se llama ácido nítrico, el qual [*sic*] se vuelve á [*sic*] destilar para el uso interno. 1. De Doña María Antonia Gutiérrez Bueno. 2. Este ácido se halla muy puro en la botica [*sic*] del Salvador de la calle ancha de S. Bernardo (Gutiérrez Bueno y Ahoiz, 1802, p. 31).

Por otra parte, Gutiérrez Bueno y Ahoiz se dirige a los médicos a los que les aporta sus razones sobre el fallo en las fumigaciones y, además, explica los motivos al mismo tiempo que no pierde la ocasión para recordarles que pueden adquirir los productos mencionados en la botica familiar.

> Une note finale répondait aux médecins qui se lamentaient de n'avoir pu constater l'efficacité de ces fumigations ; elle signalait que cela était dû à la confusion faite dans le commence entre l'acide nitrique et l'acide nitreux, lequel non seulement ne produisait pas les mêmes effets purifiants, mais pouvait aussi entraîner des graves dangers pour la santé. Pour éviter ce risque, il était recommandé de se procurer les acides à la pharmacie du Sauveur (Botica del Salvador), grande rue de San Bernardo, où ils étaient « très purs » (García Belmar y Bertomeu-Sánchez, 2016, p. 191)[103].

La tercera y última traducción que publicó en el *Semanario* se tituló *De los vinos medicinales*. Aunque, según se dice en una nota al pie, el texto fue traducido en 1801, su publicación data del año 1804. El artículo original, escrito por Parmentier en 1800, estaba compuesto por un conjunto de reflexiones sobre las propiedades del vino y se

---

[103] Traducción propia de la cita: «Una nota final respondía a los médicos que se lamentaban de no haber podido constatar la eficacia de las fumigaciones; apuntaba que se debía a la confusión realizada en el marco del comercio entre el ácido nítrico y el ácido nitroso, lo cuales no solamente producían los mismos efectos purificantes, sino que también podían acarrear graves peligros para la salud. Para evitar este riesgo, se recomendaba adquirir los ácidos en la botica del Salvador (calle grande de San Bernardo), donde los vendían "muy puros"» (García Belmar y Bertomeu-Sánchez, 2016, pp. 191).

publicó originalmente en la revista francesa *Annales de Chimie*. En este caso, sin insertar notas explicativas.

En lo que respecta al *Semanario*, constatamos que la presencia de mujeres en la revista fue bastante minoritaria. No obstante, destacamos tres figuras femeninas: la primera, María Cuenca, mujer del Ministro Plenipotenciario en La Haya, quien en 1797 encabeza la autoría de una publicación que se tituló *Extracto de carta de una señora Española, cuyas observaciones en Suecia, y en su viage [sic] desde aquel pais al Haya, nos han parecido dignas de publicarse*. Según Serrano (2012, p. 100): «the editors higly praised Ms. Cuenca for communicating to Spaniards the foreign news and encouraged others to do the same». Otro caso fue el de Teresa Carniani Malvezzi, escritora y traductora italiana, quien publicó un breve párrafo sobre la corta de la madera, el cual figura en el mismo número de la primera publicación, en 1800, de Gutiérrez Bueno y Ahoiz. En 1801, el *Semanario* recoge una carta de Matilde G. Sendin en la que pide que se publique la traducción titulada *Observaciones sobre la formación del salitre, y establecimientos de salitrerías artificiales* cuyo texto original estaba escrito por J.A. Chaptal. Además, comentaba en la carta que era un encargo de su profesor de francés.

Estas fueron algunas referencias de las pocas presencias femeninas a las que el *Semanario* dio cabida puntualmente en sus publicaciones. Sus nombres resuenan en los índices en los que aparecen al lado de personalidades científicas masculinas:

> In the final index of authors, the editors gather together Linnaeus, Franklin or Lavoisier with unknown characters such as M.ª Antonia Gutiérrez, Pedro Nevado, Francisco Gil, the peasant Cándida or the learned Mathilde G. Sendin, in a clear strategy for promoting popular collaboration (Serrano, 2012, p. 97) [104].

En el ámbito de la traducción, subrayamos el hecho de que apenas dos traductoras, Gutiérrez Bueno y Ahoiz y Sendin, aparezcan en las páginas del *Semanario*, el cual estaba ampliamente compuesto por traductores masculinos entre los que figuraban habitualmente Francisco Antonio Zea, Vicente Alcalá Galiano, Simon Pla o Juan Vicente Carrasco, entre otros muchos. Según Serrano: «Although these are low figures if we compare them with male contributions, they strongly support the thesis that there was a pool of women engaged in scientific activities on the margins of the academy that helped to shape the scientific culture» (2012, p. 123)[105].

---

[104] Traducción propia de la cita: «En el índice final de los autores, los editores como Linnaeus, Franklin o Lavoisier figuraban con otros como M.ª Antonia Gutiérrez, Pedro Nevado, Francisco Gil, pasando por Cándida o Mathilde G. Sendin, como prueba de una clara estrategia para promover una común colaboración entre estos» (Serrano, 2012, p. 97).

[105] Traducción propia de la cita: «Aunque su presencia es más baja si la comparamos con la de los hombres, se prueba la tesis de que las mujeres se comprometían con las actividades científicas al margen de la academia lo que ayudaba a modular la cultura científica» (Serrano, 2012, p. 102).

En cuanto a la proyección que el *Semanario* otorgaba a la instrucción femenina en cuestiones científicas, remarcamos que, en el año 1802, hubo dos publicaciones que estaban destinadas a las mujeres, tituladas *Compendio de química para mujeres y Botánica en cartas a una señora* (Serrano, 2012, p. 102), esta última aparece en varios números entre el 7 y el 28 de octubre de 1802.

> La aparición de obras de química dirigidas al público femenino puede explicarse por ser la química una ciencia de moda a finales del siglo XVIII. Durante los últimos años de este siglo surgieron gabinetes en los que se prodigaban las demostraciones químicas y las mujeres se convirtieron en una parte importante del público asistente. Asistir a estas demostraciones científicas se convirtió en una parte de la vida social de la ciudad. El carácter lúdico del experimento permitió el acercamiento de un público muy diverso a la química desde el literato, como por ejemplo Leandro de Moratín, al pensador o el científico que de esta manera adquiere un cierto encubrimiento social al poder frecuentar los salones aristocráticos (Muñoz Bello, 2016, p. 269).

Otras publicaciones en clave femenina fueron las que se llevaron a cabo el 17 de junio de 1802 (n.º 285) tituladas *De la Inclusa de Madrid encargada á la junta de Damas y De las escuelas que están al cuidado de la junta de Damas*; en la última mencionada, se agudiza y se revindica el carácter femenino de dicha junta para preservar las escuelas de niñas:

> Para vergüenza de los hombres se debe decir, que desde que la junta de Damas se encargó del cuidado de algunas escuelas de niñas se hallan éstas tan bien ordenadas, dispuestas y concurridas, como no habían estado jamas [*sic*] baxo [*sic*] la direccion [*sic*] de aquellos (1802, pp. 378-379).

3.2. Traducciones publicadas en 1832

Años más tarde, en julio de 1832, vería la luz el primer libro que Gutiérrez Bueno y Ahoiz publicó en la Imprenta D. Pedro Ximénez de Haro. En este caso, aparece bajo seudónimo masculino, Eugenio Ortazan y Brunet, el cual corresponde a un anagrama de su propio nombre. El libro se titula *Recopilación de lo más interesante que se ha publicado en abril de 1832 en la Gaceta de Francia concerniente al cólera-morbo*, y está proyectado en la misma línea de las anteriores publicaciones. En este caso, compiló artículos científicos, inéditos hasta el momento en el país de destino, sobre la pandemia del cólera-morbo y los tradujo, aglutinando dichas traducciones en un mismo tomo cuyo objetivo era servir de manual de referencia en España. El libro comprende 92 páginas, entre las cuales se incluyen un total de dieciséis traducciones. En cuanto a la tipología de textos, Gutiérrez Bueno y Ahoiz tradujo un conjunto de noticias, tratados, correspondencia médica y artículos, entre los cuales se ubican diversos procedimientos de actuación en caso de contraer el cólera, así como remedios y otras recomendaciones que se ponían en práctica, dentro y fuera de los hospitales, en la época.

En el preámbulo del libro dirigido «al lector», como ella misma titula, argumenta que recogió y seleccionó la información que le pareció más pertinente con el objetivo de transmitir las noticias en los lugares en los que había mayor dificultad de acceso a la información.

> […], hemos reunido en este folleto las que nos parecen más al caso, con lo cual creemos hacer un servicio á [*sic*] los que no hayan leído dichos periódicos, y especialmente á [*sic*] todos los que habiten en poblaciones poco considerables, donde solo por casualidad se ven alguna vez. Los médicos de los pueblos adquirirán en este modo una breve idea de lo más importante que se ha publicado en la gaceta de Francia en los días en que ha hecho la enfermedad mayores estragos en París; podrán indicar a sus convecinos las precauciones más prudentes y necesarias, conocerán todos los métodos que han puesto en práctica los profesores mas [*sic*] acreditados de aquella capital para combatir la enfermedad, y en fin las opiniones de algunas personas ilustradas acerca de ella (Ortazan y Brunet, 1832, p. 1).

Las últimas líneas del preámbulo captan nuestra atención por varios motivos. En primer lugar, se identifica como traductora, aunque pide, de antemano, comprensión y disculpas en caso de que los lectores encuentren errores en las traducciones. En segundo lugar, admitió, modestamente, no tener la intención de presentarse como una «excelente» traductora por lo que explica que ha contrastado la información terminológica con un especialista para ofrecer una traducción lo más fiel posible:

> Como no tenemos la pretensión de pasar por escelentes [*sic*] traductores, advertimos al lector que no dejará de hallar algunas faltas que se nos hayan deslizado sin advertirlo, y para las cuales reclamamos su indulgencia; pero también debemos decir en honor de la verdad, que hemos consultado con un médico de luces las palabras técnicas francesas para traducirlas con la posible exactitud (Ortazan y Brunet, 1832, p. 2).

Esta declaración humilde y modesta se corresponde a una práctica muy utilizada en la época en la que las mujeres, a pesar de firmar bajo seudónimo masculino, pedían disculpas: «La plupart de ces auteurs femmes font d'ailleurs preuve d'une extrême modestie (féminité exige!) lorsqu'elles évoquent leur rôle d'écrivain» (Hibbs-Lissorgues, 2004a, p. 50)[106]. Incluso, pudiera responder al recurso de *captatio benevolentiae*, en el que, como su propia palabra indica, se pide benevolencia y comprensión de antemano.

---

[106] Traducción de la cita: «La mayor parte de las mujeres autoras actúan con mucha modestia (¡la feminidad lo exige!) cuando evocan su rol como escritoras» (Hibbs-Lissorgues, 2004a, p. 50).

[…], il fut évident que ces plaidoiries réitératives chez les traducteurs espagnols, devinrent à vrai dire « abusives », dans certaines publications signées par une plume féminine. Les obstacles à surmonter par les créatrices, sûrement dus à leur condition de femmes de lettres firent que cette *captatio benevolentiae* attribuée aux traductions des Lumières fut essentiellement un trait caractéristique de ses écrivaines. En effet, rares étaient les femmes de lettres qui ne proclamassent dans leurs prologues l'utilité et la pédagogie de leurs travaux, et qui n'évoquassent une série de conviction ayant à voir avec la modestie propre à leur sexe (Onandía Ruiz, 2019, p. 53)[107].

Marieta Cantos Casenave también coincide en que «[…] algunas coincidencias en los prólogos […], que apuntan a los tópicos de modestia y a la escritura por necesidad, algo que comparten las escritoras de la época, muchas de ellas hijas o esposas de militares que hubieron de seguir a sus familias al exilio, y que se dedicaron en los países de acogida a la traducción para contribuir al sostén familiar […]» (2011, p. 226). La traducción se convirtió, entonces, en una herramienta humilde a través de la cual las mujeres podían tener acceso a la cultura, como sentencia Beatriz Onandía Ruiz: «Les traductions devinrent donc pour les femmes une voie modeste leur permettant d'avoir accès à la culture et aux œuvres les plus remarquées […]» (2019, p. 49)[108].

En el caso de Gutiérrez Bueno y Ahoiz, la traducción sirvió de puente comunicativo para transmitir los últimos avances médicos que se habían producido acerca de dicha pandemia en París. En primer lugar, sabemos que su hijo contrajo el cólera y que esto pudo llevarle a informarse masivamente en los periódicos sobre los procedimientos y conductas que se debían mantener. En segundo lugar, apreciamos una cierta implicación y compromiso en la transferencia del conocimiento. Ya que, tal y como escribe en el preámbulo, su objetivo era hacer llegar la información «a todos los que habiten en poblaciones poco considerables» y a «los médicos de los pueblos». Esto prueba que Gutiérrez Bueno y Ahoiz era una mujer con un carácter curioso y dinámico que presentó siempre una inquietud por los temas científicos y por la repercusión de estos en la salud pública.

En cuanto a la recepción de la obra, encontramos dos anuncios que fueron publicados en dos diarios madrileños de la época. El primero apareció el 6 de septiembre de 1832, concretamente en la *Gaceta de Madrid*, y contenía un breve párrafo descriptivo:

---

[107] Traducción de la cita: […], era evidente que estos discursos reiterativos de los traductores españoles se convierten en «abusivos», en algunas de las publicaciones firmadas por las mujeres. Los obstáculos que debían vencer las creadoras, seguramente debidos a su condición de mujeres de letras, apuntan a que esta *captatio benevolentiae* atribuida a las traducciones de Luces fue esencialmente una característica de las escritoras. De hecho, pocas eran las mujeres de letras que no proclamasen en sus prólogos la utilidad y la pedagogía de sus obras, y que no evocasen una serie de convicciones relacionadas con la modestia propia de su sexo (Onandía Ruiz, 2019, p. 53).

[108] Traducción de la cita: «Las traducciones se convierten para las mujeres en una vía modesta que les permiten de tener acceso a la cultura y a las obras más remarcadas» (Onandía Ruiz, 2019, p. 49).

Recopilación de lo más interesante que se ha publicado en abril del corriente año en la gaceta de Francia concerniente al cólera-morbo, por D. Eugenio Ortazan y Brunet. A pesar de lo mucho que se ha escrito acerca de la terrible enfermedad que ejerce sus estragos en Europa, no dudamos que el público recibirá con aprecio este folleto, pues todo lo que contiene se ha sacado de uno de los periódicos que tienen mas [*sic*] aceptacion [*sic*] en Francia. En él se hallará un pequeño tratado de la colerina, algunas cartas de facultativos, un tratado de los diferentes métodos curativos puestos en práctica en París; un extracto de las lecciones de Broussais, y otras muchas noticias interesantes en las actuales circunstancias. Véndese à [*sic*] 4 rs. en rústica en las librerías de Cuesta y en la de Sanchez [*sic*] (*Gaceta de Madrid*, 1832, n.º 107, p. 440).

El segundo apareció en el *Diario de Avisos* de Madrid, el miércoles 25 de septiembre de 1833, n.º 268; el anuncio de este periódico comprende, en este caso, tres escuetas líneas que informan de que el libro se encuentra a la venta en la librería de Cuesta (frente a las covachuelas). En definitiva y, pese a emplear un seudónimo masculino, la traducción se convirtió en el vehículo de acceso ideal para todas aquellas mujeres que querían adentrarse en el mundo de las letras: un mundo monopolizado, hasta entonces, por el sexo masculino: «Les traductions deviennent le tremplin parfait pour tout ce groupe d'intellectuels audacieuses, qui leur donna également l'opportunité d'effectuer une incursion dans l'univers des lettres qui était, jusqu'alors, conjugué au masculin» (Onandía Ruiz, 2019, p. 50)[109].

3.2.1. Obra histórico-biográfica publicada en 1835

Tres años más tarde, en 1835, publicó, nuevamente bajo seudónimo, una obra lexicográfica bajo el título de *Diccionario histórico y biográfico de mugeres [sic] célebres*. La obra, impresa en Madrid (Imprenta de Cruz González), está compuesta por un conjunto de figuras femeninas, seleccionadas por haber realizado importantes labores y hazañas a lo largo de la historia; Gutiérrez Bueno y Ahoiz lo define propiamente: «La historia, vida y caracteres de las mugeres [*sic*] que mas [*sic*] se han distinguido en todos los tiempos y naciones por su talento, virtudes, valor ó [*sic*] crimenes [*sic*]» (1835, p. 1). Cuando lo publicó, tenía cincuenta y cuatro años y cada una de las entradas está históricamente documentada. En la portada, observamos que el diccionario está dedicado al «Bello sexo»; una tendencia muy frecuente en la época.

Más tarde, surgirían otras publicaciones con la misma denominación y en las que se deja entrever claramente las reticencias masculinas de esta corriente ideológica. Un ejemplo de ello fue la publicación titulada *Gobierno Representativo y Constitucional del Bello sexo español* aparecida en 1841, cuyo título y estructura parecen evocar a la

---

[109] Traducción propia de la cita: «Las traducciones se convierten en el trampolín perfecto para todo este grupo de intelectuales audaces, dándoles la oportunidad de efectuar una incursión en el universo de las letras que, hasta entonces, estaba reservado al sector masculino» (Onandía Ruiz, 2019, p. 50).

reivindicación feminista, pero, sin embargo, el contenido se limita a debates en los que el editor no profundiza en demasía:

> Si bien el título del periódico, y la farsa de presentarse como órgano de prensa de unas supuestas Cortes femeninas, induciría a pensar que se trataba de un periódico «feminista», tal apariencia se desvanece en cuanto nos adentramos en su contenido: mera crítica, muy originalmente expuesta en su aspecto formal, de la política de los sucesivos gobiernos liberales habidos desde la firma del Estatuto (Jiménez Morell, 1992, p. 44).

En esta misma línea, debemos mencionar el *Álbum del Bello Secso* (1843) cuyos artículos se dedicaban a la reina Isabel II y en el que Gertrudis Gómez de Avellaneda criticó, de forma inexplícita, la condición femenina (Jiménez Morell, 1992, p. 54). Por último, hemos de mencionar otras dos publicaciones que se escudaron bajo la misma denominación: *El tocador* (1844-1845) *Gacetín del Bello Sexo. Periódico semanal de educación, teatro y modas* y *El defensor del Bello Sexo* (1845-1846). La primera, dirigida por Ribot y Fontseré, incluía artículos sobre la educación, pero los proyectaba desde una perspectiva pedagógica como simples consejos útiles dirigidos al «bello sexo» (Jiménez Morell, 1992, p. 59):

> La mujer aparece, pues, más como sustituta de una función del hombre, que debido a sus obligaciones sociales no puede cumplir, que como una preceptora nata, término que parece más bien una justificación de la tarea de la sociedad, en aquellos años, pretendía imponer a la mujer. […]. Ésta sigue reducida al ámbito doméstico, lugar en donde realiza su función de educadora. Si su acción revierte en la sociedad, es solo indirectamente a través de sus hijos (Jiménez Morell, 1992, p. 59).

En el caso de *El defensor del Bello Sexo* (1845-1846) la ideología giraba en el mismo sentido: defendía, como Jiménez Morell (1992, p. 68) indica, la educación de la mujer, pero cuyos conocimientos debían única y exclusivamente servir al desarrollo de las «labores propias a su sexo», excluyendo, por tanto, las ciencias y las artes. Un caso curioso fue el de la *Gaceta de las mugeres [sic]: Redactada por ellas mismas* (1845), gestionada por las propias redactoras y en cuya composición incluían apartados sobre educación, cuentos, poesías, traducción de artículos franceses, galerías sobre mujeres célebres, crónicas teatrales, entre otras (Jiménez Morell, 1992, p. 60; Velasco, 2016, p. 283). Resulta interesante hacer hincapié en el interés que acaparó la inclusión en las revistas de una sección biográfica sobre mujeres célebres: «Así, a través de las mismas, se tratará también de mostrar los ejemplos que las mujeres debían interiorizar e imitar en la medida de lo posible» (Crespo Sánchez, 2014, p. 14). Este hecho quizás pudo incitar a Gutiérrez Bueno y Ahoiz a la creación y escritura de su *Diccionario*.

Por otra parte, un aspecto innovador en la *Gaceta* fue el proyecto que llevó a cabo Gertrudis Gómez de Avellaneda:

El proyecto de Gómez de Avellaneda para esta publicación, expuesto en el último número, era realmente novedoso pues pretendía revalorizar la posición de las mujeres en la sociedad y abogaba por dar a las mujeres derechos políticos pues creía que el bello sexo era, primero, capaz de gobernar y, segundo, que los gobiernos femeninos eran mejores para el pueblo que los de los hombres como se veía en el legendario Consejo de Mujeres Galas que ella creía que fue la clave para mantener la independencia frente a los romanos y que, precisamente a resultas de ser sustituido por uno masculino, obligó a la Galia a pasar a ser un pueblo tributario de Roma (Velasco, 2016, p. 286).

Tras el estudio de la ideología que se le otorgaba al concepto del «bello sexo» en los escritos de la época, consideramos que dicha concepción pudo probablemente ser una de las tendencias más «emancipadoras» y, quizás, «innovadoras» durante la primera mitad del siglo XIX. Pese a los defectos bien notorios que en la actualidad recoge el concepto obsoleto del «bello sexo», lo cierto es que la educación se iba introduciendo como un tema de debate imperante en las primeras décadas decimonónicas. En aquel entonces, dicho concepto se correspondía con los preceptos del pensamiento patriarcal clásico de formar a la niña que se convertiría, posteriormente, en madre y esposa. En el caso de Gutiérrez Bueno y Ahoiz, consideramos que su diccionario, tal y como se titula, está claramente dedicado a la mujer. No podemos medir con certeza el grado o la óptica del concepto de «bello sexo» al que corresponde su ideología, ya que el libro carece de prefacio. Sin embargo, suponemos que, al igual que tuvo que adoptar un seudónimo para publicarlo, pudo ampararse en la denominación del «bello sexo», comúnmente aceptada en la época, para justificar su intención de escribir sobre las mujeres.

Años más tarde, veríamos que otros autores hombres recuperaron esta misma temática y dedicatoria (por ejemplo, Vicente Díez Canseco). En cuanto a la motivación que le llevó a centrar el diccionario en figuras femeninas, podemos pensar en dos opciones: quizás trató de rendir homenaje al sexo femenino o, simplemente, le atrajo la temática dado el carácter original e innovador de esta. A tal respecto hay que añadir que las secciones sobre mujeres célebres se pusieron en boga, incluso en las revistas de la época, ya que «[…] reunía la ventaja del ejemplo histórico y confirmaba la tesis de que el talento era innato y no adquirido y de que «la mujer artista no se forma [sino que] la mujer artista nace", fue muy difundido» (Hibbs-Lissorgues, 2008, p.329).

En cualquier caso, la creación del primer tomo del *Diccionario histórico y biográfico de mugeres [sic] célebres* le sirvió para justificar la necesidad de consultar el fondo bibliográfico de la Real Biblioteca Nacional en 1837, siendo la primera mujer que obtendría el derecho de acceso. No obstante, su actividad posterior se ve fuertemente reducida. Este es un aspecto que presenciamos en otras mujeres de la misma época como, por ejemplo, es el caso de García Balmaseda, quien incurrió en la misma tendencia isabelina propia de la época:

Las traducciones de Balmaseda en *La Correspondencia* revelan, por otro lado, un claro compromiso de la autora con la literatura escrita por las mujeres isabelinas (Sinués, Grassi, Sáez de Melga, etc.), que se debaten entre la conveniencia de plegarse a los modelos femeninos patriarcales para evitar la marginación social, por un lado, y el íntimo convencimiento de la capacidad de las mujeres para las funciones públicas, […] (Establier Pérez, 2015, p. 77).

Sin embargo, esta no sería la última vez que su nombre aparecería involucrado en cuestiones y temáticas femeninas de la misma índole. Ya que en 1865 y 1866, a los 80 años, aparece en calidad de protectora en una lista de la Academia Tipográfica de Señoritas, imprenta dirigida por Javiera Morales Barona. Esta se encargaba de la impresión de la revista *El Álbum de las familias* (1865-1867), cuyo editor fue Eleuterio Llofríu Sagrera, marido de Morales Barona.

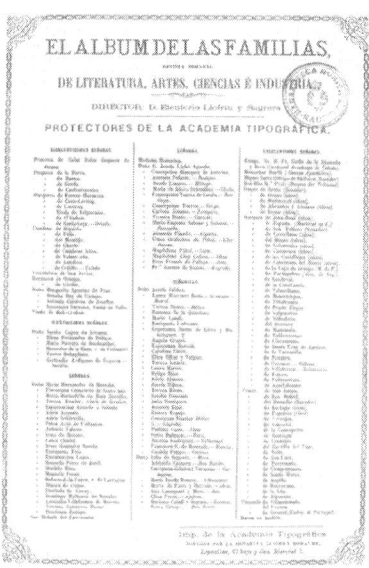

Figura 3. Lista de protectores de *El Álbum de las Familias* (1865)

Aunque su nombre figura junto al de otras escritoras como Concepción Arenal (Ferrol, 1802-Vigo 1893), Gertrudis Gómez de Avellaneda (Cuba, 1814-Madrid, 1873) o Ángela Grassi (Italia, 1823-Madrid, 1883), su presencia se debió a una simple contribución económica en términos de adhesión a la revista. El concepto de protector queda bien definido en una advertencia publicada en la revista:

Los señores protectores que lo sean por haber tomado una ó [*sic*] mas [*sic*] acciones y hayan cedido su importe á [*sic*] favor del establecimiento, renuncian por el hecho de su cesion [*sic*] á [*sic*] toda clase de reintegro; y aun cuando esta administracion [*sic*] les remite durante algun [*sic*] tiempo el presente semanario, es solo con el objeto de que conozcan por medio de él los adelantos de la Academia y vean al mismo tiempo sus nombres inscritos en la lista de protectores que llevan las cubiertas de este periódico (*El Álbum de las Familias*, 1866, n.ᵒˢ XXVII y XVIII, p. 220).

Bajo la lista de contribuyentes, aparece un prefacio, titulado «Prospecto» y encabezado por la Academia Tipográfica, bajo la cual aparecen las rúbricas de «Educación popular. Lectura para todas las clases. Moralidad. Amenidad. Instrucción. Literatura, ciencias y artes. Conocimientos útiles». El texto, bajo estas inscripciones, revela la verdadera identidad ideológica de la revista: «El Álbum que armoniza lo útil con lo ameno, teniendo en cuenta el principio religioso, no olvida nunca que está consagrado á [*sic*] la familia» (1866, p. 6). En cuanto al concepto de la educación de las mujeres, en un principio, este preámbulo sentencia que «La educación de la mujer base de la ilustración de los pueblos, es uno de los puntos que con mas [*sic*] estension [*sic*] se ocupa El Álbum» (1866, p. 6). Dicha frase podría llevarnos a pensar en el carácter reivindicativo de la importancia de que las mujeres reciban la misma educación que los hombres. Sin embargo, su editor, Eleuterio Llofríu Sagrera, redactó el primer artículo publicado en este número y en el cual deja patente las mismas restricciones estudiadas en las otras revistas.

En primer lugar, comenzó por introducir la idea de la educación de la mujer ligada a la necesidad de que esta sirva al esposo y a los hijos:

> Todo cuanto queráis que influya en el bienestar de los pueblos, podeis [*sic*] alcanzarlo por medio muy facil [*sic*], con la educacion [*sic*] de la mujer, con la conveniente instruccion [*sic*] de la que forma con sus consejos y sus virtudes, al hijo, al esposo, al padre. Instruid a la mujer en lo que es necesario que sepa, y habreis [*sic*] contribuido á [*sic*] completar el gran edificio de la civilizacion [*sic*]. No es esta la primera vez que nos hemos ocupado en tan interesante materia y creemos que nunca por mucho que se proclame la instruccion [*sic*] de la mujer, se habrá hecho bastante para que la dulce compañera del hombre sea lo que debe ser en la continua lucha que ajita [*sic*] el alma de las sociedades modernas (Llofríu Sagrera, 1866, p. 8).

La concepción sobre la necesidad de que la mujer se instruya para su propio beneficio y emancipación intelectual queda totalmente relegada a un segundo plano. Ya que esta debe ser útil, mediante los conocimientos que adquiera, a los hijos y al marido. Por tanto, la educación femenina, según esta revista, sería un mero instrumento al servicio doméstico de la familia.

> El padre, teniendo el círculo de su trabajo en la vida pública, fuera del hogar solo puede consagrar algunos instantes a los hijos; […]. Muchos trastornos sociales se hubieran evitado si la mujer hubiese influido en la educacion [*sic*] de los niños. Esto que á [*sic*] primera vista parece una exajeracion [*sic*], estudiado á [*sic*] fondo tiene su razon [*sic*] de

ser y merece que los hombres pensadores consagren todos los esfuerzos de su buena fé [*sic*] y de su entendimiento al análisis detenido de las importantes cuestiones que entraña. Preparad el corazón y la inteligencia de la mujer para que sea buena esposa y buena madre y habreis [*sic*] andado mas [si] de la mitad del camino que conduce al verdadero progreso (Llofríu Sagrera, 1866, p. 9).

Pese a insistir en la necesidad de que las mujeres se instruyan, esta defensa siempre queda supeditada al marido y a los hijos y, más allá de este horizonte, no se concebía la posibilidad de que la mujer adquiriera ningún tipo de conocimiento útil para su propio desarrollo personal. Habría que esperar hasta finales del siglo XIX, concretamente en 1892, para que diversas mujeres como Concepción Arenal, Emilia Pardo Bazán, Concepción Gimeno de Flaquer y Rosario de Acuña se pronunciasen de forma determinada en el congreso sobre la mujer (Johnson y Zubiaurre, 2012, p. 78). Concepción Arenal se decantó por una postura más ecléctica, es decir, defendía el acceso a la formación de las mujeres, pero no a todos los ámbitos educativos como lo hacían los hombres (Johnson y Zubiaurre, 2012, p. 78). Entre ellas, Emilia Pardo Bazán fue la que se atrevió a afirmar la necesidad de que las mujeres gozaran de absoluta igualdad respecto a los hombres (Jagoe *et al.*, 1998, p. 131; Johnson y Zubiaurre, 2012, p. 78).

El análisis de la trayectoria profesional, integrando las últimas pistas ideológicas, demuestra que Gutiérrez Bueno y Ahoiz presentó un perfil ciertamente dinámico e intelectualmente inquieto, dedicando parte de su tiempo a la traducción científica y a la escritura de un diccionario sobre mujeres. Este hecho demuestra, sin duda, su predilección hacia los temas relativos a la historia de la mujer. Sin embargo, consideramos que su mentalidad siempre quedo apegada a los viejos cánones de la época, en los que se consideraba que la mujer debía, ante todo, rendir servicio a la familia. Este aspecto se corrobora a través del estudio biográfico sobre su vida, el cual confirma la ideología de su obra. Ya que siempre se dedicó a acompañar a su padre, en primer lugar, a su marino, en segundo lugar, y, por último, a su hijo, hasta la muerte de este. Este precepto de obediencia conyugal quedaba recogido de forma taxativa en el entramado legislativo decimonónico: «La mujer está obligada a seguir a su marido donde quiera que fije su residencia» (Gacto Fernández, 1998, p. 226); un aspecto que constatamos ampliamente en el estudio biográfico. Aunque, por otra parte, resulta innegable la voluntad y el dinamismo intelectual de esta, a pesar de no haber tenido siempre a su favor ciertas condiciones, solo por el simple hecho de ser mujer.

Por otra parte, durante el siglo XIX se puso en marcha el concepto de la publicación mediante suscripción de la que hace uso la propia María Antonia Gutiérrez Bueno y Ahoiz cuando publica por entregas su *Diccionario histórico y biográfico de mugeres [sic] célebres* (1835). Como apunta Víctor Rodríguez Infiesta, en la mayoría de los casos se hacía para asegurar una clientela que fuera afín a la temática y que se mostrase interesada durante un largo periodo y que, al mismo tiempo, aportara adelantos económicos para motivar la redacción de la publicación (2008, p. 763). Otro asunto destacado fue el papel que jugaron las librerías como organismo promotor de la adhesión y divulgación a las diversas suscripciones: «Los centros de suscripciones fueron locales abiertos al público para facilitar la venta de periódicos, novelas por entregas o fascículos, es decir, publicaciones seriadas y periódicas» (Rodríguez Infiesta, 2008, p. 781):

> Las librerías fueron, de todas maneras, importantes focos para la difusión de multitud de publicaciones periódicas por el sistema del abono; establecimientos que contaban con un amplio abanico de productos (papelería, escritorio…), aunque por lo general siempre dentro del mundo de la cultura impresa y la escritura. […] Además, y de forma especialmente significativa durante el siglo XIX, en algunas librerías podían ubicarse la corresponsalía administrativa de los periódicos y revistas y realizarse la venta al número, funciones compartidas con los centros de suscripciones y después en buena medida asumidas por los quioscos (Rodríguez Infiesta, 2008, p. 781).

Por otra parte, los organismos que aceptaban ser los gerentes de la publicación también se comprometían, por ende, con la carga ideológica o los tintes político-sociales con los que estuviera condecorado el escrito, en cuestión: «Los establecimientos que ofrecieron suscripciones en calidad de intermediarios (centros de suscripciones o librerías), tuvieron que asumir, también ellos, como los voceadores o los repartidores de periódicos, las connotaciones políticas del producto que portaban» (Rodríguez Infiesta, 2008, p. 783).

PARTE II

ESTUDIO ANALÍTICO DE LAS TRADUCCIONES DE
MARÍA ANTONIA GUTIÉRREZ BUENO Y AHOIZ

4. Introducción a la traducción científico-técnica en el siglo XIX

En la línea histórico-contextual, resulta importante indagar en el binomio mujer y traducción, ya que sigue siendo un terreno poco explorado. En este sentido, Pilar Godayol apunta que las traductoras intervinieron activamente en el proceso:

> Algunes traductors del segle XIX, com ara Sarah Austin, Susanna Winkworth, Harriet Martineau, Marian Evans, Emilia Pardo Bazán o Germaine de Staël, ja comencen a reflexionar obertament sobre teories de la traducció en les seves traduccions i correspondència personal. Sarah Austin i Germaine de Staël són dos models paradigmàtics d'aquesta època (2000, p. 49)[110].

Aunque la presencia femenina en el ámbito de la escritura durante el siglo precedente —sobre todo, en el ámbito catalán— fuera bastante minoritaria si la comparamos con el panorama masculino (Bacardí y Godayol, 2014, p. 146). De este modo, la mujer se fue insertando paulatinamente en el ámbito global de la escritura, como lo apunta Hibbs-Lissorgues: «[…] con la incorporación masiva de la mujer a la escritura en el silgo XIX, muchas llevaron a cabo conjuntamente su actividad creadora

---

[110] Traducción propia de la cita: «Algunas traductoras del siglo XIX, como Sarah Autin, Susanna Winkworth, Harriet Martineau, Marian Evans, Emilia Pardo Bazán o Germaine de Staël, ya comienzan a reflexionar abiertamente sobre las teorías de la traducción en sus traducciones y a través de la correspondencia personal. Sarah Austin y Germaine de Staël son dos modelos paradigmáticos de esta época» (Godayol, 2000, p. 49).

y su labor de traductoras» (2015, p. 2010). Este fue el caso de la propia María Antonia Gutiérrez Bueno y Ahoiz, quien debutó en el mundo de la publicación a través de la traducción, pero quien realizó otras actividades como la escritura biográfica: «En cuanto a las actividades de estos "mediadores o mediadoras", pueden ser múltiples: escritura, traducción, crítica, edición, revisión, lexicografía, divulgación y vulgarización desde ámbitos más o menos especializados como en el de la ciencia y de la técnica» (Hibbs-Lissorgues, 2015, p. 210).

4.1. Apuntes sobre la historia de la traducción en clave femenina

El carácter polifacético de las traductoras en el siglo XIX demuestra, una vez más, que la gran mayoría fueron creadoras, es decir, autoras, además de traductoras (Lafarga, 2005, p. 186). En este sentido, resulta interesante mencionar el caso de la traductora catalana Francesca Bonnemaison (1872-1949), quien fundó, además, una biblioteca para mujeres: «A devout Catholic and conservative member of the bourgeoisie, Bonnemaison founded the first European public library for women, the Biblioteca Popular de la Dona, in 1909 – two decades before English women founded the Fawcett Library in 1926, and French women the Bibliothèque Marguerite Durand in 1931» (Bacardí y Godayol, 2014, p. 147)[163]. En su faceta como traductora y, según Marín, Bonnemaison expresó reiteradamente su preocupación en la firma de sus traducciones bajo su verdadero nombre y apellidos: «[…] was worried about signing the translations in her name; almost certainly this was a concession to her husband, a man of strict character who at times prevented her from expressing herself freedly» (2004, p. 69 citado en Bacardí y Godayol, 2014, p. 147)[164]. De hecho, los rasgos expuestos también los podemos encontrar en la figura de la propia María Antonia Gutiérrez Bueno y Ahoiz, quien también presenta unas inclinaciones católicas y conservadoras burguesas propias de la época. Otros ejemplos de coetáneas catalanas de mediados y finales de siglo pueden ser Carme Montoriol i Puig (1893-1966) y Maria Antònia Salvà i Ripoll (1869-1958), quienes «[…] may be considered the first Catalan women translators to reflect publicly on the act of translating. […] In spite of living in an unstable political context and amid androcentric discourses not well disposed to egalitarian undercurrents, Montoriol and Salvà symbolize the beginning of the feminization of

---

[163]Traducción propia: «Siguiendo el canon católico y conservador de la burguesía, Bonnemaison fundó la primera biblioteca europea pública para las mujeres, la Biblioteca Popular de la Mujer, en 1909, – dos décadas antes de que se fundara su homóloga inglesa, la Fawcett Library en 1926, y la Biblioteca francesa por Marguerite Durand en 1931» (Bacardí y Godayol, 2014, p. 147).

[164] Traducción propia: «[…] su preocupación era firmar las traducciones con su nombre, ciertamente se pudo tratar de una concesión de su marido, un hombre estricto con un carácter que en ocasiones le impedía de expresarse libremente» (2004, p. 69 citado en Bacardí y Godayol, 2014, p. 147).

translation theory in Catalan» (Bacardí y Godayol, 2016, p. 216)[165]. Además, existen cuatro aspectos que confluyeron intrínsecamente a la supeditación de sus figuras: la actividad que practicaron (la traducción), la lengua de trabajo (catalán), el sexo de las traductoras (femenino) y el discurso (teoría de la traducción) que emplearon (Bacardí y Godayol, 2016, p. 217).

Es evidente que, generalmente, tanto las traductoras como los traductores que se dedicaron principalmente a esta actividad no fueron los que gozaron de una mayor visibilidad en la época debido a la consideración de la traducción como «une forme d'écriture mineure» (Weinmann, 2013, p. 42)[166]. Según Hibbs-Lissorgues:

> Evidentemente existen numerosas desigualdades entre las situaciones de los traductores y una de las paradojas es que los que llegaron a tener mayor visibilidad histórica practicaron la traducción como una actividad secundaria. [...] La difusión de obras novelísticas y ensayísticas mediante la traducción permite, como en el caso conocido de Pardo Bazán, participar en el debate literario e intelectual que se suscitó en la España de finales de siglo (2015, p. 211).

Partiendo de este razonamiento, entendemos mejor el motivo por el que las traducciones en materia científica de Gutiérrez Bueno y Ahoiz no haya tenido tanta repercusión como la de otras escritoras decimonónicas. Además, hay que tener en cuenta que la traducción literaria, practicada por muchas escritoras, tuvo un público y una difusión diferente a la científica. Desde una perspectiva general, Sara Parkinson Saz argumenta: «La traducción que va orientada casi siempre hacia la rama literaria, es considerada "superior" o "más difícil" que la científica o técnica» (1984, p. 94). Incluso dentro del propio marco de la traducción literaria, hay que tener en cuenta que no todas las traductoras gozaron de la misma popularidad: «Del elenco de escritoras del siglo XIX, emergen algunas autoras que no tuvieron una actividad traductora destacada o visible pero que ejercieron un papel indiscutible de mediadoras gracias a la adaptación o, lo que podría llamarse traducción "en segundo o tercer grado", de obras extranjeras, fuente de inspiración y modelos que influyeron en distintos géneros como el ensayo» (Hibbs-Lissorgues, 2015, p. 216).

Por otra parte, el entorno privado favoreció, como ya se ha analizado en capítulos precedentes, el desarrollo de la actividad traductora por parte de las mujeres, ya que pudieron compaginarlo con las tareas familiares y domésticas, impuestas a la mujer:

---

[165] Traducción propia: «[...] puede ser considerada como la primera mujer catalana que muestra públicamente el acto traductor. [...] A pesar de vivir en un contexto político inestable y de que los discursos androcéntricos impidieran la igualdad de las concurrentes, Montoriol y Salvà simbolizan el comienzo de la feminización de la teoría de la traducción en catalán» (Bacardí y Godayol, 2016, p. 216).

[166] Traducción propia: «una forma de escritura menor» (Weinmann, 2013, p. 42).

[...] la actividad traductora se ejerce en el entorno privado, considerado por algunas mujeres del siglo XIX como el único espacio legítimo de escritura y creación. La práctica de la traducción no corresponde entonces a una fuente de remuneración ni a una mediación cultural sino a una actividad anónima que puede ejercerse en la intimidad del hogar y que resulta compatible con los deberes domésticos (Hibbs-Lissorgues, 2015, p. 221).

En lo que respecta a Gutiérrez Bueno y Ahoiz, observamos un cambio paulatino en la proyección de su actividad como traductora cuando cambia de residencia y entorno social. Dicho de otro modo: en los primeros años de su actividad (hacia 1800), realizó traducciones sobre química y agricultura en el seno familiar, influida visiblemente por su padre, y, más adelante (en 1832), emprendió la publicación de un volumen de traducciones durante su estancia en el extranjero, acompañando a su hijo en su carrera de diplomática, y habiendo fallecido tanto su padre como su marido. En este momento, realizó una actividad en calidad de traductora y, también, mediadora lingüística influida por el contexto sanitario y el azote que produjo la pandemia del cólera-morbo e insistió en su labor de transmisora de los avances franceses en España. Por tanto, se confirma en este sentido la sentencia de Hibbs-Lissorgues:

Muchas veces los traductores-mediadores se sitúan en espacios nacionales o transnacionales de los que son también parte de los autores, los agentes literarios, los censores, los críticos. Según la teoría del *skopos*, la traducción constituye un eslabón en la cadena de acciones sucesivamente llevada a cabo por un haz de actores distintos. Desde un punto de vista histórico, resulta interesante analizar los factores o situaciones que condicionan la escritura y la evolución de estas redes, [...] (2015, p. 222).

Las «redes» internacionales y las circunstancias personales, propiamente dichas, potenciaron la casuística o la causalidad de que ciertas mujeres ejercieran de mediadoras y de emprendedoras, asumiendo con cierta implicación el rol de la traducción. Mencionaremos en esta sección otros ejemplos de figuras femeninas que comparten ciertas características personales y profesiones con Gutiérrez Bueno y Ahoiz: «Como otras mujeres de su época, Emilia Serrano de Wilson se benefició de un intenso entramado de relaciones asumiendo su papel de mediadora políglota para desarrollar su ideal pedagógico. Incansable viajera entre París y Madrid emprende varios viajes a Europa y América desde 1905» (Hibbs-Lissorgues, 2015, p. 223).

En otras ocasiones, la escritura de prólogos incluidos en la traducción sirvió para introducir de soslayo las diferencias en cuestión de género entre la sociedad inglesa y española, como hizo Pardo Bazán a través de la traducción de *Los hermanos Zemganno* de Edmond de Goncourt (Hibbs-Lissorgues, 2015, p. 225).

Por tanto, estos ejemplos sirven para constatar que la traducción, históricamente, siempre ha contenido una finalidad, ya sea para ejercer de mediadora y colaborar con la cultura meta o como portadora de una declaración o denuncia. En cuanto al propósito que abarca la traducción, Pym sostiene que: «A translation-to-be has a final cause, a purpose (*Skopos* if you like) in the sense that it will have to carry out a function with respect to specific people in a specific target-side time and place. If this final cause is dominant, it must carry more weight that the kind of initial causes located in or around a source text» (1998, p. 154). En este mismo sentido, Gelpí Arroyo añade que «Segons aquesta teoria, una traducció és adequada si s'adapta a l'encàrrec de traducció. La teoria parteix del supòsit que la traducció ha de tenir en compte la funció dels textos d'origen i de destinació. Els supòsits de l'escop donen lloc al corrent de pensament traductològic centrat en el funcionalisme» (2012, p. 109)[167]. De esta forma, la traducción continúa, de algún modo, contribuyendo a entretejer el tejido histórico.

Por otra parte, resulta interesante explorar cómo la traducción también ha servido para luchar contra la verticalidad del patriarcado y la invisibilidad a la que han estado sometidas las traductoras (Godayol, 2020b, p. 148; Flotow, 1997). De ahí, la importancia de rescatar a las figuras invisibilizadas con el fin de recuperar y recrear sus historias: «These bring to light and promote women (writers, translators, publishers, mentors, etc.) and their accomplices (publishers, mentors, critics, etc.) who struggled against the established regime to bring the translators to the public eye» (Godayol, 2020a, p. 149)[168].

Sin embargo y, a pesar de que la fusión entre los estudios de traducción y los de género —como venimos señalando— sea una práctica recurrente desde épocas remotas, se ha hecho más evidente en el siglo XX gracias a los aportes canadienses:

Although the connection between gender (or woman) and translation has existed since the beginning of time, it was not made explicit until the 20th century. In this regard, a key role was played by Canadian women authors and translators, who reclaimed a more central role in the culture of both translation and women, both underrated throughout the centuries. […] With the new (21st) century, the focus has shifted to Europe, where a number of initiatives have taken up and extended the initial research (Santaemilia, 2013, p. 9)[169].

---

[167] Traducción propia de la cita: «Según esta teoría, una traducción es adecuada si se adapta al encargo de la traducción. La teoría parte del supuesto de que la traducción tiene que tener en cuenta la función de los textos de origen y de destino. Los supuestos del skopos dan lugar a la corriente del pensamiento traductológico centrado en el funcionalismo» (Gelpí Arroyo, 2012, p. 109).

[168] Traducción propia de la cita: «Esto saca a la luz y promociona a las mujeres (escritoras, traductoras, publicistas, mentoras, etc.) y sus logros (editoriales, mentores, críticos, etc.), quienes lucharon contra el régimen establecido para dar a conocer a las traductoras al público» (Godayol, 2020a, p. 149).

[169] Traducción propia de la cita: «Aunque la conexión entre género (o mujer) y traducción ha existido desde el principio de los tiempos, no se hizo explícita hasta el siglo XX. En este sentido, desempeñaron un papel clave las autoras y traductoras canadienses, que reivindicaron un papel más central en la cultura tanto de la traducción como de la mujer, ambas infravaloradas a lo largo de los siglos. [...] Con el nuevo siglo (XXI), la atención se ha desplazado a Europa, donde varias iniciativas han retomado y ampliado la investigación inicial» (Santaemilia, 2013, p. 9).

Históricamente, esta iniciativa estuvo caracterizada por la colaboración conjunta e interdisciplinaria de investigadoras de diferentes puntos geográficos, como apunta Godayol: «In the 1980s, in Quebec, various social, political and identity coordinates came together (Anglo-Saxon feminism, French feminism, the 'cultural turn' in translation studies, poststructuralism, deconstructionism, etc.) a circumstance that led some feminist writers (among others, Louise Bersianik, Denise Bocher and Nicole Brossard) to undermine with their writing the dominant androcentric, sexist discourse that had always prevailed in world literature» (2018, p. 469)[170]. En palabras de Luise von Flotow: «Translation has long served as a trope to describe what women do when they enter the public sphere: they translate their private language, their specifically female forms of discourse, developed as a result of gendered exclusion, into some form of the dominant patriarchal code» (1997, p. 12)[171]. Por ello, la labor de esta corriente de traducción se centra en la recuperación de las voces de traductoras que han sido relegadas al olvido por cuestiones relativas a la superioridad del sistema patriarcal implantado:

> One of the most important arguments is that a lineage of intellectual women who resisted the norms and values of the societies in which they lived needs to be unearthed and established. In this case, abolitionist writing by such women needs to be reinstated, preserved and emphasised, since women of later eras will otherwise lose sight of the achievements of their forerunners. This is clearly a project that inscribes itself in the work of recovering knowledge that has been 'lost' in patriarchy (Flotow, 1997, p. 30-31)[172].

Rescatando la noción de las de voces femeninas silenciadas o poco conocidas, es interesante insertar, en este breve recorrido histórico, algunos ejemplos sucintos de traductoras, como el caso de la estadounidense Margaret Fuller (1810-1850), periodista y activista, llama nuestra atención, pues publicó traducciones del alemán desde un

---

[170] Traducción propia de la cita: «En los años ochenta, en Quebec, confluyeron diversas coordenadas sociales, políticas e identitarias (feminismo anglosajón, feminismo francés, "giro cultural" en los estudios de traducción, postestructuralismo, deconstruccionismo, etc.), circunstancia que llevó a algunas escritoras feministas (entre otras, Louise Bersianik, Denise Bocher y Nicole Brossard) a socavar con sus escritos el discurso androcéntrico y sexista dominante que siempre había prevalecido en la literatura universal» (Godayol, 2018, p. 469).

[171] Traducción propia de la cita: «La traducción ha servido durante mucho tiempo como tropo para describir lo que hacen las mujeres cuando entran en la esfera pública: traducen su lenguaje privado, sus formas de discurso específicamente femeninas, desarrolladas como resultado de la exclusión de género, a alguna forma del código patriarcal dominante» (Flotow, 1997, p. 12).

[172] Traducción propia de la cita: «Uno de los argumentos más importantes es que es necesario desenterrar y establecer un linaje de mujeres intelectuales que se resistieron a las normas y valores de las sociedades en las que vivían. En este caso, los escritos abolicionistas de estas mujeres deben recuperarse, conservarse y resaltarse, ya que, de lo contrario, las mujeres de épocas posteriores perderán de vista los logros de sus precursoras. Se trata claramente de un proyecto que se inscribe en la labor de recuperación de los conocimientos 'perdidos' en el patriarcado» (Flotow, 1997, pp. 30-31).

prisma pedagógico y Godayol añade que «és una notòria representat de la maduresa pedagógica en la traducción de l'época» (2000, p. 53)[173]. También, podemos mencionar la conocida cuestión de la intérprete mexicana Doña Marina, más bien conocida por La Malinche (¿1500?-1529), quien ha sido históricamente responsabilizada de la colonización mexicana:

> Whatever the explanations, feminist rewriting of the story of Malinche dismiss the ominous parallel between the 'traitorous' translator. Instead, feminist rewritings focus on her historical realities, her social position and her motivations, seeing her as a gifted linguist and strategist, a mediator who sought to avert bloodshed, and an unfairly maligned cultural scapegoat (Flotow, 1997, pp. 74-75)[174].

Por otra parte, los elementos epistolares sirven para demostrar, como en el caso de Katherine Fowler Philips (1631-1664), la existencia de la reflexión de una mujer en cuestiones traductológicas (Godayol, 2000, p. 48). En esta línea, también, podemos mencionar los casos de las traductoras Anne-Louise Germaine Necker (1766-1817), conocida como Madame de Staël, y Jane Austen (1775-1817), aunque desde enfoques diferentes:

> En suma, Staël teoritza sobre la traducció; Austin parla de les seves pràctiques traductològiques. Staël enalteix i preua la traducció literària en general; Austin explora l'autoreflexió i voreja la crítica traductològica. Staël expressa les seves idees obertament en un llibre; Austin s'amaga sot auna fisfressa dicursiva d'altres autors. Totes dues traductores són, al capdavall, el réflex d'una época que progressa i avança en la teoria i pràctica de la traducció (Godayol, 2000, p. 50)[175].

En el ámbito científico, destaca la figura de Émile du Châtelet (1706-1749), quien tradujo la obra *Principia* de Newton hacia el francés y creció rodeada de una rica biblioteca gracias a un estatus familiar y social acomodado que le permitió autoformarse y estuvo ampliamente influida por su padre (Whitfield, 2002, pp. 87-90).

---

[173] Traducción propia de la cita: «Es una notoria representación de la madurez pedagógica de la traducción en la época» (Godayol, 2000, p. 53).

[174] Traducción propia de la cita: «Sean cuales sean las explicaciones, las reescrituras feministas de la historia de Malinche descartan el siniestro paralelismo entre la traductora "traidora". En su lugar, las reescrituras feministas se centran en sus realidades históricas, su posición social y sus motivaciones, considerándola una lingüista y estratega dotada, una mediadora que trató de evitar el derramamiento de sangre y un chivo expiatorio cultural injustamente difamado» (Flotow, 1997, pp. 74-75).

[175] Traducción de la cita: «En suma, Staël teoriza sobre la traducción; Austin habla de sus prácticas traductológicas. Staël ensalza y precia la traducción literaria en general; Austin explora la autorreflexión y roza la crítica traductológica. Staël expresa sus ideas abiertamente en un libro; Austin se esconde bajo el disfraz discursivo de otros autores. Ambas traductoras son, en definitiva, el reflejo de una época que progresa y avanza en la teoría y práctica de la traducción» (Godayol, 2000, p. 50).

Este caso, es un ejemplo adicional de que el entorno social y paternal influyó en las mujeres traductoras durante los siglos XIX y XX, como, también, lo constatamos en la vida de Gutiérrez Bueno y Ahoiz. En esta misma línea, encontramos a la francesa Clémence Royer (1830-1902), traductora científica, republicana, socialista y feminista, quien tradujo la obra *On the Origin of Species* del naturalista Darwin al francés y colaboró en diversas revistas francesas de la época como la *Fronde, Journal des Femmes, Bulletin de l'Union universelle des femmes*, además, de dedicarse a impartir conferencias remuneradas (Brisset, 2002, pp. 173-175).

Según Anne Brisset, un elemento curioso de sus traducciones fue la incursión de comentarios propios en las notas darwinianas que tradujo : «Une des stratégies de la traductrice consiste à intervenir dans la note même de Darwin pour y développer son propre argument auquel elle renvoie dans des notes subséquentes» (2002, p. 189)[176]. Esta característica o estrategia singular que también observamos en algunas de las traducciones de Gutiérrez Bueno y Ahoiz publicadas en el *Semanario*.

En el sector de la pedagogía y la docencia, se sitúa la traductora genovesa Albertine Adrienne Necker de Saussure (1766-1841), quien fuertemente influida por Staël también estuvo implicada en la causa feminista y reivindicó más autonomía para las mujeres (Delisle, 2002ª, p. 117-136). De acuerdo con Delisle, Necker de Saussure también representó un claro ejemplo de vivencia silencia, no dejando, aparentemente, memorias que permitan profundizar en su trayectoria (2002ª, p. 144).

En el ámbito literario, resalta la búlgara Ekaterina Karavelova (1860-1947), quien tradujo, hacia el francés, textos destinados a las revistas literarias de autores contemporáneos conocidos, sobre todo rusos y alemanes, y, además, en el plano personal tuvo una vida agitada debido a la carrera política que desempeñó su marido (Vrinat-Nikolov, 2002, pp. 214-231). Este paralelismo también lo podemos encontrar en la carrera diplomática realizada por Arnaud, el hijo de Gutiérrez Bueno y Ahoiz y las múltiples ciudades que recorrió en compañía de su madre. Estos casos no fueron aislados y el entorno familiar influyó determinantemente en las traductoras de la época, como también fue el caso de la italiana Mariana Florenzi (1802-1870). Según Rosana Masiola Rosini, Florenzi aprendió alemán debido a su enlace matrimonial con el príncipe Louis de Bavière e inglés con su segundo marido, Charles Waddington. Además, traducía para atraer, aparentemente, la atención de sus cónyuges y, entre sus obras traducidas, figura la *Monadologie de Leibniz* (2002, p. 241-252). También, debemos incluir, en la traducción literaria, a la croata Aloïse de Carlowitz (1797-1863) que aprendió varias lenguas con gran rapidez, tradujo del alemán al francés y, además, fue autodidacta y recibió el apoyo académico de su padre en el seno familiar (McIntosh-Varjabédian, 2013, pp. 52-54).

---

[176] Traducción propia de la cita: «Una de las estrategias de la traductora consiste en intervenir en la misma nota de Darwin para desarrollar su propio argumento al que se remite en otras notas subsiguientes» (Brisset, 2002a, p. 189).

En la línea de las influencias familiares, podemos mencionar a Anne Dacier (1647-1710), quien tradujo los clásicos de Homero y, también, colaboró con su marido (Garnier, 2002, pp. 16-24); características que demuestran un cierto paralelismo en lo que respecta a Gutiérrez Bueno y Ahoiz. En cuanto al aspecto tímido de su perfil, destacamos a la traductora Anne de la Roche-Guillem (1644-1710), tachada de «belle infidèle» por su estilo traductor y cuya trayectoria es, igualmente, difícil de trazar debido a las pocas huellas que ha dejado (Sanz, 2002, p. 68). Una característica que comparte, una vez más, con el perfil de Gutiérrez Bueno y Ahoiz. Fuertemente influida por su entorno, Julia Evelina Smith (1792-1870) heredó de su padre el gusto por los debates religiosos y de su madre la cultura general y las lenguas, además, tradujo la Biblia al inglés a los sesentaidós años, en 1876 (Flotow, 2002, p. 291-300). En el sector político, destacamos a Eleonor Marx (1855-1898) cuyo padre, Karl Marx, revisaba sus traducciones, tal y como se recoge en el prefacio de su traducción al inglés de *Histoire de la Commune* (1871) de Prosper-Olivier Lissagaray (Lee-Jahnke, 2002, p. 332). De hecho, Eleonor se movilizó para publicar los escritos paternos y, además, aprendió otras lenguas como el alemán y el yidis para poder dirigirse a los obreros en sus idiomas maternos cuando pronunciaba sus discursos, gracias, también, al don de la elocuencia y la persuasión que le caracterizaron particularmente (Lee-Jahnke, 2002, p. 323-331). Del mismo modo, podemos mencionar el ejemplo de las hermanas francesas Henriette Guizot de Witt (1829-1908) y Pauline Guizot de Witt (1831-1874), quienes utilizaron la traducción como canal «pour diffuser leurs convictions et étendre leur influence» (Weinmann, 2013, p. 40)[177]. Además, Henriette mantuvo un fuerte vínculo con su padre y estuvo influida por los temas políticos e intelectuales de este, siguiendo sus pasos, incluso después de su muerte (McIntosh-Varjabédian, 2013, p. 50). En la línea de las influencias familiares, pero, en este caso de las traductoras hacia sus hijos, remarcamos la figura de la irlandesa Jane Wilde (1821-1896), militante y traductora, que manejó varias lenguas como el francés y el alemán e inspiró a su hijo, Oscar Wilde, en la lucha por el independentismo irlandés (Cronin, 2002, p. 270-286).

Tras este breve recorrido histórico y contextual, resulta necesario remarcar que «en los últimos treinta años la historia, la teoría y la práctica de la traducción desde una perspectiva de género han propiciado una investigación fecunda y variada a nivel nacional e internacional» (Godayol, 2020b, p. 115). Aunque, como añade Weinmann, «il reste un long travail de recherches en archives et en bibliothèque pour étayer, par des études de cas, une meilleure connaissance du rapport entre féminité et traduction» (2013, p. 42)[178]. Sin embargo, en el ámbito universitario e investigador español, Godayol apunta varios avances que se han ido alcanzando en los últimos veinte años:

---

[177] Traducción propia de la cita: «Por difundir sus convicciones y ampliar su influencia» (Winmann, 2013, p. 40).

[178] Traducción de la cita: «Aún queda mucho por investigar en archivos y bibliotecas a fin de utilizar los estudios de casos para comprender mejor la relación entre feminidad y traducción» (Weinnman, 2013, p. 42).

«[…] a) la recuperación de traductoras, textos y paratextos, invisibilizados por los discursos dominantes; b) la interrogación, la crítica y la autocrítica de las teorías y las prácticas de la traducción feministas de aquí y de fuera; c) la reflexión sobre la ética y la responsabilidad de las traductores feministas y las editoriales que publican sus textos; d) el estudio de la representación lingüística del género en traducción; e) el análisis lingüístico de las traducciones feministas y las sexistas; […]» (2020b, p. 116).

En definitiva, el segundo plano al que se han visto reducidas (tanto la traducción como la mujer) las ha condenado, en muchos casos, a la invisibilidad y al olvido. Por tanto, los estudios de traducción y género deben contribuir a saldar y a reparar, al mismo tiempo, esta deuda pendiente con la historia:

> […] since translation has traditionally been coded as a secondary, reproductive and even 'traitorous' activity, associated with misogynist stereotypes of women, their work as silent, passive, transparent interpreters who do not threaten the male establishment, has at times been tolerated. Historical views of women and the political controls imposed upon them thus find an easy parallel in the similarly 'degraded' position of translation. It is not surprising that feminism has something to add to translation studies (Flotow, 1997, p. 76)[179].

4.2. Transmisión franco-española de la ciencia y la técnica

El traspaso lingüístico y cognitivo de Francia a España se llevó a cabo gracias al papel que ejerció la traducción como agente intermediario de esta transfusión cognitiva en la que debemos considerarles como actores principales y, no pasivos, de dicho proceso de intercambio:

> Depuis l'invention de l'écriture, les êtres humains ont cherché à acquérir les connaissances techniques et scientifiques de leurs voisins. De longue date, ils ont donc traduit, énormément traduit, pour s'approprier un savoir « utilitaire ». Dans une très large mesure, les techniques et les sciences se sont transmises et développées par emprunts. Mais on n'a pas traduit uniquement pour incorporer des connaissances nouvelles à un patrimoine national, pour reproduire des acquis. Si les connaissances migrent grâce à la traduction, les traducteurs, gens instruits qui instruisent, s'en nourrissent afin de faire reculer les frontières de l'inconnu. Ce serait grave erreur que de considérer les traducteurs d'autrefois comme

---

[179] Traducción propia de la cita: «[...] dado que la traducción se ha codificado tradicionalmente como una actividad secundaria, reproductiva e incluso "traidora", asociada a estereotipos misóginos de la mujer, a veces se ha tolerado su trabajo como intérpretes silenciosas, pasivas y transparentes que no suponen una amenaza para la clase dirigente masculina. La visión histórica de las mujeres y los controles políticos que se les imponen encuentran así un fácil paralelismo en la posición igualmente "degradada" de la traducción. No es de extrañar que el feminismo tenga algo que aportar a los estudios de traducción» (Flotow, 1997, p. 76).

de passives courroies de transmission de textes spécialisées (Delisle y Woodsworth, 2014, p. 101)[180].

En cuanto a esta trasfusión de conocimientos, Hibbs-Lissorgues sostiene que «En la segunda mitad del siglo XIX y en las primeras décadas del siglo XX, las formas de producción, de difusión y de narración de los conocimientos experimentan un auge notable. La dinámica cultural que acarrea el desarrollo de la ciencia en Europa, genera nuevas formas de transferencias entre las que la traducción desempeña un papel destacado. Estas transferencias suponen contaminaciones discursivas, ideológicas y culturales que pueden rastrearse en los distintos géneros de textos y obras de la época» (2015, p. 202). De este modo, la ciencia se situó en el epicentro de las temáticas más investigadas, producidas y traducidas debido a los constantes avances franceses que se produjeron en la época. Por lo que resulta importante remarcar que, sin la labor de los traductores, la ciencia, en concreto, no habría adquirido el carácter universal del que hoy día goza (Delisle y Woodsworth, 2014, p. 102). Al mismo tiempo en que la traducción contribuyó a hacer posible dicha internacionalización : «La traduction a été la clé du progrès scientifique, car elle a permis aux inventeurs et aux chercheurs successifs d'avoir accès à la pensée novatrice de leurs prédécesseurs, bien que cette pensé ait été formulée dans une autre langue» (Fischbach, 1992, p. 194)[181]. Según Gómez de Enterría: «La actividad traductora de obras científico-técnicas se incrementa en España de una manera generalizada a lo largo del siglo XVIII; esto representa un enorme enriquecimiento para el país desde el punto de vista científico, económico y cultural» (1999, p. 143). A lo que debemos sumarle la posición predominante que ocupó la lengua francesa durante este periodo histórico:

> […] la lengua française fut au XVIIIe siècle la langue de communication des sciences et des techniques, elle se substitua au latin et certaines œuvres écrites en allemand, anglais ou italien furent traduites en français puis en espagnol en ayant comme texte source la version française desdites œuvres (Jiménez Domingo, 2015, p. 320)[182].

---

[180] Traducción propia de la cita: «Desde la invención de la escritura, los seres humanos han buscado adquirir los conocimientos técnicos y científicos de sus vecinos. Desde hace mucho tiempo, han traducido, y mucho, para apropiase del saber "utilitario". En gran medida, la técnica y la ciencia se han transmitido y desarrollado a través de los préstamos. Sin embargo, no se ha traducido para incorporar únicamente conocimientos nuevos al patrimonio nacional, sino también para reproducir los ya presentes. Si los conocimientos migran gracias a la traducción, los traductores, personas instruidas que instruyen, se nutren con el fin de reducir las fronteras de lo desconocido. Sería un grave error considerar que los traductores de antaño son únicamente transmisores pasivos de textos especializados» (Delisle y Woodsworth, 2014, p. 101).

[181] Traducción propia de la cita: «La traducción ha sido la clave del progreso científico, porque ha permitido a los inventores y a los sucesivos descubridores tener acceso al pensamiento innovador de sus procedimientos, aunque esté formulado en otra lengua» (Fischbach, 1992, p. 194).

[182] Traducción propia de la cita: «[…] la lengua francesa fue en el siglo XVIII la lengua de la comunicación de la ciencia y de la técnica, sustituyó al latín y ciertas obras escritas en alemán, inglés o italiano fueron

El avance de la medicina y el nacimiento de nuevas disciplinas contribuyeron decisivamente a este auge. Por tanto, el flujo de la traducción franco-española fue constante y se fue afianzando hacia finales de la centuria:

> Desde 1876 hasta 1896, se producen flujos considerables de obras importadas coincidiendo con la aparición de las nuevas especialidades médicas. Entre los libreros y editores más activos en el campo de la medicina, conviene mencionar a Carlos Bailly-Baillière, de origen francés, que se instaló en Madrid en las primeras décadas del siglo. Su editorial, especializada exclusivamente en medicina y ciencia, creó una red de distribución en las principales ciudades españolas y en América Latina y el *Boletín Internacional de Bibliografía* refleja el auge del libro médico en España a partir de la década de 1870. En este caso podemos hablar de transferencias multilaterales y plurilingüísticas, ya que se exportaban e importaban libros y se divulgaban obras extranjeras traducidas al castellano (Hibbs-Lissorgues, 2015, p. 219).

En cuanto al panorama español, tenemos que remitirnos al siglo XVIII para comprender el despunte que se produjo en materia de la literatura científica. Gómez de Enterría argumenta que existieron dos etapas: la primera hasta la muerte de Felipe V y la segunda que abarcó hasta 1808 y que comprendió todo el movimiento ilustrado (2003, p. 35). Sin embargo, agrega que dicha evolución cultural y científica «[…] no fue uniforme durante las dos etapas indicadas, con el consiguiente reflejo en cuanto al volumen y entidad de los libros de Ciencias y Artes que fueron traducidos al español» (Gómez de Enterría, 2003, p. 35). Sin embargo, esta situación comenzó a provocar estupor y los círculos más influyentes comenzaron a tomar cartas en el asunto:

> En la segunda mitad del siglo, los círculos científicos y culturales acusan el triunfo de la modernidad, cuando las nuevas empresas de renovación científica reciben, al fin, el apoyo real y los ministros ilustrados se esfuerzan para el cambio ideológico y cultural llegue a ser una realidad. Es en estas "décadas" ilustradas cuando se crearán diversas instituciones científicas, unas veces por iniciativa pública y otras privada, las cuales se ocuparán de llevar a cabo la difusión de nuevas orientaciones ideológicas, culturales y científicas aplicándolas a los diferentes campos del conocimiento (Gómez de Enterría, 2003, pp. 35-36).

De este modo, el volumen traductológico aumentó a finales de siglo ya que España trató de imitar el sistema francés, ampliando la actividad en el ámbito científico y tecnológico (Gómez de Enterría, 2003, p. 37). En cuanto a las disciplinas en las que la traducción fue más prolífica, Gómez de Enterría apunta que «las traducciones de obras extranjeras que se realizan en Medicina, Cirugía y Farmacia a partir de los años centrales de la centuria llegan a ser masivas, lo que constituye un empuje decisivo para

---

traducidas en francés y, después, en español, tomando como textos originales la versión francesa de dichas obras» (Jiménez Domingo, 2015, p. 320).

la difusión de la ciencia médica en nuestro país» (2003, p. 39). Por otra parte, los traductores científicos eran habitualmente los propios profesionales de la Ciencia, es decir, médicos, boticarios o farmacéuticos, químicos, entre otros, quienes se dedicaban a dicha actividad de forma complementaria a su ejercicio principal (Bertomeu-Sánchez y Muñoz Bello, 2010, p. 63). Según Gómez Enterría: «Entre los traductores más destacados es obligado citar, aunque solo sea como un breve apunte, a tres especialistas de reconocido prestigio internacional en su momento, estos son: C. Gómez Ortega, F. Carbonell y Bravo y P. Gutiérrez Bueno que desarrollarán su labor traductora en el último tercio del siglo» (2003, p. 44).

El último de los mencionados, Pedro Gutiérrez Bueno transmitió, sin lugar a dudas, la vocación de traductora a María Antonia Gutiérrez Bueno y Ahoiz, tercera y última hija del primer matrimonio de este. Una vocación que queda patente en las traducciones científicas realizadas por esta. Ya que, en la época, la traducción supuso una vía de divulgación de los conocimientos científicos y técnicos:

> Muchos de los traductores de la Ilustración consideraron que su labor no consistía en la mera translación de un texto del francés al español, sino que asumieron conscientemente un papel de intermediario cultural entre los receptores primarios –los franceses y los secundarios los españoles–. La traducción se concebía por tanto como un medio para divulgar conocimientos técnicos que, estimaban los traductores, debían ser útiles a sus receptores secundarios al mismo tiempo que adaptados al contexto cultural e incluso social, específico de su propio país (Pinilla y Lépinette, 2009, p. 111).

Sin embargo, su padre no fue el único perfil en traducción con el que trató Gutiérrez Bueno y Ahoiz, ya que guardó una estrecha amistad con Leandro Fernández de Moratín, también traductor. Fernández de Moratín ocupó un puesto de trabajo en la Secretaría de Interpretación de Lenguas (Gómez de Enterría, 2003, p. 46), donde tradujo el expediente italiano de Antonio de Arnaud que le permitió contraer matrimonio con Gutiérrez Bueno y Ahoiz. Por tanto, Moratín formaba parte del cuerpo de traductores institucionales que percibían un sueldo por el trabajo que efectuaban, coincidiendo, como apunta Lafarga, con «la primera época en que la traducción se convierte en un asunto de dominio público» (2004, p. 209).

El carácter de los traductores de dicha sección de lenguas fue evolucionando a medida que pasó el tiempo y, finalmente, adquirieron, más bien, un carácter de mediadores: «el perfil de los traductores va variando a medida que se acerca el final de la centuria, acercándose un poco más hacia el de mediador lingüístico que hoy posee el traductor, [...]» (Gómez de Enterría, 2003, p. 48). Por tanto, hay que precisar que: «En aquest marc el paper del traductor és sobretot de mediador cultural, de manera que la seva tasca oscil·la entre dos pols: en un extrem tindríem l'adequació del text traduït a les normes i convencions culturals de l'original, mentre que en l'altre extrem tindríem l'adequació a les normes i convencions de la cultura de destinació, per a respondre a les expectitives del seu receptor» (Presas Corbella, 2012, p. 61)[183].

Por otra parte, y, en cuanto a las traducciones puramente científicas, hay que destacar que la prensa ejerció un papel protagonista como vía publicitaria y de difusión de las obras traducidas: «Las traducciones de la ciencia en el siglo XVIII no pasan desapercibidas para la prensa periódica que las acoge con la introducción en sus páginas de reseñas y anuncios de las obras traducidas, como las que aparecen, entre otros, en el *Diario de los Literatos* o la *Gaceta de Madrid* […], también servía de cauce para la difusión de las ideas científicas, prestando especial atención a la discusión sobre los temas de mayor actualidad en cada uno de los ámbitos especializados y, en definitiva, al estado de la ciencia en España» (Gómez de Enterría, 2003, p. 54).

Sin embargo, no siempre fue fácil publicar, ya que muchas de las obras no lograron pasar el control del órgano censor, cuyo comité estaba compuesto por académicos de la propia área de conocimiento:

> En el caso de las obras de ciencias, los informes eran enviados a profesores de las disciplinas afectadas o a instituciones como la Academia Médica, el Observatorio Astronómico o el Colegio de Cirugía de Madrid que elegían una o varias personas para realizar la censura. Entre las personas que sabemos que realizaron esta labor se encuentran profesores de química como Pedro Gutiérrez Bueno, Domingo García Fernández y François Chabaneau o médicos como Ignacio Ruiz de Luzuriaga y José Severo López, entre muchos otros (Bertomeu-Sánchez y Muñoz Bello, 2010, p. 71).

Por tanto, Pedro Gutiérrez Bueno, en calidad de experto químico, también desempeñó la labor de «evaluador» dentro del comité censor y, además, también fue evaluado por sus propios colegas. Este hecho engendró, en algunos casos, desacuerdos y tensiones debido a las rivalidades académicas: «[…] sus traducciones estuvieron sometidas al control de la censura gubernamental a través de informes muy críticos que eran elaborados por sus propios colegas, en los que una de las cuestiones más importantes fue la correcta traducción de las voces técnicas» (Bertomeu-Sánchez y Muñoz Bello, 2010, p. 76). A este propósito, Lafarga añade:

> Y no podemos decir que los propios traductores fueran precisamente modelos de benevolencia a la hora de juzgar la labor de sus compañeros de oficio. Rodeados de otro tipo de justificaciones más directas a los empeños de la traducción propia, algunos de los prólogos que redactan los traductores no son más que un catálogo de errores de las

---

[183] Traducción propia de la cita: «En este marco el papel del traductor es sobre todo de mediador cultural, de forma que su tarea oscila entre los dos polos: por una parte, tendríamos la adecuación al texto traducido a las normas y a las convenciones culturales del original, mientras que por otro lado tendríamos la adecuación a las normas y a las convenciones de la cultura de destino, para responder a las expectativas de su receptor» (Presas Corbella, 2012, p. 61).

traducciones ajenas, cuando el texto original en cuestión ya contaba con versiones previas en castellano o en otras lenguas (2004, p. 236).

En el caso de María Antonia Gutiérrez Bueno y Ahoiz y, a pesar de las numerosas búsquedas de información a través de diferentes vías y motores, no hemos encontrado ninguna de las licencias de impresión o informes en los que se aceptase o rechazase algunas de sus obras. Este hecho puede deberse a una posible influencia paterna por parte de los profesores que evaluasen su trabajo en el órgano censor o, también, puede que dichos informes se hayan perdido o incluso conservado mal. En cualquier caso, no hay constancia de que Gutiérrez Bueno y Ahoiz pasara ningún control en el órgano competente.

Por otra parte, el excesivo interés por la traducción durante el siglo decimonónico es fruto del impulso que ejerció la traducción científica dieciochesca: «[…] la traducción científica en el siglo XVIII es fiel testigo del interés despertado en España durante el siglo ilustrado para llevar a cabo la necesaria "puesta al día" de las ideas científicas, lo que se pone claramente de manifiesto al comprobar el volumen de obras traducidas» (Gómez de Enterría, 2003, pp. 55-56). Así, resulta interesante prestar atención a la reacción que produjo entre los españoles la introducción masiva de las ideas francesas y del conocimiento, considerado foráneo, ya que tanto en el ámbito científico como en el literario hubo quienes se quejaron de que la traducción se había convertido en una práctica recurrente en la España del siglo XIX. Tal fue el caso del propio Mesonero Romanos, amigo cercano de María Antonia Gutiérrez Bueno y Ahoiz,[184] también mostró su inconformidad contra el aumento de las traducciones: «Nuestro país en otro tiempo tan original, no es en el día otra cosa que una nación traducida» (1925, p. 156, citado en Hibbs-Lissorgues, 2015, p. 228; Montesinos, 1980, p. 96). A lo que se unieron, de igual modo, las críticas por «la falta de cualificación y rigor con que se realizaba» esta actividad (Lafarga, 2004, p. 226).

La posición general de Mesonero ante la traducción es totalmente negativa, y se muestra tanto en las reseñas y comentarios de obras traducidas como en su actitud beligerante. De hecho, durante un tiempo, en su época como director del *Semanario Pintoresco*, decidió prescindir de la sección de teatro para evitar tener que comentar traducciones, tan grande era el aluvión de las mismas en los estrenos teatrales (Lafarga, 2016, p. 113).

Ramírez Gómez añade, en esta misma línea, lo siguiente sobre Feijoo: «La modernidad del pensamiento de este ilustrado contrarresta con el tenaz histrionismo

---

[184] Mesonero Romanos escribió una de las reseñas más largas que constan sobre el *Diccionario histórico y biográfico de mugeres [sic] célebres*. Véase en: Pérez-Ramos, S. (2021). Entre la cuna y la pluma: el *Diccionario histórico y biográfico de mugeres [sic] célebres* de María Antonia Gutiérrez Bueno y Ahoiz (1781-1874), en E. M. Moreno Lago (Ed.), Escrituras y escritoras (im)pertinentes: narrativas y poéticas de la rebeldía (pp. 441-461), Dykinson, S. L.

hispánico frente a lo extranjero, y más especialmente ante el intruso» (1999, p. 59). Dengler sostiene, igualmente, que no fue «nada extraño tampoco que desde fuera o desde dentro de España algunos hombres preocupados por el presente y el futuro de su país intentaran contribuir con producciones extranjeras, entregándose inevitablemente pues a la traducción, a suplir las deficiencias de la producción española» (1999, p. 69).

Sin embargo, el principal temor fue la dependencia por lo ajeno lo que hizo que este rechazo salpicara a la traducción, ya que se convirtió en la herramienta «responsable» de la entrada de información foránea en territorio español:

> En efecto, la lengua francesa se encuentra en el centro de una fuerte controversia que alcanza al traductor, obrero primero del quehacer en dos idiomas, al simple hablista literato. Sus detractores la condenan por ser la lengua del intruso; la menosprecian por considerarla inferior a la lengua castellana; la rechazan por desvirtuar el idioma patrio y le reprochan su grado de dificultad por ser sumamente diferente a la lengua cervantina (Ramírez Gómez, 1999, p. 61).

Este asunto provocó claramente un problema que afectó a la traducción y a su concepción, causado por el orgullo patriótico: «Las traducciones siguen procediendo mayoritariamente del francés, y es fácil caer en la tentación de atribuir a esta circunstancia el empobrecimiento y perversión de la lengua castellana de los que solo habría que hacer responsables a los malos traductores» (García Garrosa, 2016, p. 30). Dicho desprecio estuvo, en gran parte, potenciado por el hecho de que el francés era la lengua más traducida en la época, seguida del inglés y del alemán (García Garrosa, 2016, p.15).

En ciertos casos, los propios traductores, al ejercer dicha labor, no perdieron la oportunidad para contrarrestar este peso y reivindicar el acervo cultural español en los paratextos:

> Autre preuve de cette participation au développement de la science européenne, cette traduction, soignée, ne manque pas d'ajouter, chaque fois qu'elle le peut, des informations (du cru du traducteur) et des commentaires critiques. Ces derniers sont évidemment destinés, de nouveau, à montrer que l'Espagne n'est pas le désert intellectuel décrit par les Français, car les observations scientifiques y ont place, comme le montrent les notes et commentaires au texte original, […] (Lépinette, 2003, p. 73)[185].

---

[185] Traducción propia de la cita: «Otra prueba de esta participación en el desarrollo de la ciencia europea es que esta traducción, cuidada, no pierde la oportunidad de añadir, cada vez que puede, información (propia del traductor) y de los comentarios críticos. Estas últimas son evidentemente destinadas, de nuevo, a demostrar que España no es un desierto intelectual como así lo describen los franceses, porque las observaciones científicas se hacen patentes, como lo demuestran las notas y los comentarios del texto original, […] (Lépinette, 2003, p. 73).

Por tanto, una de las intenciones claras de estas incorporaciones paratextuales es la compensación informativa ante la idea de la escasez cognitiva española: «Las adiciones [...] son una manera de naturalizar, en la medida de lo posible, estas producciones foráneas y de mostrar al mismo tiempo que la ciencia española [...] no era inexistente» (Pinilla y Lépinette, 2008, p. 211). Este rasgo reivindicativo también lo encontramos en el estudio de las fuentes primarias de Gutiérrez Bueno y Ahoiz. En el testamento personal,[186] dejó constancia explícita del mérito académico de su padre en calidad de primer profesor de química español, comparándolo con la actividad realizada por el francés Louis Proust, quien, al parecer, gozó de mayor popularidad y reconocimiento social. Tras analizar el extracto correspondiente a la disposición sexta de su testamento, Gutiérrez Bueno y Ahoiz quiso claramente reivindicar el carácter pionero y autodidacta de su padre en el mundo de la enseñanza química, pero, al mismo tiempo, remarcó implícitamente el acervo español científico, insistiendo en la contribución paterna frente a lo foráneo, es decir, frente a los otros químicos extranjeros como Louis Proust.

---

[186] Testamento de M.ª Antonia Gutiérrez Bueno y Ahoiz ante el notario Miguel García Noblejas (6 abril 1864), Archivo Histórico de Protocolos (T. 27596, f. 550R-581r). Extracto de la disposición sexta: «Dejo a la cátedra de Química de la Facultad de Farmacia de la Universidad Central, el Busto de mi difunto padre Don Pedro Gutiérrez Bueno y Giménez, en recuerdo de haber sido el primer profesor de Química de España, y con el singular mérito de no haber salido jamás de su patria, ni haber tenido absolutamente otros maestros que le enseñasen esta ciencia, que su prodigioso ingenio, los libros y máquinas que á [sic] su costa hacia traer de Francia arruinando con estos gastos (en aquella epoca [sic] tan escesivos [sic]) a su familia. Don Luis Proust á [sic], quien muchos miran ahora como el primer profesor de química en España, se equivocan; pues, este vino á [sic] España mucho despues [sic] de estar mi difunto padre esplicando [sic] esta ciencia en el local, tan conocido despues [sic] por el Cafe [sic] de Solis, calle de Alcalá contiguo al Carmen descalzo. A Proust se le nombró cuando se presentó en Madrid, profesor de química de la cátedra que se creó en Segovia para la enseñanza de los caballeros cadetes del Real cuerpo de Artillería, la que desempeñó algunos años, y después fue enviado y vino á [sic] Madrid. En el Archivo de la Secretaría de Estado deben hallarse documentos que acreditan lo que espongo [sic], y adjunto á [sic] la copia de este testamento se harán algunas copias de los originales que deban estar en dicho archivo: como igualmente una relación [sic] de meritos [sic] y servicios de mi querido y virtuoso padre. A su muerte, acaecida en mil ochocientos veinte [sic] y dos, la Academia comisionó á [sic] su antiguo discípulo y constante amigo Don Andrés Alcon [sic] y Calduch para redactar y presentar á [sic] dicha corporacion [sic] la biografía ó [sic] elogio funebre [sic] de mi padre. Pero no habiendo este podido cumplir con su comision [sic] tan pronto como se deseaba á [sic] causa de sus muchos cargos y ocupaciones, dio lugar este retardo à [sic] que sobrevivieran los trastornos políticos que todos conocen, y de cuyas resultas el Señor de Alcon [sic] tuvo que espatriarse [sic], y la memoria del hombre que tantos sacrificios había hecho para ilustrar á [sic] su país, y tantos servicio había prestado al estado, aun en circunstancias bien críticas, quedó cubierta con el manto del olvido. Pero á [sic] mi como á hija y única persona que queda y pueda manifestar la verdad, es á [sic] quien el amor y el deber obligan, antes que mi abanzada [sic] edad me lleve para siempre à [sic] reunirme con mi amado padre à [sic] patente la verdad de los hechos para impedir que un estrangero [sic] se lleve la gloria de haber sido el primero à [sic] difundir los conocimientos de las ciencias naturales en españa [sic]. Hace muchos años que quería dar á [sic] conocer todo lo que llevo dicho, pero motivos particulares me lo han impedido».

En las traducciones publicadas por Gutiérrez Bueno y Ahoiz en el *Semanario de Agricultura*, también observamos la inclusión paulatina de comentarios al pie de página, en los que aportó información sobre la preparación de ciertos elementos químicos, así como aludió a los conocimientos paternos adquiridos. Por tanto, se establece, en estos casos, una conexión profunda entre el texto origen y la cultura meta a través de la creación e inclusión informativa del traductor: «Las notas introducen asimismo información de tipo enciclopédico que completa aquella directamente proporcionada por el TO, además de servir de cauce para la divulgación de los nombres de científicos sea españoles –en un claro afán de reivindicar la ciencia española– sea extranjeros para dar a conocer la ciencia foránea» (Pinilla y Lépinette, 2009, p. 109).

Estas modificaciones son perceptibles en la mayoría de los traductores científicos de la época: «De hecho, algunas de estas actuaciones son tan importantes que los resultados pueden considerarse como obras nuevas, sustancialmente diferentes de los originales que se mencionan en la portada» (Bertomeu-Sánchez y Muñoz Bello, 2010, p. 65). En el ámbito económico este hecho se presentó de igual forma:

> Por otro lado, esta vez desde una óptica íntimamente ligada al acto traductológico, la correspondencia nos informa sobre las modificaciones de los textos originales por parte de los traductores, alejada de nuestros estándares actuales al considerarse como una empresa intelectual de apropiación, sometida a una contextualización en el marco de una nación particular, más que como una actividad regida por criterios como la fidelidad del texto meta frente al texto base o la invisibilidad del traductor en su trabajo (Hoyos, 2016, pp. 201-202).

Por otra parte, y, haciendo alusión a las temáticas traducidas en el ámbito científico decimonónico, también cobraron gran protagonismo los temas relacionados con las enfermedades de la mujer, ya que tanto el desmesurado interés por el aparato femenino como su conformación y el nacimiento de la ginecología contribuyeron con la reflexión académica en torno a esta área científica (Micó Romero, 2019, p. 142). Por tanto, el estudio de la dimensión histórica de las traducciones, así como la contextualización de partida y llegada, es un elemento esencial para comprender e insertar los textos en el entorno ideal. Como apunta Lépinette: «[…] il faut placer les textes traduits dans leur contexte historique social, culturel et intellectuel de départ (en ʿamontʾ) et dʾarrivée (en ʿavalʾ), ce qui permettra en même temps, de retracer lʾitinéraire des savoir transmis et le processus de transculturation […]» (2003, p. 75)[187]. A lo que Lieven Dʾhulst añade:

---

[187] Traducción propia de la cita: «[…] hay que situar los textos traducidos en su contexto histórico social, cultural e intelectual de partida (antelación) y de llegada (aprobación), lo que permitirá al mismo tiempo, rastrear el itinerario de los conocimientos transmitidos y del proceso de transculturación […]» (Lépinette, 2003, p. 75).

Sous quelque forme qu'ils se présentent, les textes requièrent un traitement circonspect, non seulement parce que le chercheur se doit de privilégier leur conceptualisation historique, mais également parce que ce sont des expressions spécifiques d'un savoir aux présupposés sous-jacents. La reconstruction de ces derniers est forcément hypothétique, d'autant plus qu'il peut s'agir de savoir inconsciemment informulés, de savoirs censurés, même de savoirs oubliés (1995, p. 19)[188].

Probablemente, podríamos ubicar el caso de Gutiérrez Bueno y Ahoiz en «savoirs oubliés», ya que sus obras en calidad de traductora y biógrafa han sido poco o nada examinadas a lo largo de la historia y mucho menos estudiadas. En este sentido, y en relación con el factor temporal, D'hulst considera que «Pour l'historien, le facteur temporel est des plus complexes : il comprend la constitution, le développement, la transformation, la simplification, la transmission, la mémoire et l'oubli de faits historiques, en l'occurrence des théories de la traduction»[189] (1995, p. 24)[190]. De este modo, el análisis histórico y social de los textos tanto en la cultura de origen como en la meta nos ayudan a establecer un estudio de índole interpretativo que nos provee herramientas para aclarar los motivos y las motivaciones que fomentaron el uso de la traducción, contribuyendo a esclarecer los vínculos que existen entre dos países y sus determinadas culturas: «Il semble donc que constituir une histoire interprétative de la traduction est une entreprise qui peut n'être que féconde pour une meilleure connaissance des influences intellectuelles, sociales et culturelles entre deux pays» (Lépinette, 2003, p. 87)[191].

Por otra parte, resulta importante remarcar que, en medio del flujo de traducciones franco-españolas, algunos teóricos como Antoni de Capmany y Montpalau (1742-1813) empiezan a cuestionar esta práctica: «Capmany, preocupat per la puresa de la llengua adoptiva, va donar a conèixer, el 1776 un *Arte de traducir del idioma francés al castellano*, per combatre les interferències del prestigiós idioma veí del nord damunt l'espanyol» (Bacardí, 2012, pp. 191-192)[192]. El objetivo de Capmany fue intentar

---

[188] Traducción propia de la cita: «Se presenten como se presenten, los textos requieren un tratamiento circunspecto, no solamente porque el investigador debe darle prioridad a la conceptualización histórica, sino también porque se trata de expresiones específicas de un determinado saber subyacente. La reconstrucción de estos últimos es fuertemente hipotética, sobre todo en los casos en los que puede actuar como un saber inconscientemente formulado, un saber censurado, e incluso un saber olvidado» (D'hulst, 1995, p. 19).

[189] Traducción propia de la cita: «Para el historiador, el factor temporal es uno de los más complejos: comprende la constitución, el desarrollo, la transformación, la simplificación, la transmisión, la memoria y el olvido de los hechos históricos, en este caso, de las teorías de la traducción» (D'hulst, 1995, p. 24).

[191] Traducción propia de la cita: «Parece que constituir una historia interpretativa de la traducción es una tarea que solo puede ser fecunda para establecer un mejor conocimiento de las influencias intelectuales, sociales y culturales entre dos países» (Lépinette, 2003, p. 87).

[192] Traducción propia de la cita: «Capamany, procupado por la pureza de la lengua adoptiva, dará a conocer, en 1776 un *Arte de traducir del idioma francés al castellano*, para combatir las interferencias del prestigioso idioma vecino del norte con el español» (Bacardí, 2012, pp. 191-192).

frenar la masiva dependencia francesa en España, aunque su obra terminó sirviendo de ejemplo a otros lexicógrafos que editaron en lengua francesa, como fue el caso del afrancesado Melchor Manuel Núñez de Taboada (Bruña Cuevas, 1999, p. 107). Del mismo modo en que se empeñó, con su obra *Nuevo diccionario francés-español*, en «adaptar las nuevas voces hasta conseguir que no resulten extrañas en español, ya sea como neologismo de sentido o bien como metáforas […]» (Gómez de Enterría, 1999, pp. 146-147).

Al igual es importante señalar que, durante la segunda mitad del siglo decimonónico, se produjo un aumento en las relaciones catalano-francesas debido a la proximidad geográfica: «Entrada la segona meitat del segle, fruit de les relacions personals que es van establir entre alguns escriptors occitans i catalans, del clima de desvetllament literari comú a tots dos pobles […]» (Bacardí, 2012, pp. 191-192)[193]. Una prueba de este hecho son los vínculos establecidos entre el traductor catalán Francisco Piguillem i Verdaguer (1770-1826) y el francés François Colon (1764-1812), férreo defensor de la vacuna. En efecto, según Susana María Ramírez Martín, Colon envió un libro por él mismo a Piguillem i Vedaguer titulado *Essai sur l'inoculation de la vaccine, ou moyen de se préserver pour toujours et sans danger de la petite vérole* (1800), mostrándose, por tanto, «[…] la fluida comunicación entre el Principado de Cataluña y Francia» (Ramírez Martín, 2010, p. 117).

A finales de dicha centuria, se produjo una reafirmación de la medicina a través de la comunicación y la colaboración entre los diferentes países, en cuyo proceso intervino activamente la traducción como herramienta útil e indispensable de intercambio del código lingüístico: «Desde finales del siglo XIX, el laboratorio se representaba como el escenario donde, definitivamente, la medicina había conseguido dotarse de un método fiable y riguroso conforme a los presupuestos del positivismo científico, a saber, el recurso sistemático a la investigación experimental en las nuevas ciencias naturales (física, química y biología) para objetivar la realidad de la salud y de la enfermedad humanas» (Arrizabalaga, 2016, pp. 11-12).

Así, constatamos que, España se benefició masivamente, gracias a la traducción, de los numerosos avances que se produjeron en los países vecinos: «lejos de vivir en la autarquía […] en algunas épocas de su historia se ha nutrido —incluso, diríamos, con "voracidad"— de publicaciones traducidas en lenguas extranjeras para conocer descubrimientos e invenciones extranjeros nuevos y difundirlos entre sus contemporáneos» (Lépinette y Pinilla, 2016, p. XII).

Por otro lado, la traducción científica y técnica siempre fue y, aún sigue siendo, uno de los ejercicios más complejos en el mundo de la traducción. Sabemos que «el primer tercio del siglo XIX español carece de un discurso traductor estructurado y

---

[193] Traducción propia de la cita: «Entrada la segunda mitad del siglo, fruto de las relaciones personales que se van a establecer entre algunos escritores occitanos y catalanes, del clima del despertar literario común en ambos pueblos […]» (Bacardí, 2012, pp. 191-192).

sistemático, pues no hay textos teóricos ni prácticos sobre la materia» (García Garrosa, 2016, p. 16). Sin embargo, podemos entender que las traducciones especializadas devinieran una empresa compleja debido al lenguaje especializado que las encripta. Como subraya Julia Pinilla Martínez, desde el siglo XVIII, este asunto también planteó una dificultad considerable debido a la nula ayuda bibliográfica especializada: «Si traduire des textes techniques ou scientifiques n'est pas de nos jours tâche aisée, ce l'était encore moins au XVIIIe siècle, quand les traducteurs n'avaient pas d'ouvrages lexicographiques spécialisés à leur disposition» (2003, p. 263)[194]. Como lo reafirma Gómez de Enterría, una carta de Moratín, quien fue traductor del cuerpo de la Secretaría de Interpretación de Lenguas, demuestra que, aun ejerciendo la traducción como servicio estatal, no contaban con el material necesario para desempeñar la labor traductora:

> Esta circunstancia de la necesidad de que el traductor adquiriese sus propios diccionarios también se hace patente ante la situación planteada en la Secretaría de Interpretación de Lenguas cuando, a la muerte de Felipe de Samaniego, Moratín suplica al Rey que se compren los diccionarios pertenecientes a la testamentaría de Felipe de Samaniego (anterior secretario) «para que se permaneciesen en la Secretaría como propios de ella, a fin de proporcionar a los oficiales un auxilio indispensable» (2003, p. 47).

Por tanto, tanto los traductores como las traductoras se tuvieron que valer desde antaño de numerosas prácticas o recursos documentales para paliar esta dificultad léxica. Una de las prácticas fue el cotejo con los especialistas por vía directa ante la falta de recursos materiales: «De fait, les traducteurs de cette époque avouent souvent qu'ils durent avoir recours aux spécialistes d'un domaine donnée pour attribuer un nom aux processus ou aux objets auxquels se référait un texte source dont ils devaient offrir une version» (Lépinette, 1998, p. 127)[195]. De hecho, este aspecto puede apreciarse en el prefacio del volumen de traducciones publicado por Gutiérrez Bueno y Ahoiz, titulado: *Recopilación de lo más interesante que se ha publicado en la Gaceta de Francia concerniente al cólera-morbo* (1832), donde propiamente admitió haber consultado con un «médico de luces» la terminología científica que aparece.

Este conjunto de prácticas demuestra que los recursos existentes eran insuficientes para abordar y tratar la terminología médica en la época. Aunque Gutiérrez Bueno y Ahoiz disponía en la biblioteca familiar de un gran conjunto de diccionarios generales, no hemos localizado entre ellos ninguno de índole especializada. Hemos de precisar

---

[194] Traducción propia de la cita: «Si traducir los textos técnicos o científicos no es a día de hoy una tarea fácil, en el siglo XVIII lo era aún menos, cuando los traductores no tenían obras lexicográficas especializadas a su disposición» (Pinilla, 2003, p. 263).

[195] Traducción propia de la cita: «De hecho, los traductores de esta época admiten a menudo que tenían que recurrir a especialistas en un campo determinado para dar nombre a los procesos u objetos a los que se hacía referencia en un texto fuente cuya versión tenían que ofrecer» (Lépinette, 1998, p. 127).

que, aunque pocos, existían algunos diccionarios especializados como el de Antonio de Ballano denominado *Diccionario de Medicina y Cirugía, o biblioteca manual-médico-quirúrgica (1805-1807)*, el cual estaba compuesto por seis volúmenes (Gutiérrez Rodilla, 2016, p. 123).

Además, en cualquier tipología traductora, pero, aún más en el ámbito de la científica y técnica, se engendró un profundo apego al texto fuente o texto origen como método de traducción.

> Una de las cuestiones esenciales que se plantean los autores de los textos que se han tomado en consideración en la época romántica es el dilema entre libertad y fidelidad o literalidad, que es –por otra parte– uno de los asuntos que se han suscitado reiteradamente desde la Antigüedad en el discurso sobre la traducción. […] Es sabido que una fuerte y bien anclada concepción de la traducción, que dominó todo el siglo XVIII y aun estaba presente en el primer tercio del XIX, privilegiaba la intervención del traductor y lo investía de la potestad de modificar el texto, no tanto a su antojo, sino en función de las condiciones culturales del momento (Lafarga, 2016, pp. 121-122).

En palabras de Newmark: «Otros autores sostienen que una traducción técnica debe ser literal, y que una literaria ha de ser libre; otros afirman lo contrario» (1991, p. 34). Al mismo tiempo, existen diferentes concepciones para definir el concepto de traducción literal: «"Literal" is an unfortunate term: for some it means "word-for-word and therefore ungrammatical, like a linguist's gloss": for others it means "the closest possible grammatical translation, probably not sounding very natural". In both cases, the stress is on closeness to the original form» (Chesterman, 2016, p. 8)[196]:

> En el intento de serle fiel a la terminología y al texto origen, en sí mismo, se perdió el valor del sentido. Esta consideración ha ido evolucionando con el paso del tiempo. Aunque aún parece existir una tendencia en el ámbito de la traducción científica y técnica hacia el mot à mot: «Es evidente que los traductores de obras científicas basan sus asertos teóricos sobre la traducción en el concepto de mímesis, así lo señala Antonio de Capmany cuando aboga por la traducción total que tiene por objeto exclusivo la lengua, y por las versiones realizadas con fidelidad absoluta» (Gómez de Enterría, 1999, p. 143).

En contraposición a la fidelidad absoluta, se puso en práctica durante el siglo precedente las «belles infidèles» o la traducción «del sentido» a través de la cual se intentó dar prioridad al concepto: «Dans l'histoire de la traduction, il y a deux méthodes principales qui se sont opposées: la transposition et la traduction fidèle, ou l'adaptation

---

[196] Traducción propia de la cita: «"Literal" es un término desafortunado: para algunos significa "palabra por palabra y, por tanto, no gramatical, como la glosa de un lingüista"; para otros significa "la traducción gramatical más cercana posible, que probablemente no suene muy natural". En ambos casos, se hace hincapié en la proximidad a la forma original» (Chesterman, 2016, p. 8).

et la traduction intégrale. Bien que les problèmes de traduction restent les mêmes au XVIIIe siècle et de nos jours, les deux époques ont mis en relief deux théories plus ou moins contraires» (Aldridge, 1961, p. 747)[197].

Según Georges Mounin, la crítica a la traducción literal, palabra por palabra, remonta a Cicerón y para este no cabe duda de su ineficacia: «Tout le monde est d'accord en paroles aujourd'hui pour condamner la traduction mot à mot ; le mot à mot souvent incorrect et presque toujours plat : le mot à mot qui trahit aussi sûrement le texte que les infidélités les plus désinvoltes» (1994, p. 55)[198]. Además, Mounin añade que «la critique saussurienne du sens explique tout au plus, scientifiquement, pourquoi la traduction mot pour mot n'a jamais pu fonctionner de façon satisfaisante : parce que les mots n'ont pas forcément la même surface conceptuelle dans des langues différentes» (1963, p. 27)[199]. Sin embargo, Gómez de Enterría apunta:

> La técnica empleada para la realización de las traducciones científicas no nos permite situarlas en el siglo XVIII ni nos permite situarlas en ninguna de las escuelas de traducción dieciochescas. Estamos, pues, ante un conjunto de versiones que poseen características propias y aglutinantes porque han sido realizadas por un colectivo que presenta rasgos en común, gracias a los que se aproxima a la corriente de carácter clasicista (1999, p. 143).

En definitiva, el objetivo de la práctica traductora ha ido evolucionando desde el siglo XVIII: «Au XVIIIe siècle, en outre, les plus grands efforts étaient faits pour communiquer une pensée concise et une diction pure ; aujourd'hui les traducteurs essaient de transmettre toutes sortes d'expressions idiomatiques et de retenir la saveur de la langue» (Aldridge, 1961, p. 758)[200]. De tal forma que el debate decimonónico entre el apego a la lengua original o a la lengua meta se ha ido aclarando a lo largo del tiempo: «Aunque no universal, existe un amplio acuerdo en cuanto a que el objetivo principal del traductor es producir lo mejor posible en sus lectores el mismo efecto que se produjo en los del texto original [...]. Evita y desplaza la controversia decimonónica

---

[197] Traducción propia de la cita: «En la historia de la traducción, hay dos métodos principales que se oponen: la transposición y la traducción fiel, o la adaptación y la traducción integral. Aunque los problemas de la traducción son los mismos en el siglo XVIII que hoy día, las dos épocas han puesto en relación dos teorías que son más o menos contrarias» (Aldridge, 1961, p. 747).

[198] Traducción propia de la cita: «Hoy todo el mundo está de acuerdo en condenar la traducción palabra por palabra; dicha traducción a menudo es incorrecta y casi siempre plana: la traducción palabra por palabra traiciona el texto con tanta seguridad como las infidelidades más casuales» (Mounin, 1994, p. 55).

[199] Traducción propia de la cita: «A lo sumo, la crítica saussureana del sentido explica científicamente por qué la traducción palabra por palabra nunca ha podido funcionar satisfactoriamente: porque las palabras no tienen necesariamente la misma superficie conceptual en las distintas lenguas» (Mounin, 1963, p. 27).

[200] Traducción propia de la cita: «En el siglo XVIII, además, se hacían los mayores esfuerzos por comunicar un pensamiento conciso y una dicción pura; hoy, los traductores intentan transmitir todo tipo de expresiones idiomáticas y conservar el sabor de la lengua» (Aldridge, 1961, p. 78).

entre la traducción inclinada a la lengua original o a la terminal, y las consecuentes disputas entre lo fiel o lo bello, lo literal o lo libre, la forma y el contenido» (Newmark, 1991, p. 41).

Dichas concepciones (lo fiel frente a lo infiel) influyeron de forma obvia y decisiva en los traductores de la época cuyas decisiones oscilaron irremediablemente entre ambos polos: «También en las grandes líneas del pensamiento traductor de principios del siglo XIX puede percibirse esta combinación de tradición y renovación. El tema central de la reflexión de quienes escriben sobre la traducción sigue siendo, como es lógico, el dilema entre fidelidad y libertad, pero ya desde las primeras implicaciones de la opción de cada traductor, especialmente en el terreno lingüístico, se aprecian algunos cambios de actitud y de intereses con respecto al XVIII» (García Garrosa, 2016, p. 18). Ambas tendencias fueron, por tanto, modulando los métodos traductológicos empleados para dar prioridad a unas u otras técnicas. Dicho «debate» se convirtió, por ende, en un dilema que persiguió a los traductores durante el siglo dieciochesco y decimonónico:

> Se admite generalmente que las diferentes lenguas y culturas europeas van evolucionando en el cambio de siglo de una actitud de extrema libertad, las *belles infidèles* (que no todos los traductores practicaron, ni mucho menos, en el siglo XVIII), a un tratamiento más respetuoso del texto de partida, con una concepción de la traducción que intenta transmitir lo más fielmente posible la identidad propia del autor y de su obra, sin alteraciones, correcciones o cualquier forma de adaptación al nuevo público; es una consecuencia, entre otros, de valores que van imponiéndose como «originalidad», «genio creador», «imaginación», valores del autor original que hay que respetar, en orden además a enriquecer la cultura de llegada con la esencia inalterada de la cultura de partida (García Garrosa, 2016, p. 22).

En este contexto dicotómico, podemos citar el caso de Moratín, quien evitó, de algún modo, decantarse por una tendencia acuciada: «Es la misma paradoja que subyace en la actitud traductora de Leandro Fernández de Moratín: ser fiel al texto por la vía de la libertad» (García Garrosa, 2016, p. 24). Quizás, se debió a la influencia que ejerció en este Alexander Tytler, quien propulsó un cambio en la teoría traductora a comienzos del Romanticismo: «Hay que alejarse del cuadro que se copia para reproducirlo lo más fielmente posible; de igual manera debe trabajar el traductor con su original» (García Garrosa, 2016, p. 25). Esta postura «ecléctica» ocupa, por tanto, una posición intermedia entre la fidelidad y la infidelidad. En cambio, el extremo opuesto estaría liderado por traductores como es el caso de Antonio María Oviedo:

> Retomando la idea ya desarrollada en el XVIII de que la principal dificultad de la traducción radica en ser un trabajo subsidiario del que ha hecho otro autor, en no ser libre para desarrollar el propio numen, porque uno debe sujetarse al otro, […], el traductor propone una idea tan libre de traducción que roza lo que él mismo denomina «plagio», una suerte

de reescritura del original en la que el traductor se apropiara del espíritu y las ideas de un autor para «expresarlas luego al modo que nos fuese propio, sin acordarnos siquiera de la obra original» (García Garrosa, 2016, p. 25).

En cualquier caso, la traducción en el periodo decimonónico no fue tarea fácil ni desde la perspectiva teórica ni desde la práctica, ya que los traductores se encontraron nuevamente invadidos por la complejidad que representó y la crítica que suscitó este ejercicio: «Esos traductores que deben conformarse con una traducción literal, «mala» por naturaleza, ya que no serán capaces de hallar el vocablo o giro idóneos para "lograr el efecto que el autor se propuso", habida cuenta de que no existe correspondencia absoluta entre los idiomas. [...] el complejo mundo de la traducción en el periodo romántico, una época breve e intensa que introdujo enormes novedades [...]» (Lafarga, 2016, p. 125).

Para finalizar, resulta curiosa la vinculación metafórica que ciertos autores han ido realizando, desde el Renacimiento, sobre la práctica «fiel e infiel» en traducción y su comparación con la mujer: «Though a translation may be like old wine in new bottles or a women in man's clothing, the results can be both tasteful and alive, despite the judgement of early Renaissance Italian writers, who contended that translations are like women, homely when they are faithful and unfaithful when they are lovely» (Nida, 1964, p. 2)[201]. Este hecho se explica por las relaciones de superioridad e inferioridad establecidas socialmente y, por defecto, a los binomios «hombre/mujer» o «creación/traducción»; en palabras de Luise von Flotow: «[...] metaphors such as les belles infidèles, which are used to describe translation in terms of gender hierarchies [...]» (1997, p. 3)[202]. En este mismo sentido, Godayol apunta:

Over time, there have been different models of sexual relationships in translation discourses such as that of the author (man) with the translation (woman), that of the translator (man) with the translation (woman), the friendship between the translator (man) and the author (man) characterized by the paternal attention paid by both to the translation (woman), the relationship between the author (man) and his mother tongue (woman), or that between the translator (man) and the language of the original text (woman) (2013, p 100)[203].

---

[201] Traducción propia de la cita: «Aunque una traducción sea como un vino viejo en botellas nuevas o una mujer vestida de hombre, los resultados pueden ser a la vez sabrosos y vivos, a pesar de la opinión de los escritores italianos del Renacimiento, que afirmaban que las traducciones son como las mujeres, hogareñas cuando son fieles e infieles cuando son encantadoras...» (Nida, 1964, p. 2).

[202] Traducción propia de la cita: «[...] metáforas como las "bellas infieles", que se utilizan para describir la traducción en términos de jerarquías de género [...]» (Flotow, 1997, p. 3).

[203] Traducción propia de la cita: «A lo largo del tiempo, han existido diferentes modelos de relaciones sexuales en los discursos de traducción, como la del autor (hombre) con la traducción (mujer), la del traductor (hombre) con la traducción (mujer), la amistad entre el traductor (hombre) y el autor (hombre) caracterizada por la atención paternal que ambos prestan a la traducción (mujer), la relación entre el autor

A lo que África Vidal Claramonte añade que «[…] las traducciones ya no son las bellas infieles (que, como la mujer, debían ser o bellas o infieles) ni tampoco traducir es una actividad pasiva (entendida tradicionalmente como un simple modo de transmisión equivalente) que contrasta con la actividad creadora del texto original» (1999, p. 230). Por tanto, no podemos interpretar la traducción hecha por mujeres como un fenómeno «diferente» solo por el simple hecho de que esté realizada por una mujer, pese a que este estudio conceda una posición central a la cuestión de género de la traductora, siguiendo a D'hulst (2014, p. 30).

> Como mujeres, no podemos caer en la muerte del sujeto posmoderno pero tampoco en la creación de un sujeto logocéntrico como el que tanto hemos criticado a los varones. Tenemos que asegurar la presencia del genérico mujer, en tanto las preguntas «¿Quién traduce?» y «¿Para quién se traduce?» son fundamentales. Pero no podemos quedar abocadas a un esencialismo y quedar recluidas en una diferencia que, sin querer, nos autoexcluiría en un margen admitido (Vidal Claramonte, 1999, p. 232).

Puesto que, tanto la traducción al igual que la cuestión de género, han sido prácticas infravaloradas históricamente, al mismo tiempo en que han sido concebidas como problemáticas desde un punto de vista político. En la línea de lo que propone Godayol, la traducción en clave femenina trata de deshacer el antagonismo histórico creado entre conceptos binarios e, históricamente, considerados opuestos (2000, p. 72).

4.3. Terminología científica: tradición e innovación

La terminología científica introducida en la lengua a través de las traducciones efectuadas en el siglo XIX abrió, una vez más, un amplio abanico de debate. Al mismo tiempo que surgían los descubrimientos y avances, nacían los términos que ponían nombre a los nuevos conceptos: «La langue de la culture cible bénéficie du travail des traducteurs, qui doivent créer des termes pour désigner les nouvelles réalités et nouveaux concepts rencontrés» (Delisle y Woodsworth, 2014, p. 134)[204]. De ahí que la traducción, como vehículo transmisor de una lengua a otra, adquiriera el rol suplementario en calidad de fuente de innovación en el sentido terminológico. Sin embargo, el debate y el interés terminológico en el campo científico-técnico fueron acontecimientos que comenzaron a circular desde siglo precedente: «La question de la traduction de la terminologie technique et scientifique s'est posée avec une grande acuité au XVIIIe siècle, moment où de nombreux traducteurs se chargèrent de mettre en

---

(hombre) y su lengua materna (mujer), o la que existe entre el traductor (hombre) y la lengua del texto original (mujer)» (Godayol, 2013, p. 100).

[204] Traducción propia de la cita: «La lengua de la cultura meta beneficia del trabajo de los traductores que deben crear términos para designar las nuevas realidades y los nuevos conceptos encontrados» (Delisle y Woodsworth, 2014, p. 134).

espagnol les textes qui introduisirent les sciences et les techniques nouvelles dans la Péninsule ibérique» (Lépinette, 2013, p. 327)[205].

> La abundancia de textos traducidos del francés en esta época, unida a la preponderancia europea de la lengua francesa produjeron una, tal vez, inevitable influencia en los usos lingüísticos españoles. La invasión de barbarismos de origen francés y las transformaciones léxicas y sintácticas que produjo fueron motivo de preocupación, aunque también de sátira (Lafarga, 2004, p. 321).

En esta misma centuria se extendió en Francia el uso de los radicales y afijos griegos dentro del lenguaje científico (Lépinette y Sierra Soriano, 1997, p. 72). De tal forma que a finales del siglo dieciochesco el lenguaje químico sufrió una profunda transformación y renovación gracias a la publicación en 1787 de la denominada *Méthode de nomenclature chimique* (Bertomeu-Sánchez y Muñoz Bello, 2012, p. 406). En cuanto a la traducción de la obra al español, surgieron dos tendencias: una versión más apegada al francés con el fin de unificar el lenguaje científico y otra más adaptada a la lengua meta (Bertomeu-Sánchez y Muñoz-Bello, 2012, p. 406). Uno de los referentes de la primera tendencia fue el propio Pedro Gutiérrez Bueno (1745-1822): «[…] adoptó las expresiones francesas sin apenas modificaciones, con el fin de hacer el lenguaje de la química "común a todos los Países" y "facilitar la comunicación de los trabajos de los profesores y aficionados a esta utilísima ciencia"» (Bertomeu-Sánchez y Muñoz-Bello, 2012, p. 406). Por ejemplo, Gutiérrez Bueno propuso tres denominaciones para las diferentes variante del azafrán de marte como «"oxîde de hierro", "carbonate de hierro" y "oxîde de hierro bruno"» (Bertomeu-Sánchez, 2015, p. 219). La segunda tendencia, estuvo acompañada de una propuesta de renovación terminológica:

> El descubrimiento e identificación de nuevas sustancias ocasionó la constante renovación del vocabulario químico durante la primera mitad del siglo XIX, de modo que fue necesario realizar modificaciones y ampliaciones de las reglas establecidas por los autores de la *Methode*. Para solucionar este problema, se realizaron varias propuestas que fueron recogidas posteriormente en los manuales de química. Las más importantes fueron introducidas por Louis Proust (1754-1826), Thomas Thomson (1773-1852), Jacques Thenard (1777-1857) y Jacob Berzelius (1779-1848). El mayor problema con el que se enfrentó la nomenclatura química fue la denominación de los óxidos y de las sales ante la proliferación de nuevos elementos y la aparición de diversos grados de oxidación de los metales (Muñoz Bello, 2016, p. 196).

---

[205] Traducción propia de la cita: «La cuestión de la traducción de la terminología técnica y científica se planteó con gran agudeza en el siglo XVIII, momento en el que numerosos traductores se ocupan de traducir en español los textos que introducirían las nuevas ciencias y técnicas en la península ibérica» (Lépinette, 2013, p. 327).

Por este motivo, la primera propuesta de Gutiérrez Bueno no quedó exenta de crítica: «Sus opciones fueron muy criticadas por autores como Domingo García Fernández (*ca.* 1759-1829), lo que dio lugar a diversas traducciones y variantes morfológicas que se mantuvieron durante finales del siglo XVIII y finales del siglo XIX» (Bertomeu-Sánchez y Muñoz Bello, 2012, p. 406). También se intentó desacreditarla duramente: «La situación se agravó debido a la polémica que se suscitó sobre la traducción de los nuevos términos en castellano, lo que dio lugar a una variedad de opciones que se difundieron en los libros traducidos en esos años. [...] Mucho más influyentes fueron las críticas realizadas por Domingo García Fernández, quien elaboró una nueva versión de la nomenclatura química para publicarla en su traducción de *Elementos del arte de teñir* de Claude Berthollet, aparecida en los mismos años [...]» (Bertomeu-Sánchez y Muñoz Bello, 2010, p. 70). Sin embargo, Gutiérrez Bueno «volvió a reeditar su versión de la nomenclatura para uso de los estudiantes que asistían a los cursos de química del Colegio de Madrid a principios del siglo XIX y, posteriormente, para sus lecciones impartidas en el colegio de farmacia de Madrid que se estableció en 1804» (Bertomeu-Sánchez, 2015, p. 211).

En medio de este contexto terminológico desconcertante, hemos de subrayar la importancia de otras propuestas como la de Gregorio Bañares (1760-1824) y Antonio Chalazón (Bertomeu-Sánchez, 2015, p. 223-224). La nomenclatura de Antonio Chalazón se presentó, como término medio, pues «intentaba solucionar los problemas asociados a la nueva terminología, de esa manera, presentaba nombres breves, unívocos, mantenía los nombres consolidados por el uso y proponía soluciones para los nuevos descubrimientos, pero no tuvo reflejo en los libros de la época» (Muñoz Bello y Bertomeu-Sanchez, 2012, p. 74). Efectivamente, esta propuesta no obtuvo demasiado éxito debido, entre otras razones, al exilio de Chalazón por motivos políticos en 1823 (Muñoz Bello, 2016, p. 239).

En cuanto a las tendencias contrapuestas, ambas coexistieron y «los viejos términos convivieron mucho tiempo con los nuevos, provocando un problema adicional: la sinonimia» (Bertomeu-Sánchez y Muñoz-Bello, 2012, p. 406). Según Bertomeu-Sánchez, este hecho fue debido a las distintas normas introducidas por Proust, Thomson, Thenard y Berzelius a principios de siglo, las cuales «[...] provocaron una nueva avalancha de sinónimos que convivieron con los nombres antiguos durante todo el siglo XIX» (2015, p. 223). Según Gómez Enterría *et al.*, este proceso de coexistencia no es sino una fase intermedia clásica hacia la consolidación e integración de los nuevos términos neológicos: «[...] los momentos históricos planteados favorecieron la creación de nuevas voces. Estas a veces conviven con otras tradicionales dando lugar a acusados períodos de continuas fluctuaciones que suelen ser previas al afianzamiento de los neologismos que acabarán por instalarse en el vocabulario de la ciencia» (2016, p. 96). Por tanto, estos vocablos continuaron apareciendo paralelamente durante un largo periodo:

Consecuencia del periodo de adaptación del calco a la lengua receptora, es el fenómeno de doble denominación para un mismo referente […]. En el siglo XVIII, es posible constatar en estas nomenclaturas científicas españolas recientes que, en ocasiones, se producen vacilaciones entre dos formas. Es el caso de elementos de la nomenclatura química como 'acetato' (acétate), 'sulfuro' (sulfure), por ejemplo, cuya forma fue en un primer momento directamente tomada del francés –'acetate' y 'sulfure'– y que posteriormente adoptaron la desinencia en o, más frecuente en español (Lépinette y Sierra Soriano, 1997, p. 74).

Incluso, los diccionarios de la época se hicieron eco de la problemática terminológica, dando lugar, en un primer estadio, a la acogida primordial del término foráneo a pesar de que, ciertos lexicógrafos, como Ballano, ya señalaran los equivalentes:

Así sucedería en el siglo XIX con términos llegados fundamentalmente del francés, como el conocido *muguet* o *muguete* ('candidiasis oral'), presente en prácticamente todos los diccionarios procedentes del país vecino que se vertieron al español y que muy raramente se hizo equivaler con *estomatitis pultácea* o con cualquier otro de los nombres con que este proceso se denominaba en nuestro país. Y así ocurrió con las no menos famosas coqueluche ('tosferina') y tos *coqueluchoide*, frecuentes en numerosos diccionarios decimonónicos, a pesar de que Ballano hubiera recogido en 1805 en su diccionario que "tos ferina ó convulsiva es lo mismo que catarro maligno o *coqueluche*, que llaman los franceses" (Gutiérrez Rodilla, 2016, p. 125).

Más allá de la doble tendencia terminológica, también se generó una profunda reflexión, en la cual se continuó debatiendo la oscilación entre la fidelidad terminológica (a través del calco lingüístico) o la infidelidad neológica (a través de la creación de un nuevo término). En este sentido, Hibbs-Lissorgues apunta que «Los científicos del siglo XIX propiciaron debates y reflexiones acerca de lo que era el lenguaje científico, sobre la integración de neologismos percibida a veces como un enriquecimiento, y otras veces como una amenaza para la "pureza" de la lengua. […] La traducción puede llegar a valorarse entonces como una herramienta de renovación del lenguaje y de los conocimientos» (2015, p. 22).

Con el avance posterior de la Ciencia, se intentó llevar a cabo una reforma terminológica que reavivó el debate, generando, de nuevo, un problema para los que seguían apegados a la literalidad terminológica y favoreciendo, en un principio, la coexistencia entre ambas:

[…] la reforma terminológica implicaba no solamente un cambio de las formas lingüísticas sino también en la naturaleza de los productos nombrados. Los nombres de la nueva nomenclatura hacían referencia a sustancias químicas puras que se podían aislar y estudiar en los laboratorios de investigación que se difundieron por toda Europa en el siglo XIX y, por tanto, presentaban una gran dificultad adicional para aquellos médicos, boticarios y artesanos que seguían empleando los productos terapéuticos y comerciales tradicionales. Por ello, en muchas obras dirigidas a estos públicos, era habitual encontrar expresiones tradicionales, tanto en el texto principal como en anexos o en diccionarios de sinónimos añadidos por autores y traductores (Bertomeu-Sánchez y Muñoz Bello, 2012, pp. 407-408).

De igual modo, dicha reforma no solo trajo problemas a los traductores durante el ejercicio de la traducción propiamente dicho, sino que, también, se convirtió en un criterio por excelencia para medir la calidad de las traducciones por parte de los censores, dando acceso o no a publicación de estas (Bertomeu-Sánchez y Muñoz Bello, 2010, p. 73). Por tanto, esta situación ambivalente entre la aceptación y el rechazo del neologismo generó un ambiente dividido que ya venía gestándose desde finales del siglo XVIII:

> La novedad de lo tratado en estas traducciones científicas y técnicas llevaba aparejada otra particularidad: la utilización de un léxico igualmente novedoso. Este hecho nos sitúa frente a uno de los grandes ejes del debate sobre la traducción en España en el siglo XVIII: la necesidad o conveniencia de introducir neologismos en la lengua castellana. En realidad, si hubo un terreno en el que la pertinencia de los neologismos fue comúnmente admitida fue precisamente éste. Quienes, alejados de radicalismos en uno u otro sentido, mantuvieron la serena opinión de que la recurrencia a neologismos estaba justificada cuando la propia lengua careciera de los términos que se importaban, no podían por menos de admitir y apoyar la llegada a España de todo un caudal léxico procedente de los países pioneros de las ramas del saber que se intentaba introducir en el país (Lafarga, 2004, p. 297).

Por otra parte, esta situación demuestra que la terminología científica es un campo que está en continua expansión y renovación ya que rinde servicio a una disciplina que está en constante progreso y evolución: «[…] la terminología científica es un terreno interesante para subrayar el carácter provisional y cambiante de la ciencia, así como para conocer los múltiples escenarios donde se desarrolla» (Bertomeu-Sánchez y Muñoz Bello, 2012, pp. 409-410). Un asunto que se refleja incluso en la actualidad (Muñoz Bello, 2016, p. 204).

En la práctica y, a pesar de los incesantes debates, la acogida neológica no engendró, *a priori*, mucha complejidad intelectual para los traductores ya que «el latín también se sigue utilizando para formar un gran número de bases y de derivados, razón por la cual los traductores españoles no tendrán ninguna dificultad en adaptar los neologismos franceses con bases y afijos griegos y latinos a su propia lengua» (Lépinette y Sierra Soriano, 1997, p. 72). Sin embargo, se consideró, en muchas ocasiones, una amenaza de contaminación lingüística. Además de ser uno de los criterios penalizadores de mayor peso en los controles ejercidos por la censura ya que «[…] no olvidemos que para los censores el neologismo puede ser uno de los cauces para introducción de las "nuevas ideas contrarias a la santa religión y a las regalías de Su Majestad"» (Gómez de Enterría, 1999, p. 144).

No obstante, el neologismo se convirtió en una necesidad existencial ante la carencia de un signo lingüístico que permitiese expresar un referente: «Generalmente es la falta de voces científicas y técnicas, en nuestra lengua, la que causa mayor preocupación en los traductores. De ahí que con frecuencia se vean obligados a justificar en los prólogos el empleo de neologismos» (Gómez de Enterría, 2003, p. 50). A lo que Mancho Duque añade que «[…] los traductores comprueban una carencia léxica, que se arrastraba tradicionalmente, dado que la ciencia se había expresado habitualmente en esta lengua. En consecuencia, especialmente en la traslación de los términos más marcados de cada disciplina, los conocidos como "vocablos oscuros"» (2016, p. 175). Por lo que, como añade Lépinette, la creación de neologismos fue irrevocable: «Dans ces domaines proprement techniques et scientifiques, les traducteurs adoptèrent des procédés néologiques calquant souvent ceux qui avaient été auparavant retenus par les Français —schématiquement, créations de nature métaphorique ou, au contraire, formations savantes—» (1998, citado en 2013, p. 327)[206]. Y, además, la incorporación fue consustancial: «Les néologismes s'intégraient alors naturellement dans la langue espagnole dont les procédés de création terminologique autochtones étaient de nature identique, même si dans le cas des formations métaphoriques, ce dernier caractère avait pour effet de retarder une rapide intégration dans les dictionnaires» (Lépinette, 2013, p. 327)[207].

Por este motivo, y ante el nacimiento masivo de neologismos y tecnicismos, muchos traductores, desde el Renacimiento, pusieron en práctica la inclusión de glosarios explicativos al final de sus publicaciones en los que estos términos se incorporaron de forma reflexiva (Carrizo Ruiz y Mancho Duque, 2003, p. 204). También lo utilizaron como medio para justificar la adopción de préstamos lingüísticos, nuevamente provocada por la falta léxica (Mancho Duque, 2015, p. 116-117). En este sentido, regresando al periodo decimonónico, la innovación terminológica también contribuyó a saldar vacíos léxicos en otros campos, como en el económico en el que se introdujeron los términos: «empresa/empresario» por «entreprise/entrepreneur», elección necesaria y bastante acertada de los traductores en esta época (Hoyos, 2015, p. 307).

Por otra parte, resulta importante mencionar brevemente el impacto que ejercieron, a finales del siglo XIX, los nuevos descubrimientos médicos. Entre ellos, destacaremos uno: la vacuna como método preventivo. En efecto, el desarrollo de

---

[206] Traducción propia de la cita: «En los ámbitos propiamente técnicos y científicos, los traductores adoptarán procedimientos neológicos calcando frecuentemente los que habían sido antes mantenidos por los franceses –esquemáticamente, creaciones de naturaleza metafórica o, al contrario, formaciones avanzadas–» (Lépinette, 1998 citado en 2013, p. 327).

[207] Traducción propia de la cita: «Los neologismos se integran entonces naturalmente en la lengua española en la que los procedimientos de creación terminológica autóctona eran de naturaleza idéntica, incluso si en las formaciones metafóricas, este último carácter tenía por efecto retardar la rápida integración en los diccionarios» (Lépinette, 2013, p. 327).

estudios, la escritura, la publicación de monográficos y, por consiguiente, la traducción de estos implicaron, de forma inherente, la circulación de los nuevos vocablos para denominar a los nuevos referentes lingüísticos. Por lo que estos acontecimientos cooperaron de forma significativa con el desarrollo científico y terminológico decimonónico:

> Todas estas obras traducidas con ocasión de la vacuna serán el germen de la medicina preventiva española en el siglo XIX. Lo interesante de estas obras es que sus traductores crearon conceptos y facilitaron su evolución, logrando acuñar nuevos términos en escasos cinco años. Resulta admirable y asombrosa esta labor filológica, probablemente inconsciente, pero de pleno éxito. En periodo muy corto consiguieron denominar los recientes descubrimientos con términos propios y precisos; o sea, con significado o sentido peculiar y exacto y poniendo de relieve la diferencia o distinción de una realidad respecto a otra (Ramírez Martín, 2019, p. 136).

5. Cuestiones preliminares de corte analítico

En lo que respecta al enfoque analítico, insistimos en que nuestro propósito no es establecer un juicio crítico sobre la calidad de las traducciones realizadas por Gutiérrez Bueno y Ahoiz, tal y como proponen autores como Antoine Berman (1994). Sería completamente desigualitario e injusto criticar o evaluar el trabajo de una traductora que no tuvo el derecho a una formación académica digna y reglada, como fue el caso de los otros traductores de la época, y que, por ende, tuvo que formarse e introducirse en el mundo de la traducción por sus propios medios (familiares o personales). Además, juzgar en el siglo XXI una traducción realizada en el XIX sería pecar de anacronismo, ya que no se trata ni de la misma época ni de los mismos medios traductológicos. Por tanto, nuestra perspectiva estaría más cerca de la planteada por Chesterman:

> Indeed, even at the same point in time, one reader's criticism may be another reader's praise: this raises the important question of which readers count more in the overall assessment. And this in turn leads to questions of authority, status and power, and to questions about competing values within and between cultures. All this goes to show that, like translations themselves, evaluative assessments too are ultimately not final or absolute but relative to particular people and places and times (2016, p. 119)[208].

---

[208] Traducción propia de la cita: «De hecho, incluso en el mismo momento, la crítica de un lector puede ser el elogio de otro: esto plantea la importante cuestión de qué lectores cuentan más en la valoración global. Y esto, a su vez, lleva a cuestiones de autoridad, estatus y poder, y a cuestiones sobre valores contrapuestos dentro de las culturas y entre ellas. Todo esto demuestra que, al igual que las propias traducciones, las valoraciones tampoco son definitivas ni absolutas, sino relativas a personas, lugares y épocas concretas» (Chesterman, 2016, p. 119).

Toury también insiste en la relatividad de cada juicio (1995, p. 53). Cada crítica emitida en el estudio de las traducciones está inherentemente sujeta a la lupa con la que se mira, y no podemos pasar por alto que el acto traductor está condicionado a los efectos externos (la época histórica, la cultura, el medio de publicación, el público, etc.) y, también, internos (la traductora en cuestión, el entorno, la formación y sus condiciones personales). Nuestra postura y nuestra perspectiva se centran en describir la trayectoria de María Antonia Gutiérrez Bueno y Ahoiz en su faceta de traductora, intentando comprender y averiguar cuáles fueron las dificultades a las que se enfrentó, así como el porqué de sus determinaciones. De tal forma que este estudio nos permite acompañarla en esta actividad para detectar, testimoniar y trazar las complejidades (internas y externas) al ejercicio de la traducción, ya que como apunta Sebastián García Barrera:

C'est le grand paradoxe du traducteur : il est à la fois celui qui unit l'original à la traduction, et celui qui les sépare. Il peut ne pas être fidèle, mais il ne peut pas ne pas être un traître. L'analyse des traductions anciennes consiste pour nous en quelque sorte à découvrir entre les lignes le labyrinthe du traducteur et à retracer son voyage en solitaire (2008, p. 208)[209].

5.1. Perspectivas y enfoques sobre los estudios historiográficos

En un primer estadio y de forma sucinta, resulta interesante repasar la enmarcación teórica y disciplinaria que se ha hecho de la traducción propiamente dicha. Algunos teóricos como Féderov, Vinay o Darbelmet mantuvieron la consideración de que la traducción forma parte de la lingüística mientras Edmond Cary la consideraba, más bien, una práctica literaria (Mounin, 1963, p. 13). En palabras de Newmark:

La teoría de la traducción se deriva de la lingüística comparada, y dentro de la lingüística, es básicamente un aspecto de la semántica. Todos los asuntos de la semántica tienen que ver con la teoría de la traducción. La sociolingüística, que investiga los registros sociales del lenguaje y los problemas de las lenguas que están en contacto con los mismos o en países vecinos, tiene una relación constante con la teoría de la traducción. La sociosemántica, el estudio teórico de la *parole* (lenguaje en contexto) opuesta a la *langue* (el código o sistema de una lengua) indica la pertenencia de ejemplos «reales»: hablados, grabados, escritos, impresos (1991, p. 33).

---

[209] Traducción de la cita: «Esta es la gran paradoja del traductor: es a la vez el que une el original con la traducción, y el que los separa. Puede no ser fiel, pero no puede dejar de ser un traidor. Para nosotros, el análisis de las traducciones antiguas consiste, por así decirlo, en descubrir entre líneas el laberinto del traductor y desandar su solitario camino» (García Barrera, 2008, p. 208).

Por su parte, los traductores mantuvieron su propia opinión al respecto: «Considérant la traduction surtout comme un art, ils nient qu'elle doive être définie comme une opération relevant strictement de la connaissance scientifique, et spécifiquement de l'analyse linguistique» (Mounin, 1963, p. 13)[210]. Pese a la diversidad de consideraciones, no ha podido negarse, de igual manera, la implicación lingüística que alberga la traducción como disciplina:

> Mais toute opération de traduction —Féderov a raison— comporte, à la base, une série d'analyses et d'opérations qui relèvent spécifiquement de la linguistique, et que la science linguistique appliquée correctement peut éclairer plus et mieux que n'importe quel empirisme artisanal. On peut, si l'on y tient, dire que, comme la médecine, la traduction reste un art — mais un art fondé sur une science. Les problèmes théoriques posés par la légitimité ou l'illégitimité de l'opération traduisante, et par sa possibilité ou son impossibilité, ne peuvent être éclairés en premier lieu que dans le cadre de la science linguistique. Féderov et Vinay ne disent et ne prétendent pas autre chose (Mounin, 1963, p. 17)[211].

El enmarcar la traducción en el eje lingüístico, influye intrínsecamente en las perspectivas historiográficas que se han ido creando y diseñando en el marco de la historia de la traducción. En cuanto a los aspectos puramente historiográficos, Fernández Sánchez y Sabio Pinilla critican que la historiografía excluya del plano ibérico la historia de Portugal (2015, p. 167). «Estos autores se sitúan en la estela de Peter Rusell (1985) al reivindicar la necesidad de estudiar la historia de la traducción desde una perspectiva ibérica y, más en concreto, han llamado la atención sobre la exclusión de Portugal no solo en el espacio occidental, sino en el propio espacio peninsular» (Ordóñez López y Sabio Pinilla, 2015, p. 133). En este sentido de la inserción portuguesa, Teresa Seruya también subraya la necesidad de ahondar en las cuestiones históricas de la traducción en el ámbito de Portugal, al igual que también propone realizar especial atención a los aspectos relativos a la censura (2015, p. 135).

En cuanto a la formación académica se refiere, Miguel Ángel Vega Cernuda y Martha Pulido critican el enfoque profesionalizante que se le ha otorgado a los estudios sobre la traducción:

---

[210] Traducción propia de la cita: «Al considerar la traducción, sobre todo, como un arte, niegan que deba ser definida como una operación que necesite de forma estricta conocimientos científicos y, específicamente, un análisis lingüístico» (Mounin, 1963, p. 13).

[211] Traducción propia de la cita: «Pero todo procedimiento de traducción –Féderov tiene razón– comporta, en el fondo, una serie de análisis y operaciones que son específicamente competencia de la lingüística, y que la ciencia lingüística aplicada correctamente puede esclarecer más y mejor que ningún tipo de empirismo artesano. Si insistimos en ello, podemos decir que, al igual que la medicina, la traducción es un arte, pero un arte fundado en la ciencia. Los problemas teóricos planteados por la legitimidad y la ilegitimidad de la operación traductora, y por su posibilidad e imposibilidad, solo puede aclararse en primera instancia en el marco de la ciencia lingüística. Féderov y Vinay no dicen ni afirman otra cosa» (Mounin, 1963, p. 17).

En la mayoría de los planes de estudios de la especialidad, la formación de la competencia traductora queda reducida al aprendizaje de unos rudimentos teóricos (fases del proceso, concepto de equivalencia, tipología textual y estrategias, estas muchas veces confundidas con las técnicas) que no logran provocar en el formando la vivencia de la naturaleza de su futura actividad profesional (2015, p. 193).

En contrapartida, proponen que los estudios reposen sobre tres ejes esenciales: «la teoría (general y aplicada), la historia y la crítica de la traducción» (Vega y Pulido, 2015, p. 193). La interdisciplinariedad de estos estudios demuestra que «L'histoire de la traduction se situe au carrefour de disciplines convergentes s'appuyant, s'étayant, se suppléant l'une l'autre» (Delisle, 1997, p. 24)[212]. En cuanto al eje histórico, Jean Delisle insiste en la importancia de que los traductores conozcan el pasado de la traducción pese a la orientación profesionalizante de la formación:

On imagine mal un programme d'études universitaires préparant à ces professions qui ne comporterait aucun cours d'histoire générale de la traduction. Les futurs spécialistes de la communication interlinguistique et interculturelle ont besoin d'acquérir le sens de l'évolution des cultures et d'être initiés aux stratégies de traduction mises en œuvre par les traducteurs d'autrefois (1997, p. 22)[213].

Coincidiendo con Delisle en la línea formativa, es necesario poner al servicio de la traductología, la historia de la traducción, para que no se quede reducida a una mera disciplina técnica (1997, p. 22-23). Por otra parte, y en lo que se refiere a la perspectiva poscolonial de los estudios traductológicos, Ovidi Carbonell pone de relieve que «La traducción, que se inscribe sobre todo en la práctica ideológica del contexto de destino, puede convertirse en un medio de dominio cultural al utilizar las estrategias de contención propias del discurso colonial [...]» (2015, p. 257). A lo que agrega que la traducción se puede transformar en un medio colonizador o descolonizador: «[...] puede convertirse, y de hecho así ha sido desde el comienzo del colonialismo, en una herramienta indispensable para interpretar la historia y el presente de los otros pueblos bajo el prisma que le es conveniente a la metrópoli» (2015, p. 257). Por tanto, Carbonell subraya el riesgo de que la traducción se convierta en un vehículo subjetivo de adoctrinamiento, jugando a favor de la cultura meta o de llegada. Ya que, como añade Clara Foz, «furthermore, the duty of memory is now inseparable from historical

---

[212] Traducción propia de la cita: «La historia de la traducción se sitúa en la encrucijada de disciplinas convergentes que se apoyan, sustentan y complementan mutuamente» (Delisle, 1997, p. 24).

[213] Traducción propia de la cita: «Es difícil imaginar un programa universitario que prepare a los estudiantes para estas profesiones y que no incluya un curso de historia general de la traducción. Los futuros especialistas en comunicación translingüística e intercultural necesitan adquirir un sentido de la evolución de las culturas y conocer las estrategias de traducción utilizadas por los traductores en el pasado» (Delisle, 1997, p. 22).

practice and straddles the discipline between science and memory» (2006, p. 132)[214]. En este sentido, resulta interesante indagar en las cuestiones relativas a la invisibilidad y a la traducción transparente, fenómenos contrarios a través de los cuales se trata de «borrar» cualquier huella subjetiva del traductor: «Appels to the foreign text cannot finally adjudicate between competing translations in the absence of linguistic error, because canons of accuracy in translation, notions of "fidelity" and "freedom", are historically determined categories. Even the notion of "linguistic error" is subject to variation, [...]. The viability of a translation is established by its relationship to the cultural and social conditions under which it is produced and read» (Venuti, 1997, p. 18)[215].

Este aspecto ha sido ampliamente debatido en el mundo de la traducción anglosajona, en palabras de Lawrence Venuti:

> The translator's invisibility is symptomatic of a complacency in Anglo-American relations with cultural others, a complacency that can be described – without too much exaggeration – as imperialistic abroad and xenophobic at home. The concept of the translator's "invisibility" is already a cultural critique, a diagnosis that opposes the situation it represents. It is partly a representation from below, from the standpoint of the contemporary English-language translator, although one who has been driven to question the conditions of his work because of various developments, cultural and social, foreign and domestic (1997, p. 17)[216].

En resumidas cuentas, la problemática se centra, fundamentalmente, en los diferentes impactos que produce el hecho de mostrarse visible o convertirse en un ser invisible durante el acto de la traducción. A tal respecto, Sathya Rao propone decantarse por un término intermedio: «Afin de parer à ces excès, il y a peut-être à réinventer l'invisibilité en sorte qu'elle ne désigne ni l'effacement intégral du traducteur, ni cette forme spectrale qui hante l'entre-deux, ni même l'urgence contemporaine de la prise

---

[214] Traducción propia de la cita: «[...] además, el deber de memoria es ahora inseparable de la práctica histórica y se sitúa a caballo entre la ciencia y la memoria» (Foz, 2006, p. 132).

[215] Traducción propia de la cita: «Las apelaciones al texto extranjero no pueden dirimir finalmente entre traducciones competidoras en ausencia de error lingüístico, porque los cánones de exactitud en la traducción, las nociones de "fidelidad" y "libertad", son categorías históricamente determinadas. Incluso la noción de "error lingüístico" está sujeta a variaciones, [...]. La viabilidad de una traducción se establece por su relación con las condiciones culturales y sociales en las que se produce y se lee» (Venuti, 1997, p. 18).

[216] Traducción propia de la cita: «La invisibilidad del traductor es sintomática de una complacencia en las relaciones angloamericanas con los otros culturales, una complacencia que puede describirse --sin demasiada exageración– como imperialista en el extranjero y xenófoba en casa. El concepto de "invisibilidad" del traductor es ya una crítica cultural, un diagnóstico que se opone a la situación que representa. En parte, se trata de una representación desde abajo, desde el punto de vista del traductor de lengua inglesa contemporáneo, aunque se haya visto obligado a cuestionar las condiciones de su trabajo debido a diversos acontecimientos, culturales y sociales, extranjeros y nacionales (Venuti, 1997, p. 17).

de décision» (2004, pp. 18-19)[217]. Sin embargo, no podemos negar que en todo proceso de traducción se produce una modulación inherente del lenguaje por parte del traductor o traductora en cuestión que es quien da forma, en definitiva, al texto meta:

> This view of language gave translators enormous status and responsibility, for it is translators that have the power to five a nation the memes that it lacks. By bringing new forms and ideas into the target culture, translators do indeed help to shape that culture; they are instrumental in the creation and development of a national culture. And it is this role that suggests an appropriate metaphor for this stage of translation theory development: translating is creating. A translator is an artist who shapes language (Chesterman, 2016, p. 45)[218].

Por tanto, la unión combinatoria entre historia y traducción puede provocar que, en determinadas circunstancias, los estudios de traducción se supediten a la contribución de una determinada ideología:

> While much of the earlier work was descriptive, recounting events and historical facts, there has been a shift in recent years to research based on the interpretation of these events and facts, with the development of a methodology grounded in historiography. Translation in history is now being linked to themes such as otherness, ideology, manipulation, and power. Clearly, progress has been made, and the history of translation has become a viable independent research area within translation studies (Bastin y Bandia, 2006, p. 2)[219].

En este sentido, Bandia insiste en la importancia que conlleva el establecimiento de una metodología conveniente para darle un respaldo adecuado a los estudios: «[…] a clear and rigorous methodology must be established for the history of translation if it is not to be written off as mere "journalism", a linear (or straightforward) recounting of past events within the confines of various linguistic, or cultural, traditions» (2006, p.

---

[217] Traducción propia de la cita: «Para evitar estos excesos, puede que necesitemos reinventar la invisibilidad para que no signifique el borrado completo del traductor, o la forma espectral que acecha en el entremedio, o incluso la urgencia contemporánea de la toma de decisiones» (Rao, 2004, pp. 18-19).

[218] Traducción propia de la cita: «Esta visión de la lengua otorgó a los traductores un estatus y una responsabilidad enormes, ya que son ellos quienes tienen el poder de dotar a una nación de los memes de los que carece. Al aportar nuevas formas e ideas a la cultura de destino, los traductores contribuyen de hecho a conformar esa cultura; son decisivos en la creación y el desarrollo de una cultura nacional. Y es este papel el que sugiere una metáfora apropiada para esta etapa de desarrollo de la teoría de la traducción: traducir es crear. Un traductor es un artista que da forma al lenguaje» (Chesterman, 2016, p. 45).

[219] Traducción propia de la cita: «Aunque gran parte de los trabajos anteriores eran descriptivos y relataban acontecimientos y hechos históricos, en los últimos años se ha producido un cambio hacia la investigación basada en la interpretación de estos acontecimientos y hechos, con el desarrollo de una metodología fundamentada en la historiografía. La traducción en la historia se vincula ahora a temas como la alteridad, la ideología, la manipulación y el poder. Es evidente que se han hecho progresos y que la historia de la traducción se ha convertido en un campo de investigación independiente y viable dentro de los estudios de traducción» (Bastin y Bandia, 2006, p. 2).

46)[220]. Además, y siguiendo las teorías de Munslow (1997), apuesta por el enfoque deconstruccionista como medio para someter a un exhaustivo análisis crítico el discurso histórico tradicional (Bandia, 2006, p. 47). Enfoque que pide prestado a Jacques Derrida, quien lo denomina «posmodernista» (Derrida, 1972 citado en Bandia, 2006, p. 55). A lo que Foz agrega:

> Through Michel Foucault and others, we have learned that practice opens the way of the object, not the way around. This explains why it is now common to see the object of translation (practice or reflection on it) as moving and changing, influenced by different paradigms (linguistic, cultural, or deconstructionist). This new approach to translation and translation studies offers a perspective that presents the advantage of allowing us to look at translation objects not as givens but as constructions, as representations, structured by translation scholars into categories which themselves have a history and are based on different interests and power relations (2006, p. 142)[221].

De este mismo modo, otro aspecto interesante propuesto por Bandia, basado en los argumentos de Appiah, es la crítica a la visión eurocentrista en la narración histórica: «Also, besides sharing a common international language and culture, the European nation at the centre of such a construct is forced to study its history in relation to its former colonies, thereby accounting for the histories of conquest, cultural exchange, colonialism, and imperialism» (Bandia, 2006, p. 54)[222].

Bastin, por su parte, argumenta que, efectivamente, la doctrina eurocentrista ha sido interiorizada e integrada en América Latina de tal modo que incluso se han tomado como referencia las mismas épocas históricas que en Europa: «In general, historical surveys have tended to adopt the universalistic structures of European history and have grouped the centuries into classical (the firts human migrations), medieval (indigenous civilazations), Renaissance (adoption of European cultural and intelectual capital), and

---

[220] Traducción propia de la cita: «[…] es necesario establecer una metodología clara y rigurosa para la historia de la traducción, si no se quiere tacharla de mero "periodismo", un relato lineal (o directo) de acontecimientos pasados dentro de los límites de diversas tradiciones lingüísticas o culturales» (Bandia, 2006, p. 46).

[221] Traducción propia de la cita: «A través de Michel Foucault y otros, hemos aprendido que la práctica abre el camino del objeto, no al revés. Esto explica por qué ahora es común ver el objeto de la traducción (la práctica o la reflexión sobre ella) como móvil y cambiante, influido por diferentes paradigmas (lingüístico, cultural o deconstruccionista). Este nuevo enfoque de la traducción y de los estudios de traducción ofrece una perspectiva que presenta la ventaja de permitirnos contemplar los objetos de traducción no como algo dado, sino como construcciones, como representaciones, estructuradas por los estudiosos de la traducción en categorías que a su vez tienen una historia y se basan en diferentes intereses y relaciones de poder» (Foz, 2006, p. 142).

[222] Traducción propia de la cita: «Además de compartir una lengua y una cultura internacionales comunes, la nación europea en el centro de esta construcción se ve obligada a estudiar su historia en relación con sus antiguas colonias, dando cuenta así de las historias de conquista, intercambio cultural, colonialismo e imperialismo» (Bandia, 2006, p. 54).

modern (timidly conceded) periods» (2006, pp. 114-115)[223]. De ahí deriva la necesidad de que la historia de la traducción se configure en una disciplina independiente gracias al establecimiento de una metodología propia: «[…] in the hope that translation history will emerge as an autonomous discipline with its own methodologies capable of meeting the challenges of our multicultural future» (Bandia, 2006, p. 57)[224]:

> Certes, la position subordonnée de la traduction n'est pas une invention du XIXe siècle ; mais au moins elle se trouve, par le biais du comparatisme, plus solidement cantonnée dans des limites, longtemps incontestées voire transmises à notre siècle, d'une tradition de pensée dominée par la rhétorique. On comprend mieux dès lors le désir latent des contemporains de dérober l'étude de la traduction à ce passé, et de la plier à des critères scientifiques actuels de disciplines dominantes, dans l'espoir d'une revalorisation de la réflexion traductologique (D'hulst, 1995, p. 28)[225].

En relación a lo anteriormente expuesto sobre el eurocentrismo y poscolonialismo, resulta evidente señalar que nuestro estudio tampoco se suscribe dentro de la línea del androcentrismo, puesto que estamos intentando rescatar la voz de una mujer traductora y escritora que ha sido silenciada a lo largo del tiempo: «Escribir nuevas historias de la traducción con las voces de quienes hasta ahora han sido silenciados tal vez sea un primer paso para cuestionar lo establecido y abrir nuevas vías metodológicas para la investigación» (Vidal Claramonte, 2018, p. 120). De este modo, reiteramos la importancia de insertar nuestra investigación en el ejercicio de la microhistoria por estar centrado en una mujer poco investigada y conocida y, por este mismo hecho, tratamos de reconstruir el camino que prosiguió a lo largo de su vida en calidad de traductora:

> Traducir no es más, ni menos, que eso. Escribir la historia también. Es imaginar al Otro y reflexionar sobre cómo construimos esa imagen, cómo y con qué estrategias aprendidas le representamos, siempre teniendo en cuenta que la nuestra es una traducción, una historia,

---

[223] Traducción propia de la cita: «En general, los estudios históricos han tendido a adoptar las estructuras universalistas de la historia europea y han agrupado los siglos en periodos clásico (primeras migraciones humanas), medieval (civilizaciones indígenas), renacentista (adopción del capital cultural e intelectual europeo) y moderno (tímidamente admitido)» (Bastin, 2006, pp. 114-115).

[224] Traducción propia de la cita: «[…] con la esperanza de que la historia de la traducción emerja como una disciplina autónoma con sus propias metodologías, capaz de hacer frente a los retos de nuestro futuro multicultural» (Bandia, 2006, p. 57).

[225] Traducción propia de la cita: «Es cierto que la posición subordinada de la traducción no es una invención del siglo XIX, pero al menos se encuentra, a través del comparatismo, más firmemente confinada dentro de los límites, durante mucho tiempo indiscutidos o incluso transmitidos a nuestro siglo, de una tradición de pensamiento dominada por la retórica. Así pues, es fácil comprender el deseo latente de los contemporáneos de alejar el estudio de la traducción de este pasado y de plegarlo a los criterios científicos actuales de las disciplinas dominantes, con la esperanza de revalorizar el pensamiento traductológico (D'hulst, 1995, p. 28).

entre otra muchas posibles. La traducción y la historiografía son reescrituras que no deben dejarnos habitando un *topos sosegado* […] (Vidal Claramonte, 2018, p. 122).

5.2. Metodología de análisis traductológico

El desarrollo de un método investigador en el ámbito de la historia o historiografía de la traducción es sumamente necesasrio ya que la mayoría de los que escriben e investigan sobre esta disciplina no son forzosamente historiadores de formación:

> La majorité des travaux sont produits par des traductologues généralistes ou des spécialistes d'autres disciplines, rarement par des historiens de formation rompus aux techniques de recherche en histoire. Il m'apparaît donc important que les auteurs de ces travaux sachent comment les historiens de métier conçoivent de nos jours la science de l'histoire, quelles sont les règles et conventions qui gouvernent l'écriture de l'histoire et quelles sont les qualités qui font les bons historiens (Delisle, 197, p. 25)[226].

De ahí radica la necesidad de aprender de los métodos empleados por los propios historiadores dentro del propio campo de la historia, en sí misma; sin descuidar, por otra parte, a los traductores como agentes y actores principales de la actividad lingüística. A tal respecto, coincidimos con Anthony Pym en que es necesario centrar la atención en el traductor o traductora como persona y objeto de la investigación, atendiendo al entorno de este o esta para entender el contexto histórico que le llevó a producir la traducción: «Note that most of the texts just referred to deal with the history of translation theory; they are not particularly interested in the past of translating translators» (1998, p. 10)[227]. A lo que Antoine Berman añade y apela como «[…] les grands oubliés de tous les discours sur la traduction» (1989, p. 677). Por esta razón, hemos realizado un análisis exhaustivo del entorno personal y profesional de María Antonia Gutiérrez Bueno y Ahoiz, ya que este aspecto también puede ayudarnos a esclarecer los entresijos de su labor en calidad de traductora. De este modo, nuestro estudio está basado no solo en la producción traductora sino también en su pasado biográfico y contextual. Al tratar las traducciones decimonónicas de Gutiérrez Bueno y Ahoiz, creemos que es imprescindible aplicar un enfoque traductológico al mismo tiempo que histórico para obtener una mejor percepción del pasado: «Lorsqu'on aborde

---

[226] Traducción propia de la cita: «La mayoría de las obras son elaboradas por traductores generales o especialistas en otras disciplinas, rara vez por historiadores formados en las técnicas de la investigación histórica. Por eso me parece importante que los autores de estas obras sepan cómo entienden hoy la ciencia histórica los historiadores de profesión, qué normas y convenciones rigen la escritura de la historia y qué cualidades hacen buenos a los historiadores» (Delisle, 197, p. 25).

[227] Traducción propia de la cita: «Obsérvese que la mayoría de los textos que acabamos de citar tratan de la historia de la teoría de la traducción; no están especialmente interesados en el pasado de los traductores» (Pym, 1998, p. 10).

la dimensión "historique" d'un traduction ancienne, celle-ci est perçue comme un "fait" historique contenant des indices qui, interprétés, peuvent contribuer à une meilleure compréhension du passé» (García Barrera, 2008, p. 204)[228]. Además, y siguiendo la concepción emitida por Pym, el estudio del pasado permite obtener referencias para encarar mejor las referencias futuras: «Greater knowledge of the past can give us wider frames for assessign the future» (1998, p. 16)[229].

Mediante el estudio del sujeto en su contexto, atendiendo a los efectos históricos y sociales, se explican los factores internos, propios de la traducción propiamente dicha. Por lo que hemos prestado atención, por ende, a tres medidas en metodología histórica propuestas por D'hulst, mediante las cuales, en la primera, hemos delimitado un espacio temporal que nos provea, en sí mismo, un corpus para su estudio; en segundo lugar, hemos analizado las características accesibles y abordables en el corpus trazado y, por último, hemos expandido el campo de observación para contemplar cuáles han sido las determinaciones traductoras adquiridas por Gutiérrez Bueno y Ahoiz (D'hulst, 2014, p. 88). Como apunta Hurtado Albir, las cuestiones de fidelidad o infidelidad traductológica están unidas a la noción de historicidad y temporalidad, ya que el traductor, como sujeto histórico, está condicionado por los patrones o cánones de la época en la que vive y produce su traducción (1990, p. 171). Por tanto, resulta interesante conceder atención a la perspectiva histórica proyectada:

> Precisamente, la perspectiva que nos parece más acertada es la que privilegia la aportación de la historia para el análisis de los distintos ámbitos y de las múltiples formas de la traducción: el proceso (que incluye la producción y la recepción), el texto traducido, las instituciones y los espacios de la traducción, las teorías. Partiendo de esta perspectiva, la historia puede valorarse como un punto de vista específico aplicado a una variedad de «objetos» agrupados bajo la misma apelación genérica de «traducción» o de actividad traductora (Hibbs-Lissorgues, 2015, p. 208).

En lo que respecta a la metodología de investigación, el corpus traductológico producido por Gutiérrez Bueno y Ahoiz será analizado atendiendo al método propuesto en 1997 por Brigitte Lépinette Lepers. Como bien anuncia López Alcalá: «Existen más bien pocos estudios metodológicos en materia de historia de la traducción. Destaca, solitario: un cuaderno de trabajo de Brigitte Lépinette» (2001, p. 53).

Dicho método propuesto por Lépinette (1997, p. 4) se divide en dos grandes ejes: el primero es el sociológico-cultural (centrado fundamentalmente en la explicación del proceso traductológico y en el proceso de recepción) y el segundo es el histórico-

---

[228] Traducción propia de la cita: «Cuando abordamos la dimensión "histórica" de una traducción antigua, esta es percibida como un "hecho" histórico que contiene indicios que, interpretados, pueden contribuir a una mejor comprensión del pasado» (García Barrera, 2008, p. 204).

[229] Traducción propia de la cita: «Un mejor conocimiento del pasado puede proporcionarnos un marco más amplio para evaluar el futuro» (Pym, 1998, p. 16).

descriptivo (centrado en «el conjunto de reflexiones sobre la traducción» que está subdividido, igualmente, en dos categorías de análisis). Prestaremos especial atención al segundo eje, aunque no pasaremos por alto el enfoque sociológico-cultural. El eje denominado histórico-descriptivo, está compuesto por dos subcategorías: la primera es la subcategoría descriptiva-comparativa, en la que se describen y comparan ciertos conceptos, teorías o rasgos diacrónicos de diferentes textos meta (o traducciones) sobre un mismo texto origen, y la segunda es el descriptivo-contrastivo cuyo «objetivo es la descripción de las estrategias traductoras elegidas por el/los traductor (es)» (Lépinette, 1997, pp. 4-5). Por lo que deducidos que este último tiene un corte de tipo sincrónico ya que no hace alusión a la evolución temporal de un determinado rasgo.

Nuestro estudio sobre las traducciones de María Antonia Gutiérrez Bueno y Ahoiz se realizará atendiendo a un análisis de tipo histórico-descriptivo centrándonos, sobre todo, en la subcategoría descriptiva-contrastiva, ya que el inventariado de sus traducciones y, por consiguiente, la recuperación de los correspondientes textos originales, nos permitirán adentrarnos en las decisiones traductológicas que la traductora asumió. Por tanto, creemos que es el método que puede adecuarse de forma más acertada al objeto de investigación ya que nos permite estudiar y analizar el binomio entre texto fuente y texto traducido (Lépinette, 1997, pp. 9-10). Sin embargo, no podemos descuidar la vertiente descriptiva-comparativa, pues, en definitiva, se trata de una comparación sistemática entre TO y TM. Como Sebastián García Barrera lo precisa:

> Nous entendons par analyse d'une traduction ancienne, l'étude comparative d'un texte source et d'un texte cible, qui, accompagnée d'un minutieux travail de contextualisation de la traduction, nous permet d'observer, décrire, comprendre et expliquer (et éventuellement évaluer) l'action d'un traducteur sur un texte donné à une époque précise (2008, p. 198)[230].

Por consiguiente, el estudio tendrá una orientación global: «se considera en este primer caso el texto traducido como una totalidad, y este se pone en contraste con el/los texto(s)-meta, en un tipo de investigación que podemos calificar de "textual"» (Lépinette, 1997, p. 10). Lépinette califica este enfoque de textual ya que está compuesto, a su misma vez, por el nivel macro-traductológico: «[…] el texto fuente es estudiado en relación con el texto meta en lo que se refiere a su organización interna global, es decir, atendiendo a la presencia vs. ausencia de elementos, a la articulación

---

[230] Traducción propia de la cita: «Por análisis de una traducción antigua entendemos el estudio comparativo de un texto de partida y un texto de llegada que, junto con un minucioso trabajo de contextualización de la traducción, permite observar, describir, comprender y explicar (y eventualmente evaluar) la acción de un traductor sobre un texto determinado en un momento dado» (García Barrera, 2008, p. 198).

de sus distintas partes, etc. [...]» (Lépinette, 1997, p. 10). Así como a nivel micro-traductológico:

> Otros estudiosos de la historia de la traducción sitúan su análisis en un nivel que podemos llamar micro-traductológico (correlativo del nivel microtextual en análisis del discurso), y se centran, por ej., en la organización discursiva del texto y en los medios que la manifiestan. Como ejemplo de este tipo de orientación podemos citar, entre otros, un estudio de A. Olivares (1993) en el que se someten a análisis determinados aspectos de la organización discursiva en la traducción que, en el siglo XVIII, hizo Munárriz de un texto del químico francés Lavoisier (Lépinette, 1997, p. 10).

En cuanto a nuestra investigación, estudiaremos los aspectos que procedan tanto del nivel macrotraductológico como del microtraductológico. En otras palabras, atenderemos no solo a la macroestructura (organización discursiva) sino también a la microestructura (elementos discursivos). El interés de la parte analítica radica en la investigación sobre las estrategias y las técnicas traductoras empleadas por Gutiérrez Bueno y Ahoiz, ya que, según Lépinette: «[...] por lo que se refiere al modelo descriptivo-contrastivo de nuestra tipología, se pueden integrar estudios que lleven, a través del análisis de las decisiones de los responsables del texto meta, a la puesta de manifiesto de sus estrategias traductoras» (1997, p. 15). De este modo y, tratándose de traducciones especializadas insertas en el ámbito científico, lo que nos atrae es el estudio del tratamiento terminológico realizado por su traductora, tal y como Lépinette apunta:

> Sería, por ejemplo, interesante el análisis de la terminología científica y de sus modos de adaptación a la lengua meta, es decir la cuestión de los neologismos en lengua española y las estrategias traductoras de los españoles frente a los mismos (explicitaciones o definiciones intratextuales, notas definitorias, aclaratorias, razón de la elección de un tipo u otro de construcción neológica, etc.) (1997, pp. 15-16).

Por ello, resulta de suma importancia el inventariado de las traducciones realizadas por Gutiérrez Bueno y Ahoiz, así como la recuperación de los textos originales que dieron paso al ejercicio de la traducción. Ya que, como indica Julio-César Santoyo: «Another field awaiting the work of historians is the rescue and recovery of many fogotten texts» (2006, p. 25)[231] y, más precisamente, el caso de la traductora que nos ocupa, el cual ha sido bastante descuidado y poco investigado. Por lo que nuestro propósito es contribuir a completar uno de los vacíos informacionales que se ha producido en la historia de la traducción: «[...] translations as agents of History... gaps and blank spaces in a chronicle

---

[231] Traducción propia de la cita: «Otro campo pendiente de la labor de los historiadores es el rescate y recuperación de muchos textos olvidados» (Santoyo, 2006, p. 25).

of four thousand, five hundred years, fragments of an unfinished picture, tesserae of a mosaic still waiting to be filled in» (Santoyo, 2006, p. 36)[232].

Del mismo modo, el estudio de los paratextos (prefacio, notas finales y notas al pie de página) es de gran utilidad no solo para entender el proceso traductológico sino también para el estudio histórico. En la parte de análisis descriptivo, comparativo y contrastivo de Lépinette (1997), no se incluyen los aspectos históricos, pero si son de gran interés para este estudio. En esta línea, coincidimos plenamente con Sebastián García Barrera en la necesidad de fundamentar el estudio en tres ejes:

> Enfin, l'analyse comparative du texte source et du texte cible (troisième modèle) n'acquiert son caractère « historique » que lorsqu'elle s'applique à des traductions d'époques diverses, c'est-à-dire qu'elle devient « historique » en fonction de l'étendu du corpus et non pas en vertu des procédés historiographiques qu'elle met en place. Si nous essayons donc de situer notre étude dans l'une de trois catégories mentionnées, […] nous arrivons à un constat : notre recherche opère à la charnière de ces trois catégories (2008, p. 200)[233].

5.3. Instrumento analítico

Con el fin de poder describir y denominar los procedimientos y los cambios establecidos entre el TO y el TM, mediante el análisis descriptivo y contrastivo, nos hemos basado en las estrategias establecidas por Andrew Chesterman (2016, p. 85) y en las técnicas propuestas por Lucía Molina y Amparo Hurtado Albir (2002). En primer lugar, debemos insistir en la diferencia conceptual que existe entre el método, la estrategia y la técnica ya que son conceptos que, debido a su interrelación, se confunden habitualmente. De hecho, Chesterman assume: «In my own later paper (2005b) I proposed using "techniques" for the local textual changes I have in this chapter called "strategies", so that "strategy" could be kept for the global sense of a problem-solving plan» (2016, p. 113)[234]. Según Molina y Hurtado Albir, el «método» vendría a ser la perspectiva adoptada por la traductora en función del objetivo que persigue, la

---

[232] Traducción propia de la cita: «[...] las traducciones como agentes de la historia... lagunas y espacios en blanco en una crónica de cuatro mil quinientos años, fragmentos de un cuadro inacabado, teselas de un mosaico que aún espera ser limado» (Santoyo, 2006, p. 36).

[233] Traducción propia de la cita: «Por último, el análisis comparativo del texto de partida y del texto de llegada (tercer modelo) solo adquiere su carácter "histórico" cuando se aplica a traducciones de distintas épocas, es decir, se convierte en «histórico» en función de la extensión del corpus y no en virtud de los procedimientos historiográficos que pone en marcha. Así pues, si intentamos situar nuestro estudio en una de las tres categorías mencionadas, [...] llegamos a una conclusión: nuestra investigación opera en la bisagra de estas tres categorías» (García Barrera, 2008, p. 200).

[234] Traducción propia de la cita: «En un trabajo posterior (2005b) propuse utilizar "técnicas" para los cambios textuales locales que en este capítulo he denominado "estrategias", de modo que "estrategia" pudiera mantenerse para el sentido global de un plan de resolución de problemas» (Chesterman, 2016, p. 85).

«estrategia» sería el plan que se pone en práctica para solventar un determinado problema en la traducción y la resolución práctica de este problema se lleva a cabo mediante las «técnicas» que son las intervenciones locales y textuales propiamente dichas, es decir, las soluciones que se aplican y que afectan al resultado (2002, pp. 507-508). Sin embargo y, como ya se ha dicho, en ocasiones puede existir una frontera conceptual fina, ambigua y difícilmente perceptible entre estrategia y técnica. En el caso de Gutiérrez Bueno y Ahoiz, el método que persiguió podría encuadrarse en la tipología interpretativa-comunicativa (entre las propuestas por Molina y Hurtado Albir, 2002, pp. 507-508) ya que hay una tendencia muy acuciante en favor de privilegiar la traducción del sentido. La propuesta de Molina y Hurtado Albir está centrada en un conjunto de técnicas que representan la solución precisa empleada en una traducción y que afecta, concretamente, al resultado, es decir, a las microunidades (2002, p. 509). Como admiten las propias autoras, las técnicas pueden variar en función del género del texto, del tipo de traducción, del modo de la traducción, del propósito que se persiga, así como del método previamente escogido (Molina y Hurtado Albir, 2002, p. 509).

En cuanto a las estrategias, entendidas como la puesta en práctica de un procedimiento de traducción para la resolución de un determinado problema traductológico, hemos empleado las propuestas por Andrew Chesterman (2016). Como Andrew apunta, el traductor debe ser concebido como una figura que está en continua resolución de problemas en materia de la traducción: «Translators are, after all, people who specialize in solving particular kinds of communications problems; and translator trainees are interested in learning how to become good translators. In both of cases, there are kinds of problems to be solve» (Chesterman, 2016, p. 85)[235]. Por tanto, la estrategia actúa en el procedimiento y en la forma de planificar la resolución de un problema traductológico en (Chesterman, 2016, p. 86). Chesterman distingue, en su clasificación, dos tipos generales de estrategias: las de comprensión y las de producción (2016, p. 89). En cuanto a la comprensión admite que «comprehension strategies have to do with the analysis of the source text and the whole nature of the translation commission» (Chesterman, 2016, p. 89)[236], mientras que la producción vendría a ser «the results of various comprehension strategies»[237] (Chesterman, 2016, p. 89). Sin embargo, lo más significativo de su propuesta, a nuestro juicio, es la organización de las estrategias en tres niveles o grupos que denomina: sintáctico o gramatical, semántico y pragmático (Chesterman, 2016, p. 90). Este modo nos permite clarificar y acotar el

---

[235] Traducción propia de la cita: «Los traductores son, después de todo, personas especializadas en resolver determinados tipos de problemas de comunicación; y los aprendices de traductor están interesados en aprender a convertirse en buenos traductores. En ambos casos, hay tipos de problemas que resolver» (Chesterman, 2016, p. 85).

[236] Traducción propia de la cita: «Las estrategias de comprensión tienen que ver con el análisis del texto de partida y con toda la naturaleza del encargo de traducción» (Chesterman, 2016, p. 89).

[237] Traducción propia de la cita: «Los resultados de varias estrategias de comprensión» (Chesterman, 2016, p. 89).

campo de actuación de cada estrategia y organizar, por ende, el comentario analítico de cada traducción en niveles lingüísticos.

NIVEL	ESTRATEGIAS	TÉCNICAS
NIVEL SINTÁCTICO O GRAMATICAL	TRANSPOSICIÓN	TRANSPOSICIÓN
	CAMBIO EN LA ESTRUCTURA DE LA FRASE	AMPLIFICACIÓN LINGÜÍSTICA
	CAMBIO EN EL ORDEN DE LAS PROPOSICIONES	COMPRESIÓN LINGÜÍSTICA
		MODULACIÓN
	TRADUCCIÓN LITERAL	TRADUCCIÓN LITERAL
NIVEL SINTÁCTICO-SEMÁNTICO	CALCO O PRÉSTAMO	CALCO
NIVEL SEMÁNTICO	SINONIMIA	EQUIVALENTE
	ANTONIMIA	DESCRIPCIÓN
	HIPONIMIA	GENERALIZACIÓN
		PARTICULARIZACIÓN
	ABSTRACCIÓN	
NIVEL PRAGMÁTICO	NATURALIZACIÓN	
	CAMBIOS DE ESTILO	
	VISIBILIDAD	
	TRADUCCIÓN PARCIAL	REDUCCIÓN
	REEDICIÓN TEXTUAL	
NIVEL SINTÁCTICO, SEMÁNTICO Y PRAGMÁTICO	REFORMULACIÓN PROPIA	TRADUCCIÓN LIBRE

Tabla 1. Representación gráfica de estrategias y técnicas resultantes

Como resultado del estudio previo de los modelos de Chesterman (2016) y de Molina y Hurtado Albir (2002), presentamos una propuesta resultante de ambos modelos adaptada a la conformación que presentan los textos traducidos por Gutiérrez Bueno y Ahoiz. Hemos tenido solo en cuenta las estrategias y técnicas que nos ayudan a conceptualizar, a interpretar y a explicar los fenómenos traductológicos que se han producido durante el ejercicio traductor de María Antonia Gutiérrez Bueno y Ahoiz.

Reiteramos que, por estrategia, entendemos todo proceso de índole general acometido, mientras que, por técnica, nos referimos a la aplicación precisa, puesta en marcha para solventar un problema traductológico. En el caso de las traducciones de Gutiérrez Bueno y Ahoiz, necesitamos ambas: ya que en ciertas ocasiones la traductora se sirve, más bien, de una estrategia de tipo general (sobre todo, en el plano macrotextual) y, en otras, inserta de forma puntual una determinada técnica (plano microtextual). Atendiendo a la división por niveles establecida por Chesterman, hemos intentado, igualmente, respetarla en nuestra propuesta.

Sin embargo, hay estrategias y técnicas que pueden operar indistintamente en varios niveles en función del contexto textual determinado. Por otra parte, hay estrategias que derivan en técnicas que son complementarias en ambos modelos y que, en algunos casos, incluso han sido, terminológicamente, denominadas igual. Por este motivo, las hemos situado de forma paralela en el cuadro ilustrativo anterior (y las hemos representado bajo el mismo color). No por ello hay otras (estrategias y técnicas, sin color unificado) que no son complementarias y que se sitúan aleatoria e indistintamente en la tabla. A continuación, definimos la propuesta resultante:

• Por «transposición», tanto estrategia como técnica, entendemos el cambio o las inversiones producidas en las categorías gramaticales al traducir una frase o un segmento de esta. Un ejemplo concreto extraído de una de las traducciones de Gutiérrez Bueno y Ahoiz podría ser la traducción del participio de pasado *voûtées* por *bóveda* como sustantivo o nombre, en lugar de emplear su equivalente formal en participio de pasado, *abovedado*.

• En cuanto a la estrategia de «cambio en la estructura de la frase», opera en el ámbito sintáctico. Pues, esta estrategia da nombre a las múltiples inversiones (sujeto-verbo>verbo-sujeto) o a ciertos cambios en el orden de los elementos internos de una frase. Puede apreciarse, por ejemplo, en el siguiente segmento extraído de una de las traducciones de Gutiérrez Bueno y Ahoiz: *depuis quatorze ans, le C. Chevremont* […] > *Chevremont, que trabajaba desde hace catorce años* […]. En la mayoría de los casos, creemos que esta alteración está condicionada por el deseo de darle a la frase resultante un ritmo más natural acompasado a la LM.

• De igual modo, la estrategia de «cambio en el orden de las proposiciones» responde a la misma intención, solo que opera entre las oraciones principales y subordinadas. Un ejemplo, extraído de los textos traducidos, podría la frase «contre laquelle je m'élève, c'est que les médecins en prescrivant ce genre de médicamens […]» que ha sido traducida por «La intención de los médicos al recetar los vinos medicinales que repruebo, es de administrar á mas del vino […]».

• Por «traducción literal», tanto estrategia como técnica, entendemos la traducción palabra por palabra, por ejemplo, puede apreciarse en la frase «Prenons pour exemple, dans le nombre des vins médicaux les plus généralement usités, le vin d'aunée et le vin d'absinthe […]» traducida por «Tomemos por exemplo los vinos medicinales más generalmente usados, el de la enula campana, y el de axenjos».

• En lo que respecta al «calco o préstamo lingüístico», nuevamente como estrategia o como técnica y, tanto a nivel sintáctico como léxico, correspondería a la incorporación e inclusión de voces extranjeras en el texto meta. Un ejemplo de ello podría ser la traducción del término en francés «muriate d'ammoniac» para lo que la traductora ha empleado «muriate de amoniaco», incluido entre paréntesis, ya que, anteriormente, lo había traducido por su equivalente formal (sal de amoniaco).

- En el plano léxico, la estrategia de la «sinonimia» vendría a ser la traducción de un término por otro que contiene un significado aproximado pero que no puede considerarse equivalente total o formal. Puede apreciarse en la traducción de ciertos términos como, por ejemplo, *sensible* por *notable* y *action* por *efecto*.

- En cuanto a la estrategia de la «antonimia» léxica, estaríamos frente al fenómeno contrario, es decir, la traducción de un término por una palabra opuesta, por ejemplo: la traducción del verbo *conserver* por *perder*.

- En lo que respecta a la estrategia de la «hiponimia», entendemos el proceso de elección de un término más general para traducir uno más específico o viceversa. En cuanto a la aplicación puntual, equivale a la técnica de «generalización» y «particularización». Se puede apreciar en la traducción de los siguientes términos: por ejemplo, *tourmenter* que es un término más específico se ha traducido por otro más genérico *tener*. Mientras que *ce liquide* ha sido traducido por *vinagre*, de forma más específica.

- Por «abstracción» a nivel terminológico, entendemos el cambio de perspectiva (de tipo general o concreta) que provoca la elección de un determinado término. Por ejemplo, la traducción del adjetivo *petite* por corta en la siguiente frase: «une petite quantité de sel» traducido por «una corta cantidad de esta sal». Ya que en frase original evoca a la cantidad y en la frase meta a la duración, produciéndose un cambio de perspectiva visible.

- En cuanto a la «naturalización o adaptación» a nivel pragmático, comprendemos la traducción de un término o una frase determinada por acomodación a la cultura meta. Este hecho puede apreciarse en las medidas de la siguiente frase «élevés de vingt-cinq pieds» que ha sido traducido por Gutiérrez Bueno y Ahoiz convirtiéndolo en la medida adecuada a la cultura meta: «ocho varas de alto».

- En lo que respecta a la estrategia de «cambio de estilo», nos referimos a las diversas modificaciones que intervienen en el estilo expositivo y que permiten adaptar mejor el texto a la lengua y a la cultura de llegada. Por ejemplo, Gutiérrez Bueno y Ahoiz adopta la primera persona del singular «No lo dexaré de repetir; las recetas complicadas son hijas de la ignorancia» para traducir lo que en el texto francés se emplea la primera del singular «Ne cessons donc de le répéter, les formules compliquées sont les enfans de l'ignorance». Estos cambios pueden estar determinados por las convenciones culturales de cada lengua en cuestión.

- Por la estrategia de «visibilidad» comprendemos los casos en los que la traductora aprovecha la traducción para incluir frases de su propia autoría, en un intento de mostrar su opinión y sus conocimientos en calidad de autora y creadora partícipe del nuevo texto generado. Un ejemplo representativo podría ser la incursión de la siguiente frase: «El olor de este eter es muy agradable: echando unas gotas en la palma de la mano se volatiza y queda coxuta».

- En lo que concierne a la «traducción parcial», nos referimos al procedimiento mediante el cual se traduce únicamente una parte o sector determinado, quizás porque la información restante no sea interesante para la cultura meta. La aplicación práctica de esta estrategia podría ser la técnica de «reducción», es decir, mediante la cual se suprime u omite información accesoria o considerada menos relevante para la cultura meta, desde el punto de vista de la traductora. Este hecho se presencia en la traducción del siguiente de la siguiente frase: «Il la proposa à l'observation des gens de l'art, dans le recueil de la Société de Médecine de Paris, numéro X, Messidor an V». Ya que Gutiérrez Bueno y Ahoiz ha traducido únicamente la primera parte: «por lo qual propuso à los facultativos que examinasen su método», reduciendo o suprimiendo el resto de los elementos (de la Société de Médecine de Paris, numéro X, Messidor an V).

• La estrategia de la «reedición textual» afecta a la integridad del texto traducido, pudiéndose manifestar de varias formas: a través de la fusión de diversos párrafos textuales (mediante elementos ortotipográficos), la separación o división de estos, así como la no inclusión de partes consecuentes del TO. A lo largo de las traducciones de la primera etapa (1800-1804), Gutiérrez Bueno y Ahoiz recurre reiteradamente a esta estrategia, quizás por cuestiones limitantes de extensión y espacio de la revista en la que publica sus traducciones (*Semanario de Agricultura y Artes dirigido a los párrocos*) o, quizás, como medio de impregnar su propia huella en calidad de traductora y editora del texto meta. Véase varios ejemplos en el análisis.

• Con la estrategia de la «reexpresión o reformulación propia», nos referimos a la incursión de frases no sujetas estructural o gramaticalmente al TO, producto de la comprensión y la expresión propia de la traductora. En ocasiones, la aplicación concreta de esta estrategia puede equivaler al empleo de la técnica de «traducción libre». Esto puede apreciarse en la traducción de la frase siguiente: «La fabrication du sel ammoniac n'est pas encore assez connue et multipliée en France» traducida libremente por «de que hay en Francia alguna otra fábrica de poca consideracion».

• En cuanto a la técnica de «amplificación o ampliación lingüística», comprendemos la inclusión de elementos lingüísticos, no presentes en el TO, con cuya incursión se pretende añadir más información o completar el sentido traductor. Siendo, por tanto, la «comprensión lingüística» la técnica contraria mediante la cual la traducción comprime y expresa la información de forma más sintética a la original. Gutiérrez Bueno y Ahoiz hace uso en reiteradas ocasiones de la amplificación como, por ejemplo, al traducir la siguiente frase: «Ils se flattoient que l'alcool provenant d'une liqueur vineuse fermentée en même tems», añadiendo el inciso: «Los que han preferido la fermentación, se han persuadido de que el alcohol procedente de un licor vinoso». Mientras que un ejemplo de compresión lingüística podría ser la traducción del sintagma «un corps de bâtiment, composé de quatre pans de murs» por «una pieza cuadrada».

• En lo que respecta a la «modulación», entendemos el cambio puntual de una categoría léxica al traducir una determina estructura. Un ejemplo de ello podría ser la traducción del sintagma francés «par des essaies répétés sous ses yeux» traducido por «en vista de ensayos repetidos».

• En cuanto a la técnica de «equivalente», nos referimos, por tanto, al empleo del término que más idoneidad conceptual y grado de adecuación guarda respecto al concepto vertido en el TO. Ha recurrido a esta técnica, por ejemplo, para traducir el término francés «senné» por «sen», equivalente formal, a pesar de que el término español aún no se recogía formalmente en el diccionario de la Academia Usual.

• Por último, la técnica de la «descripción» puede ser empleada cuando un término no guarda el alcance que presenta el empleado en el TO o cuando se quiere precisar más información explicativa sobre el TO. En el caso de Gutiérrez Bueno y Ahoiz, hemos constatado casos de descripción en varios segmentos en los que incluye aportaciones propias (mediante la estrategia de la visibilidad) para insistir en las partes traducidas: «Por si no se entiende bien la breve descripcion [*sic*] que hace Chevremont añadire [*sic*] que, segun [*sic*] yo lo comprehendo, para la sublicacion [*sic*] de la sal […]».

6. Análisis traductológico

Por consiguiente, procederemos a presentar un análisis detallado de los casos más representativos, en términos cuantitativos, y recurrentes mediante el empleo instrumento analítico resultante. Para facilitar visualmente el análisis descriptivo-contrastivo, los extractos se presentan en dos cuadros: el texto original (TO, a la izquierda) y el texto meta (TM, a la derecha).

De igual modo, hemos utilizado ciertos recursos de edición para marcar el empleo de ciertas técnicas: las ampliaciones o amplificaciones las hemos marcado con la herramienta de <u>subrayado</u> y las reducciones o supresiones con un ~~tachado~~.

Por último y, con el fin de evitar la condensación textual en los cuadros transcritos y, únicamente de forma excepcional en esta parte, no hemos señalado los arcaísmos, erratas o faltas ortográficas con la mención [*sic*].

6.1. Análisis de las traducciones de la primera etapa (1800-1804)

La primera etapa (1800-1804) está comprendida por el conjunto de traducciones publicadas en el *Semanario de Agricultura y Artes dirigido a los párrocos*. La primera de ellas salió publicada en 1800 y se titulaba *De los efectos de las fricciones con éter acético en los reumatismos ceática [sic] y aún en la gota*; la segunda apareció un año más tarde bajo el título de *Método que se emplea en la Lieja para fabricar sal amoniaco* y, la última, se publicó en 1804 y fue titulada *De los vinos medicinales*, publicadas bajo su nombre y apellidos. A nivel personal, Gutiérrez Bueno y Ahoiz residía en este periodo temporal en la casa-botica familiar y su padre, también, publicaba asiduamente en la misma revista en la que esta lo hizo. En 1802 contrajo matrimonio y su marido, Antonio de Arnaud, también, publicó puntualmente en el *Semanario*. En las traducciones realizadas durante la primera etapa, hay varios procedimientos traductores que resaltan frente a otros. Gutiérrez Bueno y Ahoiz se sirvió mayoritariamente de la reducción, así como de la traducción libre y de la ampliación lingüística en esta etapa, a estos resultados le siguen la reedición y la reformulación.

TO : « Des effets de l'acide acétique ou acéteux, employé en frictions dans les accès de rhumatismes, de sciatique et même de goutte ». **S urce :** *La décade philosophique* **Réfé ence :** 30/04/1800 N. ° 22	TM: «De los efectos de las fricciones con eter [*sic*] acético en los reumatismos, ceática [*sic*], y aun en la gota». **Fuente:** *Semanario de Agricultura y Artes dirigido a los párrocos.* **Referencia:** 07/08/1800 N.º 188
Les diverses températures de froid, de chaud et d'humidité qui se succèdent si fréquemment et si brusquement dans notre climat, donnent naissance à beaucoup de rhumatismes. ~~C'est un genre de~~ souffrances extrêmement répandu, très-douloureux, et contre lequel la Médicine a trop peu de moyens.	Las diferentes temperaturas de calor, frio y humedad que tan frecuente y repentinamente alteran en nuestro clima son la causa de muchos reumatismos; dolencia may extendida, muy incomoda, y contra la qual hay pocos recursos en la medicina.
Si, comme il paraît, l'éther acétique les calme promptement et les guérit, c'est un progrès de l'art, ou plutôt un bienfait nouveau qu'il est d'autant plus utile de faire connaître, que tout le monde peut se l'appliquer. ~~Depuis environ 25 ans que l'acide acéteux fut découvert dans le laboratoire du Comte de Lauragais, on ne s'en était guère servi en Médecine.~~	Si como parece, el eter acético alivia prontamente el mal y le cura, habrá hecho el arte de curar un adelantamiento, ó más bien un beneficio nuevo á la humanidad, cuya publicación será tanto mas útil quanto qualquiera se podrá aplicar este remedio.

A nivel léxico-semántico, encontramos en el primer párrafo el término francés «souffrance» traducido por «dolencia»; en este caso, ha optado por emplear un sinónimo más específico en español, en lugar de emplear la traducción literal de la palabra «souffrance» por «sufrimiento». Este hecho puede explicarse por la evolución conceptual de este término. En los diccionarios de la Academia Usual de 1870, 1817 y 1884 se define la palabra «sufrimiento» en una sola acepción ligada más bien a la paciencia o a la capacidad de soportar un determinado aspecto negativo no precisado: «s. m. Paciencia, conformidad y tolerancia con que se sufre alguna cosa. Tolerantia, sustinentia». Igualmente se recoge bajo una sola y amplia acepción en el *Diccionario castellano con las voces de ciencias y artes y sus correspondientes en las tres lenguas francesa, latina e italiana* de Esteban Terreros y Pando (1788, tomo 3, p. 548). Sin embargo, el concepto de «dolencia» queda sinonímicamente próximo al término de «sufrimiento» y, en 1925, se recoge la segunda acepción de «2. m. Padecimiento, dolor, pena», de forma más concreta y precisa, en la Academia Usual. Como podemos observar en los ejemplos anteriores, la traductora ha suprimido tanto partes limitadas e insertas en las frases como párrafos enteros.

TO : « Des effets de l'acide acétique ou acéteux, employé en frictions dans les accès de rhumatismes, de sciatique et même de goutte ». **S urce :** *La décade philosophique* **Réfé ence :** 30/04/1800 N. º 22	TM: «De los efectos de las fricciones con eter [*sic*] acético en los reumatismos, ceática [*sic*], y aun en la gota». **Fuente:** *Semanario de Agricultura y Artes dirigido a los párrocos.* **Referencia:** 07/08/1800 N.º 188
~~Il est très bien préparé dans la pharmacie de Pelletier, rue Jacob. Voici au reste la manière de le faire, indiquée par le C. Sédillot, et G. Martin a suivi pour en faire préparer, d'après cette indication, chez un pharmacien de Narbonne.~~ Pour préparer l'éther acéteux, on prend parties égales, par exemple, un livre d'alcool, et une livre d'acide acéteux. Ce mélange mis dans une cornue de verre, on procède de la distillation. Le résultat est l'acide acéteux qu'on rectifie pour le débarrasser de l'acide surabondant qui passe avec lui dans la distillation. A cet effet on le met dans un flacon dans lequel on introduit une dissolution de carbonate de potasse (sel de ta tre) ; cet alkali absorbe l'acide, et l'éther vient nager à sa surface. On le décante et on le rectifie par une nouvelle distillation dans une cornue de verre, avec un appareil convenable.	Tómese partes iguales de alcohol y de ácido acético: póngase esta mezcla en una retorta de vidrio colocada en un baño de arena y adaptada á un recipiente tubulado, y cuyo tubo caiga á la parte de abaxo: á éste se ajusta un frasco que ha de estar sumergido hasta mas de la mitad en agua fresca ó nieve en una vasija: se tapan bien las junturas de la retorta, recipiente y frasco: se aplica el fuego: destílase hasta que salga á el recipiente (que en este aparato lo es el frasco que está dentro del agua) como la mitad de la mezcla que se puso en la retorta: lo que pasa es el eter, un poco de alcoho y algún ácido: se rectifica pues se pone en una disolución de carbonate de potasa, formada de tres partes de agua y una de dicha potasa: se agita bien, para que algun alcohol, que aun contenga, se una al agua, y el ácido á la potasa despúes pues se separa el eter que nadará sobre la disolución. El olor de este eter es muy agradable: echando unas gotas en la palma de la mano se volatiza y queda coxuta. No enroxece ni enverdece el xarabe de violetas, ni otra tintura azul vegetal: oscurece el papel teñido de la tintura de tornasol: en fin, puesto en un tubo con igual cantidad de agua ésta disuelve tres partes de cada ocho de eter.

Tabla 1. Esquema comparativo

En este último extracto que aportamos como ejemplo representativo, observamos que la traductora ha suprimido completamente el párrafo del TO en el que se aprovechó la oportunidad para publicitar la farmacia en la que podía adquirirse el éter acético. En este caso preciso, la traductora ha realizado una traducción completamente libre, incluyendo, al mismo tiempo, información externa en calidad de autora. Esto obedece a una estrategia de visibilidad de tipo pragmático (originalmente denominada en inglés *Visibility change*) en la que según Chesterman:

> This refers to a change in the status of the autorial presence, or the overt intrusion or foregrounding of the translatorial presence. For instance, the translator's footnotes, bracketed comments (such as explanations of puns) or added glosses explicitly draw the reader's attention to the presence of the translator, who is no longer "transparent" […]. The translator is thus visibly interposed between original author and reader […] (2016, p. 108)[193].

Por tanto, este párrafo está compuesto por continuas adiciones y explicaciones constantes como «[…] colocada en un baño de arena y adaptada á un recipiente tubulado […]», que aunque guardan sentido con la línea discursiva del TO —en la que se cuenta de forma más sucinta la preparación del éter—, evidencian la incursión de un discurso propio y voluntario de la traductora (creación) en calidad de autora, más que en virtud de mediadora o traductora. Como ya hemos dicho anteriormente, Gutiérrez Bueno y Ahoiz utilizó la última palabra «éter» para vincular una nota al pie de página en la que recomendaba comprar el éter puro en la botica familiar.

En contraposición a la adición, encontramos la reducción de las medidas en la primera frase livre d'alcool, et un livre d'acide acéteux», en la que la traductora, además de invertir el orden de los elementos de la frase, no especifica ningún tipo de medida en español: «Tómese partes iguales de alcohol y de ácido acético». Este hecho produce una falta de especificidad en el TM que puede deberse a un acto voluntario o innecesario: voluntario porque quizás pueda formar parte de la estrategia publicitaria para invitar al lector a dirigirse a farmacia y pedir precisiones o innecesario por no ser influyente en el resultado (ya que lo precisa únicamente a través del sintagma «partes iguales»).

En este segmento de la traducción, comprobamos, aparte de la reedición textual nuevamente presente, el empleo de la traducción libre por parte de la traductora, quien ha reformulado ciertas frases. Ha recurrido en tres ocasiones a la reducción; en primer lugar, de la primera frase (*C'est par des fourneaux pratiqués le long d'un atelier, qu'on fait opérer le dégagement de ces substances*), en segundo lugar, ha suprimido una parte

---

[193] Traducción propia de la cita: «Se trata de un cambio en el estatus de la presencia autorial, o de la intrusión o el protagonismo manifiestos de la presencia traductora. Por ejemplo, las notas a pie de página del traductor, los comentarios entre corchetes (como las explicaciones de los juegos de palabras) o las glosas añadidas llaman explícitamente la atención del lector sobre la presencia del traductor, que ya no es "transparente" [...]. De este modo, el traductor se interpone visiblemente entre el autor original y el lector» (Chesterman, 2016, p. 108).

de la tercera (*Qu'on se figure un corps de bâtiment, composé de quatre pans de murs*) y, en tercer lugar, ha eliminado igualmente el quinto párrafo (*Ce sont des espèces de galeries pratiquées d'un pan de mur à l'autre, parallèles aux côtés du bâtiment les plus étroits*). A nuestro juicio, Gutiérrez Bueno y Ahoiz ha seleccionado, desde un punto de vista pragmático, la información que consideró ser más oportuna para la cultura meta.

De igual modo, la reedición de las frases y de los párrafos queda patente, así como la reformulación. La traductora ha optado en el segundo párrafo por emplear la reformulación del TO. El sentido y las ideas esenciales han sido recogidas, pero a través de una fuerte implementación de la reestructuración y la reorganización discursiva en la que parece que la traductora ha optado más bien por explicar con sus propias palabras el contenido del TO.

TO : « Procédé employé par le citoyen Chevremont, à Liège, pour la fabrication du Sel Ammoniac ». **Source :** *Journal des Arts et Manufactures.* **Référence :** Tome I, N.º 4.	TM: «Método que se emplea en Lieja para fabricar la sal amoniaco». **Fuente:** *Semanario de Agricultura y Artes dirigido a los párrocos.* **Referencia:** 24/09/1801, N.º 247
La fabrication du sel ammoniac n'est pas encore assez connue et multipliée en France, pour que celle-ci puisse se passer de ses voisins ; les Hollandais et les Anglais se sont en quelque manière approprié ce genre d'industrie. ~~On voit seulement dans quelques parties de la République des ateliers peu importans, produisant un sel ammoniac qui n'a pas une qualité égale à celle que fabriquent les étrangers.~~	Los Olandeses é Ingleses se han apropiado en cierto modo de este ramo de industria de que hay en Francia alguna otra fábrica de poca consideracion en que se saca una sal amoniaco de inferior calidad.
~~C'est par des fourneaux pratiqués le long d'un atelier, qu'on fait opérer le dégagement de ces substances.~~ Le fourneau est fait en briques. Qu'on se figure un corps de bâtiment, composé de quatre pans de murs, élevés de vingt-cinq pieds. L'espace qu'ils renferment est divisé par des gros de briqués en quinze à vingt cases, larges de quatre pieds, hautes de cinq ; et voûtées. ~~Ce sont des espèces de galeries pratiquées d'un pan de mur à l'autre, parallèles aux côtés du bâtiment les plus étroits.~~	A este fin se hacen hornos de ladrillo á propósito: por exemplo a lo largo de una pieza quadrada, y con el techo ó cubierta á ocho varas de alto, se hacen en bóveda los hornos de vara y tercia de alto unos junto á otros, sin mas division que el grueso de un ladrillo; y asi puede haber quince ó veinte en la misma pieza que han de ocupar completamente de parte á parte.

Tabla 2. Esquema comparativo

Las reducciones y reediciones se pueden apreciar a lo largo de cada texto que conforma la primera etapa. Sin embargo, la amplificación lingüística puede presentarse en dos formas diferentes: en las notas o partes finales de las traducciones (como es el caso de la publicación de 1800) o en las partes internas del texto. En estos últimos ejemplos extraídos, observamos una tendencia hacia un estilo más libre, sobre todo, en el segundo párrafo. Observamos igualmente una amplificación lingüística mediante la inserción en el TM del inciso explicativo «pero no habiendo tenido presente que este compuesto adquiere á veces propiedades diametralmente opuestas, á las que tiene el disolvente y la materia disuelta», cuyo interés, aparentemente, radica en mejorar la comprensión global del párrafo.

TO : « Réflexions sur les vins médicinaux » Source : *Annales de chimie* Référence : Tome 35, 19 juillet 1800	TM: «De los vinos medicinales» Fuente: *Semanario de Agricultura y Artes* Referencia: 02/02/1804 N.º 370
C'est vraisemblablement d'après les qualités bien connues du vin, qu'on a prétendu que, par son concours, on pouvoit ajouter à la vertu de certains médicamens, et qu'en le faisant servir de dissolvant d'une ou de plusieurs substances, le composé qui en résulteroit deviendroit plus efficace encore ; mais on n'a pas remarqué qu'en associant ainsi à cette liqueur quelques nouveaux principes, les divers moyens, imaginés et proposés pour y parvenir, dérangeoient tellement l'ordre de ses parties constituantes, que le vin, loin d'avoir augmenté en propriétés, celle qui le caractérisent dans l'état naturel, étoient interverties ou considérablement diminuées.	En vista de las buenas qualidades del vino, es muy natural que se creyera que podría aumentar la virtud de ciertos medicamentos, y que haciéndolo servir de disolvente de una ó muchas sustancias, seria mas eficaz el compuesto que resultase ; pero no habiendo tenido presente que este compuesto adquiere á veces propiedades diametralmente opuestas, á las que tiene el disolvente y la materia disuelta, no se ha echado de ver que, juntando al vino algunos principios nuevos, los diversos medios imaginados y propuestos para conseguirlo, trastornan de tal manera el orden de sus partes constituyentes, que lejos de aumentarse las virtudes del vino en su estado natural, se disminuyen considerablemente. A pesar de esto, han gozado por mucho tiempo y gozan todavía de cierta celebridad los vinos medicinales.

Tabla 3. Esquema comparativo

El hecho de que las técnicas como la reducción, la traducción libre y la ampliación hayan sido bastante utilizadas en esta etapa inicial demuestra, de igual modo, que, en el ejercicio de la traducción, propiamente dicho, Gutiérrez Bueno y Ahoiz se alejó bastante del TO, ya que la traducción literal ha sido poco empleada frente a estas otras técnicas. Además, el empleo sistemático de la amplificación lingüística revela, por otra parte, la incursión de mecanismos de expresión propia en el TM, ligados al hilo de la temática central de la traducción. Con lo cual se demuestra que la traductora, más allá del ejercicio estrictamente traductor, interviene activamente en el desarrollo discursivo, siendo incluso partícipe de este.

6.2. Análisis de las traducciones de la segunda etapa (1832)

En la segunda etapa, Gutiérrez Bueno y Ahoiz compuso su propia publicación, titulada *Recopilación de lo más interesante que se ha publicado en abril de 1832 en la Gaceta de Francia concerniente al cólera-morbo*, la cual salió impresa en julio del mismo año. En el tomo publicado recopila noticias y extractos de noticias que ya habían salido publicadas en periódicos franceses durante los primeros meses de 1832, momento en el que la epidemia del cólera-morbo tuvo una fuerte incidencia en París.

A nivel personal, en 1832 Gutiérrez Bueno y Ahoiz se encontraba en la capital parisina, vivía con su hijo, quien se encontraba en el ejercicio de sus funciones diplomáticas. Por tanto, la traductora quiso contribuir con la situación sanitaria, publicando en España este volumen de textos para que sirviera como medio difusor de los avances médicos contra la epidemia.

En este caso, nos encontramos frente a un trabajo traductor de índole independiente, el cual todo apunta que Gutiérrez Bueno y Ahoiz lo emprendió por iniciativa propia y sin estar arropada por los apoyos familiares ya que su padre, Pedro Gutiérrez Bueno (1743-1822) y su marido, Antonio d'Arnaud (1778-1818), ambos científicos de profesión habían fallecido. La traductora afrontó esta publicación bajo seudónimo masculino, al igual que el *Diccionario* que publicó, algunos años más tarde.

Así pues, en esta segunda etapa, constatamos que las técnicas y estrategias más empleadas han sido, nuevamente, la reducción, la amplificación lingüística, seguida de la traducción libre y de la reedición. Un cambio visible de este periodo traductor frente la época anterior ha sido la mayor representatividad de la traducción literal, aunque la traducción libre siga siendo aún más notoria. Un ejemplo ilustrativo se encuentra en el fragmento titulado *Mr. Jacobo dice hoy (4 abril)* […]. El texto meta contiene 93 palabras mientras que el original presenta 622. Sin embargo, este fragmento, recuperado, según la traductora, del diario *Le Corsaire*, obedece más bien a una reformulación propia y no a una traducción propiamente dicha. Tenemos la impresión de que Gutiérrez Bueno y Ahoiz ha resumido, con sus propias palabras, los conceptos fundamentales abordados en el TO, ya que el TM, incluido en su publicación, no se ajusta ni en el contenido ni en el continente al TO recuperado.

Texte : « Au Rédacteur du Corsaire ». **Source :** *Le Corsaire* **Référence :** Xème Année, N. ° 3341 (4 avril 1832).	**Texto:** «Mr. Jabobo Arago […]». **Fuente:** *Recopilación de lo más interesante que se ha publicado en abril de 1832 en la Gaceta de Francia concerniente al cólera-morbo.* **Referencia:** Pág. 20
Au Rédacteur du Corsaire Monsieur, Vous raillez le fléau, c'est bien, car le sarcasme est une arme puissante contre les importuns.	Mr. Jacobo Arago, dice hoy (4 de abril), en el Corsario, que en la India hay una opinión generalmente esparcida, que atribuye el cólera morbo á unos insectos imperceptibles que existen en la atmósfera.

Mais vous êtes utiles à vos concitoyens : c'est mieux ; et, pour ma part, je n'ai pas bien déjeûné, si, en prenant mon café au lait, je ne pis sourire à nos incisives plaisanteries. La gaité est le meilleur assaisonnement des repas. Du café au lait est un repas pour moi.

Ecoutez :

Je rentrai hier à minuit. Je venais de voir des hommes à cheval, bien armés, bien vêtus, et des hommes à pied, bien malheureux, bien exaspérés.

Les premiers étaient des soldats de Louis-Philippe ; les autres des enfans de Louis-Philippe, des chifonniers.

Ceux-ci demandaient qu'il leur fut permis de continuer leur état ; ceux-là avaient ordre de la leur défendre. Ceux-là frappèrent, empoignèrent : ceux-ci résistèrent, mais furent vaincus.

Moi, impuissant, je me retirai en plaignant leur sort, car je ne pus leur tendre une main secourable… Au surplus, pourquoi sont-ils chiffonniers et non millionnaires ? Pourquoi suis-je homme de lettres et non banquier ?

Quoiqu'il en soit, je rentrai chez moi le cœur navré. Je fus souffrant, très malade toute la nuit… Moi je crois au choléra, car je l'ai vu dans l'Inde. Je me crus donc attaqué du choléra. De bon matin, aujourd'hui, j'ai demandé du thé, force thé, j'en ai bu à pleines gorgées, à noyer le choléra. J'ai beaucoup transpiré, la chaleur est revenu aux pieds, et les crampes d'estomac ont disparu. Le thé à larges doses serait-il un remède ? Pourquoi pas.

J'a vu des docteurs à l'Ile-de-France, à Bourbon, au cap de Bonne-Espérance, qui m'ont assuré que le choléra n'était autre chose qu'une agglomération d'insectes mycroscopique qui se précipitaient qui se précipitaient sur la peau, pénétraient à travers les pores, corradaient et tuaient. Ces docteurs trouvaient réplique à tout. Quand je leur demandais pourquoi mon voisin était atteint et non pas moi, ils me répondaient : n'avez-vous pas vu à la campagne et dans nos promenades, de longues lignes de moucherons, ou d'autres insectes, traversées par des vents contraires, garder toujours la même direction et n'importuner que les gens qui parcouraient leur zone ? – Oui, mais pourquoi la différence des victimes est-elle si grande en faveur des personnes aisées ? – C'est qu'il y a bien plus de pauvres que de riches, et que les malheureux, ordinairement peu revêtus, présentent une plus

Hace algunos meses que anunciamos que el doctor Forster, sabio inglés que había hecho sus estudios en el norte de Europa sobre el estado de la atmósfera, en el momento de la invasión del cólera hizo una ascensión aerostática en aquella ocasión; y advirtió que un pedazo de carne que llevaba se cubrió de una porcion de insectillos.

grande surface de char à l'insecte vorace… Je me taisais et je gardais dans ma mémoire, car j'ai des amis.	
Pourquoi des fortes doses de thé ne détruiraient-elles pas la cause du mal ? Tout est système dans cette maladie épouvantable. Celui de docteurs de l'Inde n'a pas trouvé des incrédules parmi nous. J'y ai fois, et la fois sauve !	
Les hommes à travaux pénibles n'ont pas souvent, une chemise sèche pour remplacer une chemise trempée de sueur. Pourquoi encore, sur nos places publiques, dès le coucher du soleil, de grands feux ne seraient-ils pas entretenus ?	
Qui d'entre nous ne s'empresseraient d'y apporter le fagot de la pitié ? Et voyez quels bienfaits de cette mesure ! La misère est souvent sans asile à Paris ; les membres glacés viendraient à la flamme vivicative reprendre leur force et leur souplesse, et l'air, purifié de toutes parts, ne traînerait plus avec lui les germes destructeurs qui menacent la capitale.	
Les chiffonniers ne sont pas inutiles aux journaux, les journaux leur doivent de la reconnaissance. Puisqu'ils se voient enlever leur industrie, plaidez leur cause : priez pour qu'ils puissent réchauffer, la nuit, leur corps souvent privé de nourriture… Le budget est gros ; un peu de bois pour les malheureux, s'il vous plait ?	
Recevez, Messieurs, l'assurance de ma parfaite considération.	
Jacques Arago.	

Tabla 4. Esquema comparativo

Gutiérrez Bueno y Ahoiz ha aplicado la técnica de la reformulación propia y, al mismo tiempo de la estrategia de la visibilidad, puesto que, por una parte, este texto se acoge a la información del TO pero está completamente reestructurado. Por otra parte, nos encontramos nuevamente, como en las traducciones de la primera etapa, frente a un caso de visibilidad ya que la propia traductora se inserta como autora a través de sus traducciones para aportar su propia visión e interpretación sobre el asunto abordado. No como transmisora o mediadora lingüística sino como propia actora y conformadora del mensaje. Este rasgo también lo desarrollaron otras traductoras literarias durante el siglo XIX, como fue el caso de Rita Caveda, entre otras (Bolufer *et al.*, 2008, p. 145).

Como se puede apreciar en el TM, hay información que, como ella propiamente indica, recoge de la carta de Jacques Arago, publicada en el diario *Le Corsaire*, por ejemplo, cuando menciona el origen de la epidemia (*Moi je crois au choléra, car je l'ai vu dans l'Inde. Je me crus donc attaqué du choléra*) o el medio de transmisión (*qui m'ont assuré que le choléra n'était autre chose qu'une agglomération d'insectes mycroscopiques qui se précipitaient qui se précipitaient sur la peau, pénétraient à travers les pores, corrodaient et tuaient*). Sin embargo, resulta complejo establecer un paralelismo entre TO y TM, ya que hay datos que ni siquiera se recogen en el TO y otros que han sido libremente traducidos. Por tanto, este fragmento se configura como un ejemplo que prueba la incursión de María Antonia Gutiérrez Bueno y Ahoiz en calidad, no solo de traductora, sino de editora y autora de su propia compilación de traducciones.

Texte : « Cholera-morbus. De la cholerine et de son traitement ». **Source :** *Gazette Médicale de Paris. Journal spécial du Chólera-morbus.* **Référence :** Tome 3ème, ° 18 ; Pages : 165-166 ; 12 avril de 1832	**Texto**: «Colera-morbo. De la colerina y medios para curarla. Extracto de la Gaceta médica de París». **Fuente:** *Recopilación de lo más interesante que se ha publicado en abril de 1832 en la Gaceta de Francia concerniente al cólera-morbo.* **Referencia:** Páginas: 1-8; julio de 1832
Depuis que le cholera-morbus a éclaté ~~parmi nous~~ on a pû se convaincre de cette vérité : que la maladie est le produit d'une influence épidémique, c'est-à-dire qu'elle n'a pas été apportée de l'étranger, et qu'elle n'est pas née spontanément sans avoir été préparée par de modifications successives de l'économie.	Desde que el cólera se ha manifestado en París todos deben estar ya convencidos de esta verdad; <u>a saber</u>, que el cólera es una enfermedad producida por una influencia epidémica, es decir, que ni ha venido <u>como se supone</u> de países estrangeros, ni ha nacido espontáneamente cuando no ha sido preparada antes por las sucesivas modificaciones de la economía <u>animal</u>.

Tabla 5. Esquema comparativo

En contraposición a la traducción libre y a la reformulación, observamos otros fragmentos en los que la traducción está bastante sujeta al original, salvo por ciertos casos de sinonimia. En este primer párrafo, observamos, a nivel semántico, que la traductora ha empleado la estrategia de sinonimia para traducir el término francés «éclater» por «manifestar», en lugar, de emplear la técnica de la equivalencia formal, a pesar de que en el *Diccionario* de Terreros y Pando ya se recogía el término «estallar» en castellano. En el plano léxico, contemplamos que también ha insertado el adjetivo «animal» para describir el tipo de «economía», empleando, por tanto, la técnica de la descripción.

En lo que respecta al nivel sintáctico, la traductora ha recurrido a la técnica de la ampliación lingüística en dos casos: el primero, a través del sintagma «a saber», y el segundo, en el segmento «como se supone». De igual modo, el sintagma verbal compuesto por preposición más infinitivo «sans avoir été préparée» lo ha convertido en una oración subordinada adverbial «cuando no ha sido preparada».

En cuanto a las técnicas y estrategias empleadas en menor proporción, volvemos a constatar que entre estas se sitúan el calco y la abstracción, mientras que la sinonimia, la reformulación y la visibilidad son técnicas bastante recurrentes en esta segunda etapa, como lo demuestran los extractos anteriores.

En estos últimos ejemplos, observamos un cambio sintáctico en la traducción de la primera frase ya que «les effets de la commotion morale» ha sido traducido de forma libre añadiendo la conjunción disyuntiva «o» cuando en el TO evoca al conjunto conceptual y no a las partes independientes. A nivel gráfico, Gutiérrez Bueno y Ahoiz ha añadido un paréntesis para insertar la traducción del sintagma «effects dont tiendrons compte en temps» a modo de inciso. Globalmente, ha hecho uso de la traducción literal, salvo en ciertas ocasiones como, por ejemplo, el verbo «reconnaître» traducido por «conocer».

Texte : « Cholera-morbus. De la cholerine et de son traitement ». **Source :** *Gazette Médicale de Paris. Journal spécial du Chôléra-morbus.* **Référence :** Tome 3ème, ° 18 ; Pages : 165-166 ; 12 avril de 1832	**Texto:** «Colera-morbo. De la colerina y medios para curarla. Extracto de la Gaceta médica de París». **Fuente:** *Recopilación de lo más interesante que se ha publicado en abril de 1832 en la Gaceta de Francia concerniente al cólera-morbo.* **Referencia:** Páginas: 1-8; julio de 1832
[…] En écartant les effets de la commotion morale que chacun a dû éprouver à l'arrivée du choléra-morbus, effets dont tiendrons compte en temps, il est impossible de ne pas reconnaître que presque tous les habitants de la capitale, à quelque classe qu'ils appartiennent, ont présenté depuis une huitaine de jours, les symptômes d'une maladie identique, modifiée seulement dans ses degrés et dans ses apparences secondaires.	[…] Dejando aparte los efectos o la conmoción moral que cada uno ha sentido a la aparición del cólera (efectos de los cuales se hablará a su tiempo), es imposible dejar de conocer, que casi todos los habitantes de la capital, de cualquiera clase que sean, presentan de ocho días a esta parte los síntomas de una enfermedad idéntica, modificada solamente en sus grados y apariencias secundarias.
Les uns ont perdu l'appétit, ils éprouvent du malaise après avoir mangé, des borborigmes pendant la digestion et surtout pendant la nuit.	Unos han perdido el apetito esperimentan después de haber comido una incomodidad <u>mas o menos grande</u>, sienten borborismos o <u>rugidos de vientre</u> mientras se hace la digestión, sobre todo por la noche.

Tabla 6. Esquema comparativo

En el segundo párrafo, apreciamos algunas modificaciones a nivel sintáctico, ya que la traductora ha recurrido a la técnica de la ampliación lingüística al insertar «más o menos grande» que no figura en el TO. De igual modo, ha recurrido a la técnica descripción explicativa al incorporar «o rugidos de vientre» para explicar el término «borborigmo». El empleo de esta técnica se podría explicar ya que en francés el término «borborigme», cuyo origen es griego, ya era aceptado por la Academia francesa en la cuarta edición de 1762, luego era un término registrado y cuyo uso circulaba en la lengua. Sin embargo, el término «borborigmo» en español parece apuntar a un neologismo en la época o, en cualquier caso, a un término reciente en cuanto a su empleo y uso, ya que la Academia Usual no lo registra hasta 1884, aunque Terreros y Pando (1786) sí que lo recoge como tal. Gutiérrez Bueno y Ahoiz empleó ambas técnicas en el resto del texto; esto quiere decir que a veces optará por el calco directo o préstamo «borborigmo» y otras por la descripción del término «rugidos de vientre». En este fragmento, duplica el uso: el término «borborigmo» es un término científico-técnico más formal (pero menos conocido en la época, según la búsqueda terminológica y documental), mientras que «rugidos de vientre» es más trivial, pero, igualmente, más comprensible.

A nivel sintáctico, observamos que la traductora ha hecho uso de la ampliación lingüística al traducir «pendant la digestion» por «mientras que se hace la digestión», quizás con la intención de mejorar el sentido explicativo de la frase. Por otra parte, la traducción literal está mucho más presente en esta etapa que la anterior, algunos fragmentos como el siguiente dan testimonio de este uso:

Texte : « Cholera-morbus. De la cholerine et de son traiteme t ». **Source :** *Gazette Médicale de Paris. Journal spécial du Chólera-morbus.* **Référence :** Tome 3ème, ° 18 ; Pags : 165-166 ; 12 avril de 1832	**Texto:** «Colera-morbo. De la colerina y medios para curarla. Extracto de la Gaceta médica de París». **Fuente:** *Recopilación de lo más interesante que se ha publicado en abril de 1832 en la Gaceta de Francia concerniente al cólera-morbo.* **Referencia:** Páginas: 1-8; julio de 1832
Chez d'autres individus, le trouble dans les fonctions est déjà plus considérable. Des envies de vomir, des borborigmes accompagnés de coliques, des sueurs spontanées, des lassitudes plus grandes, des défaillances subites, enfin, du dévoiement, se manifestent.	Otras personas sienten ya un trastorno más considerable, <u>tienen ganas de vomitar</u>, rugidos de vientre acompañados de dolores cólicos, sudores espontáneos, laxitud más o menos grande, desfallecimientos repentinos, y por último los cursos se manifiestan.
Ce second état peut être passager, et alors il ne constitue qu'une simple indisposition, qui se dissipe d'elle-même ou par le secours de l'art. Si elle continue, un, deux, plusieurs jours, elle devient une véritable maladie qui nous paraît mériter d'autant plus d'importance, qu'elle est souvent suivie du choléra morbus lui-même, comme aussi elle peut s'arrêter dans ses propres limites.	Este segundo estado puede ser pasagero, y entonces no constituye sino una simple indisposición, que se disipa por sí misma o con los socorros del arte; pero si continúa uno, dos o más días, entonces debe mirarse como una verdadera enfermedad, que exige, según nuestro modo de pensar, la mayor atención, pues muchas veces es seguida por el cólera-morbo, asi como suele contenerse en sus propios límites.

Tabla 7. Esquema comparativo

En estos ejemplos, Gutiérrez Bueno y Ahoiz ha seguido haciendo uso de las técnicas de la ampliación lingüística a través de la inclusión del verbo «tienen ganas de vomitar» y de la descripción al traducir «borborigmes» y «coliques» por «rugidos de vientre» y «dolores cólicos», respectivamente, siguiendo las tendencias explicadas anteriormente. Así mismo, ha empleado la estrategia de la sinonimia al traducir «subites» por «repentino», y no por «súbito» que hubiera sido su equivalente formal.

Por último, encontramos que ha empleado un cambio de abstracción al traducir el término «dévoiement» por «cursos» ya que en francés el término evoca a las molestias intestinales mientras que el término español «cursos» empleado para traducirlo se recoge únicamente en el *Diccionario* de Terreros y Pando (1786) bajo la siguiente acepción: «CURSO138ujeres dice tambien [*sic*] en la Medicina por el excremento mayor que sale de una vez del cuerpo. Lat. Ventris exonerátio una» (p. 584). Sin embargo, creemos que existe una pérdida del matiz de «dérangement» que aguarda el término «dévoiement», ya que «curso» hace únicamente alusión al acto de expulsión de excrementos sin aludir a la presencia de una molestia en particular.

En el segundo párrafo, observamos que la traductora ha optado, en cambio, por la traducción literal al traducir «secours de l'art» por «socorros del arte». Al revés, ha usado la técnica de la traducción libre al traducir la frase «elle devient une veritable maladie qui nous paraît mériter d'autant plus d'importance» por «entonces debe mirarse como una verdadera enfermedad», en la que ha reducido algunos elementos al mismo tiempo en que los ha traducido libremente (devenir > mirarse). No obstante, Gutiérrez Bueno y Ahoiz ha optado por compensarlo incluyendo una ampliación lingüística a través del sintagma prepositivo «según nuestro modo de pensar» que irrumpe en el curso de la frase anterior. A nivel léxico, constatamos que ha traducido «importance» por «atención» empleando la estrategia de la sinonimia.

Como se aprecia, la traducción literal ha ganado bastante impulso durante en la segunda etapa. Este hecho puede estar motivado por varias razones personales ya que, en este periodo, la traductora publica su libro de forma autónoma e independiente y sin el apoyo paterno, como fue el caso de la primera etapa en la que publicó sus traducciones en la misma revista que su padre y su marido. Con lo cual este hecho pueda explicar la presencia más acuciada de la traducción literal, ya que en el prólogo de esta publicación la traductora ya se excusa previamente por los posibles errores que haya podido cometer, por lo que muy probablemente recurriera más a la traducción literal para intentar no levantar demasiadas críticas en el entorno. Este hecho también pueda estar relacionado con el concepto de la autoría: ya que en durante la primera etapa y, bajo el apoyo familiar, sus traducciones salen firmadas con su verdadero nombre y apellidos en la revista, mientras que, en esta última etapa, la traductora firma bajo seudónimo, buscando de, algún modo, escudarse en ello.

Por otra parte, la estrategia de cambio en la estructura de la frase ha disminuido a lo largo del segundo periodo mientras que la de cambio en el orden de las proposiciones ha aumentado. En ambos casos se trata de estrategias que demuestran, igualmente, el control y el manejo traductor de Gutiérrez Bueno y Ahoiz. La sinonimia, por su parte, ha aumentado a lo largo de los dos periodos, sin embargo, la antonimia, poco utilizada, se ha mantenido estable. Así mismo, la estrategia de la visibilidad ha ido en aumento, ya que Gutiérrez Bueno y Ahoiz se ha incluido a lo largo de sus publicaciones, insertando frases propias e, incluso, fragmentos. Lo cual demuestra que la traductora tenía una voluntad profusa en calidad de editora e incluso de autora. A este aspecto, se añade la estrategia de la reedición a la que, asimismo, ha recurrido frecuentemente para modificar la estructura interna y externa de los párrafos e incluso cambiarlos de lugar. La reformulación demuestra, en la misma dirección, este hecho, ya que la traductora ha ido introduciendo información en determinadas ocasiones para expresar con sus propias palabras ciertos conceptos vertidos en la traducción.

En esta misma línea, la amplificación ha sido muy utilizada y en la última etapa ha crecido exponencialmente: Gutiérrez Bueno y Ahoiz ha insertado numerosas oraciones subordinadas de relativo o adjetivas, muchas de ellas de tipo accesorio, para insistir más en la información aportada. Por tanto, este hecho denota, igualmente, el estilo libre de la traductora mediante el cual se ha atrevido a gestionar el contenido del texto original precisándolo e incluyendo las amplificaciones que le permiten, de algún modo, también, introducirse como autora en la traducción.

La reducción, por ende, ha sido ampliamente empleada a lo largo de ambas etapas, pero en la segunda se ha incrementado. Este hecho está ligado a lo anterior, es decir, esta técnica, empleada en esta proporción, demuestra que Gutiérrez Bueno y Ahoiz gestionaba propiamente el contenido que deseaba incluir en sus textos meta. Así pues, la recurrencia a la traducción libre corrobora su estilo propio y alejado del TO. El empleo de esta, también se ha incrementado en el segundo periodo, pero su incidencia es amplia en ambos.

CONSIDERACIONES FINALES

Tras el estudio biográfico y traductológico, podemos afirmar que Gutiérrez Bueno y Ahoiz se configura como una de las pocas traductoras especializadas en el campo científico-técnico del siglo XIX. Cuando empleamos el calificativo «una de las pocas» lo hacemos bajo un tono de prudencia, ya que las mujeres traductoras han estado condenadas a una doble invisibilidad: por ejercer la traducción y por ser mujeres. Con lo cual esto dificulta el rastreo investigador, pero no significa forzosamente que no existan, puesto que muchas de ellas se han protegido bajo seudónimos, como es el caso de la propia Gutiérrez Bueno y Ahoiz, y otras se han visto eclipsadas por figuras masculinas:

> La tradición traductora ha premiado aquellas traducciones que no lo parecen, lo que equivale a decir que, de forma paradójica, los traductores, para alcanzar la fama han de pasar desapercibidos. Es probablemente esto lo que ha provocado que ocupen una posición social periférica, a pesar de su indudable importancia como intermediarios culturales. En ocasiones esta invisibilidad se ve magnificada por cuestiones de género: así ocurre, por ejemplo, en las traducciones que María Lejárraga vertió al español en colaboración con su marido, el dramaturgo Gregorio Martínez Sierra, en las que muchas veces desaparece toda constancia de su participación (Lafarga, 2015, p. 32).

En el ámbito de la agronomía, conocemos, gracias al repertorio de Julia Pinilla, a una única mujer: María Josefa de la Piedra (1775-1858), quien aparentemente recibió formación sobre dicha ciencia y quien desempeñó el oficio de traductora bajo la influencia, *a priori*, de su marido:

> También, mantuvo lazos de amistad y de corresponsalía con ilustres botánicos entre los cuales se encontraba Mariano Lagasca (1776-1839). Pensamos que esa amistad está en el origen de la denominación que Lagasca acuñó en 1816 «Lapiedra, -ae f., de las Amarydillaceae», en homenaje a María Josefa de la Piedra. La traducción llevada a cabo sobre el cultivo del tabaco, aunque dedicada a Lagasca, pudo tener como finalidad contribuir a favorecer los negocios de su esposo, Juan Antonio Martínez de Aguilaz (1755-

1828), que comerciaba con las Américas e introdujo todo tipo de vegetales ente los cuales se hallaba el tabaco (Pinilla, 2016, p. 64).

Más adentrados en el siglo XIX, concretamente, en el campo de las matemáticas, podemos destacar a la Marquesa de Espeja, Josefa del Águila Ceballos (1826-1888), la cual tradujo hacia el castellano la obra titulada *Lengua de los cálculos de Condillac* (Puche Lorenzo, 2017, p. 241). Por tanto, casos como estos demuestran que la incursión de la mujer en la traducción no fue completamente inexistente, aunque el número de estas sea minoritario: «[…] fueron pocas las mujeres que se dedicaron a la traducción del francés en el siglo XIX» (Puche Lorenzo, 2017, p. 242). La presencia de la mujer en la traducción se puede confirmar, también, a través de los estudios de Julia Osca-Lluch mediante los cuales demuestra que hubo un 2 % de traductoras frente a un 98 % de hombres (2015, p. 62). En la lista adjunta que provee Osca-Lluch (2015, p. 63) figuran dieciséis mujeres traductoras (Emilia Pardo Bazán, la Marquesa de Espeja, Joaquina García Balmaseda, entre otras) pero no aparece Gutiérrez Bueno y Ahoiz. Lo cual demuestra, una vez más, que pueden existir nuevos casos desconocidos. En cuanto al tema de las traducciones realizadas por mujeres, la investigadora apunta:

> Llama especial atención el tema de las obras que han sido traducidas por mujeres. En general son obras que tratan sobre "economía doméstica", "labores de aguja", "educación de mujeres", "deberes de mujeres", "educación cristiana", "vida religiosa", "habilidades de las mujeres", "amor" y alguna "novela histórica". Vemos solo dos excepciones un tratado de cálculo titulado La lengua de los cálculos escrito por el abate Étienne Bonot de Condillac (1714-1780) y traducido del francés al castellano por la Marquesa de Espeja y la obra *Paris* de Auguste Vitu (1821-1891) y traducida del francés por Emilia Pardo Bazán (Osca Lluch, 2015, p. 64).

Con lo cual podemos reiterar que Gutiérrez Bueno y Ahoiz es una de las pocas traductoras especializadas en el campo de la traducción científico-médica. Su última obra (1832), dedicada a paliar los efectos de la epidemia del cólera-morbo, confirma igualmente que la traductora contribuyó, en un contexto sanitario crítico y urgente, a promover la comunicación científica entre Francia y España, poniendo sus conocimientos lingüísticos al servicio de la traducción, práctica y herramienta de conversión. Por lo que gracias a esta información podemos volver a reafirmar que «Gutiérrez Bueno y Ahoiz occupe une place parmi les rares traductrices spécialisées du XIXe siècle» (Pérez-Ramos, 2019, p. 117).

El hecho de que María Antonia Gutiérrez Bueno y Ahoiz tradujera textos en dicho ámbito especializado también puede demostrar y connotar que poseía conocimientos en la materia ya que como afirma Osca-Lluch: «[…] la propia temática de las obras traducidas hace que sea necesario, además del dominio del idioma, un conocimiento del tema o de la materia que haya que traducir» (2015, p. 67). De hecho, la propia traductora asume, en el prefacio de su obra sobre el cólera-morbo (1832), haber consultado la información terminológica con un especialista médico, con lo cual se confirma que Gutiérrez Bueno y Ahoiz era consciente de la especificidad de la tarea. Sin embargo, no hemos encontrado ningún documento familiar en los archivos consultados que pruebe cómo se formó la traductora, con lo cual suponemos que María Antonia Gutiérrez Bueno y Ahoiz recibió muy probablemente formación paterna o intrafamiliar, en sus primeros estadios de vida, y continuó, más tarde, autoformándose.

Tras el rastreo bibliográfico a través de diferentes motores de búsqueda, no hemos localizado ningún diccionario previo centrado únicamente en mujeres. Entre los años 1830 y 1834, se publicó un uno titulado *Diccionario histórico ó [sic] biografía universal compendiada*, de autor anónimo, cuya estructura es similar a la empleada por Gutiérrez Bueno y Ahoiz. Sin embargo, está centrado mayoritariamente en figuras masculinas, aunque dé, en menor cabida, presencia a ciertas femeninas. Por tanto, podemos afirmar que el primer diccionario español centrado únicamente en mujeres fue el *Diccionario histórico y biográfico de mugeres [sic] célebres* (1835) que reza bajo el seudónimo de Eugenio Ortazan y Brunet, correspondiente a Gutiérrez Bueno y Ahoiz, a pesar de que, aparentemente, quedara inconcluso.

Por otro lado, sabemos que su publicación pudo inspirar a Vicente Díez–Canseco (¿? - 1895), quien lanzó, nueve años más tarde, concretamente en 1844, la publicación del *Diccionario biográfico universal de mujeres célebres*, en el cual cita a Brunet en ciertos artículos. Estos datos demuestran que, efectivamente, María Antonia Gutiérrez Bueno y Ahoiz es una biógrafa, de corte femenino e histórico, pionera en el campo español.

Las notas al pie de página de la traductora demuestran que no solo tenía conocimientos lingüísticos y traductológicos, sino también científicos, aunque no podamos medir el grado. Sin lugar a dudas, inculcados por su padre a quien siempre admiró profundamente, prosiguiendo más tarde su labor de traductora de forma independiente. Tal casuística es bastante común en la época, pues, ella no es la única: entre otros casos, podemos citar a Eleonor Marx (1855-1898), política- y lingüísticamente influida por su padre. Su padre revisaba incluso sus traducciones, así lo recoge en el prefacio de su traducción al inglés de *Histoire de la Commune* (1871) de Prosper-Olivier Lissagaray (Lee-Jahnke, 2002, p. 332). También, podemos citar el ejemplo de las hermanas francesas Henriette Guizot de Witt (1829-1908) y Pauline Guizot de Witt (1831-1874), igualmente influidas por François Guizot (1787-1874), político e historiador francés (Weinmann, 2013, p. 40; McIntosh-Varjabédian, 2013, p. 50). También, hubo traductoras influidas por sus madres como, Julia Evelina Smith (1792-1870), quien, según Flotow, heredó de su padre el gusto por los debates religiosos y de su madre la cultura general y las lenguas (2002, pp. 291-300). Por tanto, observamos que esta fue una constante a nivel internacional, como lo apunta Sirois:

> On constate que quelques femmes ont revêtu l'habit de traductrices pour venir en aide à des hommes de leur entourage, pour les soutenir, par une collaboration étroite, dans la réalisation de leur œuvre. Citons, entre autres, Mme Lavoisier (1758-1836), qui a traduit

pour son mari chimiste les mémoires de savants anglais et un essai scientifique ; Pauline Meulan (1773-1827), qui a produit une nouvelle version française de *l'Histoire de la décadence et de la chute de l'Empire romain*, à la demande de son époux ; et Adélaïde Fétis-Robert (XIXè s.), qui a traduit de l'anglais une histoire de la musique pour servir les intérêts de son mari compositeur. Ce rôle de soutien au conjoint me paraît tout à fait propre aux traductrices (1997, pp. 108-109)[194].

Según los estudios de Micó Romero, la tendencia general en la época, en el caso de los hombres, era ser especialista en el tema o, al menos, tener formación académica: «De los que se conocen los datos, observamos que la mayoría de los traductores son especialistas en la materia objeto de su traducción. [...] En cuanto a los traductores no especialistas, aunque no son especialistas en la materia que traducen, son autores con formación académica» (2016, p. 107). En el caso de las mujeres, sabemos sobradamente que la situación era bien distinta, pues, a principios de siglo, el acceso a la escolaridad era totalmente inexistente, así que no nos extraña que tuvieran que ser inculcadas por sus progenitores y que estos les transmitieran sus propias profesiones: en el caso de María Antonia Gutiérrez Bueno y Ahoiz, la traducción médico-farmacéutica.

---

[194] Traducción propia de la cita: «Constatamos que varias mujeres asumieron el papel de traductoras para ayudar a los hombres que las rodeaban y apoyarles en su trabajo mediante una estrecha colaboración. Algunos ejemplos son Mme Lavoisier (1758-1836), que tradujo las memorias de científicos ingleses y un ensayo científico para su marido químico; Pauline Meulan (1773-1827), que realizó una nueva versión francesa de *Histoire de la décadence et de la chute de l'Empire romain* a petición de su marido; y Adélaïde Fétis-Robert (siglo XIX), que tradujo del inglés una historia de la música para servir a los intereses de su marido compositor. Este papel de apoyo al cónyuge me parece totalmente exclusivo de las traductoras» (Sirois, 1997, pp. 108 - 109).

BIBLIOGRAFÍA

Fuentes primarias

Archivo Histórico de Protocolos

- Capitulaciones matrimoniales de Pedro Gutiérrez Bueno y Josefa Aguado, ambos viudos, en 1 de agosto de 1805. T. 22332, f. 144r-146v.

- Codicilio otorgado por Pedro Gutiérrez Bueno, regente de la Real Botica y primer catedrático del Real Colegio de Farmacia, viudo de Mariana Ahoiz y Navarro y casado con Josefa Aguado, en 15 de enero de 1817. T. 23736, f. 23r-24r.

- Convenio entre Pedro Gutiérrez Bueno y sus hijas del primer matrimonio (7 de noviembre de 1807, registrado ante el escribano de provincias Juan Garrido, folio 3414). T. 23570, f. 1614r-1618r.

- Declaración de pobre otorgada por Clotilde Gutiérrez-Bueno y Ahoiz, en 24 de mayo de 1849. T. 25650, f. 514r-515r.

- Declaración de pobre otorgada por Pedro Gutiérrez Bueno y su esposa Mariana Ahoiz Navarro, el 21 de septiembre de 1779. T.20830, f. 272r-273v.

- Inventario de los bienes quedados al fallecimiento de Mariana Ahoiz realizado a instancia de su marido Pedro Gutiérrez Bueno y sus hijas Clotilde y María Antonia Gutiérrez Bueno, en 7 de agosto de 1805. T. 22332, f. 149r-162r.

- Partición de los bienes quedados al fallecimiento de Mariana Ahoiz, en 7 de agosto de 1805. T. 22332, f. 163r-164r.

- Testamento de Antonia Gutiérrez Bueno y Ahoiz, otorgado en Madrid el 18 de abril de 1864 ante el notario Miguel García Noblejas. T. 27596, f. 550r-581r.

- Testamento otorgado por Antonio Luis Arnau Gutiérrez-Bueno, caballero gran cruz de la Orden de Isabel la Católica, caballero de la venerable Orden de San Juan de Jerusalén, entre otros títulos y cargos, en 31 de octubre de 1863. T. 27466, f. 3563r-3566r.

- Testamento otorgado por Pedro Gutiérrez Bueno, regente de la Real Botica y primer catedrático del Real Colegio de Farmacia, viudo de Mariana Ahoiz y Navarro y casado con Josefa Aguado, en 10 de abril de 1816. T. 23736, f. 186r-189 (1.ª foliación).

- Testamento otorgado por Pedro Gutiérrez Bueno, regente de la Real Botica de S. M. y primer catedrático del Real Colegio de Farmacia, el día 23 de septiembre de 1818, ante Raimundo Gálvez Caballero, escribano del rey. T. 23517, f. 560r-565r. de la 1.ª foliación.

Archivo Histórico Diocesano

- Expediente matrimonial de D. Antonio Arnaud y D.ª María Antonia Gutiérrez Bueno y Ahoiz (22 diciembre 1802, libro 33.º de matrimonios 1802-1805), Parroquia de San Martín.
- Partida de bautismo de Antonio Luis Arnaud Gutiérrez Bueno, de 16 de septiembre de 1803, libro 52.º de bautismos de la parroquia de San Martín de Madrid (folios 64 vt.º y 65; imágenes 128 y 129).
- Partida de bautismo de María Antonia Gutiérrez Bueno y Ahoiz, libro 44.º, Parroquia de San Martín, (folio 293, imagen 587).
- Partida de bautismo de Tiburcia Gutiérrez Ahoiz, de 12 de agosto de 1774, libro 42.º de bautismos de la parroquia de San Martín de Madrid (folio 583 vt.º; imagen 1166).
- Partida de defunción de Antonio Luis de Arnau Gutiérrez Bueno, de 3 de noviembre de 1863, libro 27.º de defunciones de la parroquia de Santa Cruz de Madrid (folio 22 vt.º; imagen 44).
- Partida de defunción de Clotilde Gutiérrez Bueno y Ahoiz, de 29 de julio de 1857, libro 40.º de defunciones de la parroquia de San Martín de Madrid (folios 356 y 356 vt.º; imágenes 712 y 713).
- Partida de defunción de Mariana Aoiz Navarro, de 22 de marzo de 1803, libro 26.º de defunciones de la parroquia de San Martín de Madrid (folio, 239 vt.º; imagen 582).
- Partida de matrimonio de D. Antonio Arnaud y Dª María Antonia Gutiérrez Bueno y Ahoiz, 22 de diciembre de 1802, libro 33.º de matrimonios de la parroquia de San Martín de Madrid (folios 117 y 117 vt.º, imágenes 233/234).

Archivo Histórico Nacional

- Legajo de FC-M.º de Hacienda, 3372, Exp. 863.- Expediente de clasificación de jubilación de Antonio Luis Arnau Gutiérrez, secretario de Legación.
- Legajo del Ministerio de Exteriores, C, 246 (21-07-1863). Orden de Isabel la Católica.
- Legajo del Ministerio de Exteriores, PP,19, Exp. 92 – Arnau D. Antonio Luis.

Archivo Regional de la Comunidad de Madrid

- Carta emitida por Juan Suárez Casadoiro el 1 de enero de 1851, Legajos 22, 24 y 25/0039.

Archives Nationales de Paris

- Mention d'honneur d'Antonio d'Arnaud par la Légion française, Ministère de la Culture, f.1 LH/54/50.

Hemeroteca Municipal de Madrid

- *El Álbum de las Familias: revista semanal de literatura, ciencias, artes e industria: lectura moral e instructiva* dirigida por Eugenio Llofríu y Sagrera. (1865-1866). N.º 1, 27 y 28. Signatura: F.51A/1(5).

Archivo de la Biblioteca Nacional de España

- Concesión de permiso a Antonia Gutiérrez Bueno, autora del Diccionario histórico y biográfico de mujeres célebres, para que pueda investigar en la Biblioteca Nacional en una sala separada de la de los hombres, a la que podrán asistir desde ahora las mujeres que lo soliciten. 12 de enero de 1837. Archivo de la Biblioteca Nacional, BNE-A, BN 0104/06.
- Constituciones de la Real Biblioteca dispuestas de orden de S.M. por D. Juan de Santander su Bibliothecario Mayor [Manuscrito]. 11 de diciembre de 1761, Archivo de la Biblioteca Nacional, MSS/2928.
- Constituciones de la Real Bibliotheca mandadas a guardar por el Rey Nuestro Señor D. Carlos Tercero, Madrid, Imprenta de Antonio Pérez de Soto. 1762, Archivo de la Biblioteca Nacional, VE/1566/23.
- Noticia de la colocación de la Real Biblioteca de S.M, Madrid, Imprenta Real. 1819, Archivo de la Biblioteca Nacional, VE/809/07.

Archivo de la Biblioteca Regional de Madrid Joaquín Leguina

- Prospectos publicitarios de Revistas y de Obras literarias, Diccionario histórico y biográfico de mugeres [*sic*] célebres, n.º 14 (1803-1882). Archivo de Mesonero Romanos, Ramón de (1803-1882). Signatura: Ms-Caj. 11/2 (Fondo Antiguo).

Archivo de la Biblioteca Nacional de Francia

- *Le Corsaire* (Paris. 1823), collection : 1er-14 avril 1832, n° 3338-3351 ; 17-19 avril 1832, n° 3354-3356 ; 21-30 avril 1832, n° 3358-3367.

Archivo particular de la Parroquia de San Siro en San Remo (Italia)

- Certificado de defunción de Antonio Francisco d'Arnaud (vol. 1818, pág. 147).

Archivo particular de la Parroquia de San Millán y San Cayetano (Madrid)

- Partida de defunción de M.ª Antonia Gutiérrez Bueno y Ahoiz (libro 22, folio 230v).

Paratextos, textos originales y textos meta traducidos

Anónimo. (1792). Procédé employé par le citoyen Chevremont, à Liège, pour la fabrication du Sel Amoniac. *Journal des arts et manufactures, n. º 4*, 389-395.

Anónimo. (1800). Des effets de l'acide acétique ou acéteux, employé en frictions dans l'accès de rhumatismes, de sciatique et même de goutte. *La décade philosophique, littéraire et politique, n. º 22*, 210-213.

Anónimo. (1832). Choléra-morbus. De la cholerine et de son traitement. *Gazette médicale de Paris. Journal spécial du choléra-morbus, Tome 3ème, n.° 18*, 165-166.

Anónimo. (1832). Le ministre de la Guerre vient d'ordonner que les mesures suivantes fussent appliquées sans délai à la garnison de Paris. *Le National : Feuille politique de littérature*, n.° 92.

Arago, J. (1832). Au rédacteur du Corsaire. *Le Corsaire*, Xème année, n.° 3341.

Broussais, F. (1832). Hôpital militaire du Val-de-Grâce. Première et deuxième leçon de M. Le Docteur Broussais sur le choléra. *Le National : Feuille politique de littérature*, n.° 114.

Delpech, J. M. (1832). Le nom du célèbre professeur de Montpellier, qui nous écrit cette lettre nous fait devoir de la publier. *Journal de Débat politiques et littéraires*, n.° 17, 2.

Gutiérrez Bueno y Ahoiz, M. A. (1800). De los efectos de las fricciones con eter [*sic*] acético en los reumatismos, céatica [*sic*], y aun en la gota, *Semanario de Agricultura y Artes dirigido a los párrocos*, n.° 188, 81-83.

Gutiérrez Bueno y Ahoiz, M. A. (1801). Método que se emplea en Lieja para fabricar la sal amoniaco, *Semanario de Agricultura y Artes dirigido a los párrocos*, n.° 247, 201-206.

Gutiérrez Bueno y Ahoiz, M. A. (1802). Nota, en Odier, L., Tratado de las calenturas que se advierten en las cárceles, navíos, exércitos [*sic*], *Semanario de Agricultura y Artes dirigido a los párrocos*, n.° 263, 31.

Gutiérrez Bueno y Ahoiz, M. A. (1804). Concluye el tratado de los vinos medicinales, *Semanario de Agricultura y Artes dirigido a los párrocos*, n.° 372, 105-110.

Gutiérrez Bueno y Ahoiz, M. A. (1804). Tratado de vinos medicinales, *Semanario de Agricultura y Artes dirigido a los párrocos*, n.° 370, 74-80.

Maison, M. (1832). Extrait d'une lettre de M. Le Maréchal Maison à Monsieur le Docteur François. *Gazette médicale de Paris (section de correspondance médicale)*, n.° 03, série 1, 155.

Montbel, M. (1832). Lettre de M. Le Baron de Montbel sur le choléra de Vienne. *Revue Deux Mondes*, Tome sixième, 240-248.

Odier, L. (1802). Resumen é instruccion breve sobre los medios de purificar el ayre y de cortar los progresos de un contagio. *Semanario de Agricultura y Artes dirigido a los párrocos*, n.° 263, 29-31.

Odier, L. (1802). Tratado de las calenturas que se advierten en las cárceles, navíos, exércitos [*sic*], *Semanario de Agricultura y Artes dirigido a los párrocos*, n.° 263, 21-31.

Ortazan y Brunet, E. (1832). Carta publicada por Mr. Delpech (de Montpellier) en el Diario de los Debates del 6 de abril de 1832. *Recopilación de lo más interesante que se ha publicado en abril de 1832 en la Gaceta de Francia concerniente al cólera-morbo*, 30-32. Madrid: Imprenta de Pedro Ximénez de Haro.

Ortazan y Brunet, E. (1832). Colera-morbo. De la colerina y medios para curarla. Extracto de la Gaceta médica de París. *Recopilación de lo más interesante que se ha publicado en abril de 1832 en la Gaceta de Francia concerniente al cólera-morbo*, 1-8. Madrid: Imprenta de Pedro Ximénez de Haro.

Ortazan y Brunet, E. (1832). Extracto de una carta de Mr. Montbel, al doctor Guyo, uno de los individuos de la comisión médica enviada á Polonia para conservar el cólera-morbo. *Recopilación de lo más interesante que se ha publicado en abril de 1832 en la Gaceta de*

Francia concerniente al cólera-morbo, 9-17. Madrid: Imprenta de Pedro Ximénez de Haro.

Ortazan y Brunet, E. (1832). Extracto de una carta del Mariscal Maison al doctor Franzais. *Recopilación de lo más interesante que se ha publicado en abril de 1832 en la Gaceta de Francia concerniente al cólera-morbo*, 32-34. Madrid: Imprenta de Pedro Ximénez de Haro.

Ortazan y Brunet, E. (1832). Hospital de Val-de-Grace. *Recopilación de lo más interesante que se ha publicado en abril de 1832 en la Gaceta de Francia concerniente al cólera-morbo*, 34-75. Madrid: Imprenta de Pedro Ximénez de Haro.

Ortazan y Brunet, E. (1832). Mr. Jacobo. *Recopilación de lo más interesante que se ha publicado en abril de 1832 en la Gaceta de Francia concerniente al cólera-morbo*, 20. Madrid: Imprenta de Pedro Ximénez de Haro.

Ortazan y Brunet, E. (1832). Orden del señor ministro de la guerra, concerniente a las medidas sanitarias que deben tomarse con la guarnición de París. *Recopilación de lo más interesante que se ha publicado en abril de 1832 en la Gaceta de Francia concerniente al cólera-morbo*, 17-19. Madrid: Imprenta de Pedro Ximénez de Haro.

Parmentier, A. (1801). Nouvelles réflexions sur les vins médicinaux, *Annales de Chimie*, tomo 39, 225-241.

Fuentes primarias electrónicas

Diario de Avisos de Madrid. (1833). N.º 268, p. 1233. Recuperado 27 de julio de 2020, de http://hemerotecadigital.bne.es/issue.vm?id=0002828932&search=&lang=es

Diario de Avisos de Madrid. (1835). N.º 139, p. 197. Recuperado 24 de abril de 2020, de http://hemerotecadigital.bne.es/issue.vm?id=0002860257&search=&lang=es

Diario de Avisos de Madrid. (1835). N.º 155, pp. 263-266. Recuperado 1 de mayo de 2020, de http://hemerotecadigital.bne.es/issue.vm?id=0002860732&search=&lang=es

Diario de Avisos de Madrid. (1836). N.º 625, p. 3. Recuperado 15 de mayo de 2020, de http://hemerotecadigital.bne.es/issue.vm?id=0002873775&search=&lang=es

Diario Oficial de Madrid. (1837). N.º 720, p. 4. Recuperado 20 de mayo de 2020, de http://hemerotecadigital.bne.es/issue.vm?id=0002876681&search=&lang=es

Durán Sandoval, M. (2015). Histéricas, sensuales y neurasténicas. Las enfermedades nerviosas y las pasiones violentas en el imaginario médico femenino. En *Colloques. La Locura. Historia, prácticas e instituciones. Siglos XIX-XX*. Recuperado 15 de mayo de 2020, de https://journals.openedition.org/nuevomundo/68307

El Álbum de las familias: revista semanal de literatura, ciencias, artes e industria: lectura moral e instructiva/dirigida por Eugenio Llofríu y Sagrera (1866). Tomo 1. Recuperado 29 de julio de 2020 de http://hemerotecadigital.bne.es/issue.vm?id=0003797637

Esquela de fallecimiento de Don Antonio Luis de Arnau. (1863). En *La correspondencia de España: diario universal de noticias, uno de noviembre*, año XVI, n.º 1976. Recuperado 10 de mayo de 2020, de http://prensahistorica.mcu.es/es/catalogo_imagenes/impresion.cmd?path=6044479&posicion=4

Esquela de fallecimiento de Doña Antonia Gutiérrez Bueno y Aoiz, (1877). *La correspondencia de España: diario universal de noticias*, año XXVII, n.º 7064. Recuperado 10 de mayo de 2020, de https://prensahistorica.mcu.es/es/catalogo_imagenes/impresion.cmd?path=6053225&posicion=4

Gaceta de Madrid. (1832). N.º 107, p. 440. Recuperado 20 de junio de 2020, de https://www.boe.es/datos/pdfs/BOE//1832/107/A00440-00440.pdf

Gaceta de Madrid. (1832). N.º 107, p. 440. Recuperado 29 de julio de 2020 de https://www.boe.es/datos/pdfs/BOE//1832/107/A00440-00440.pdf

Gaceta de Madrid. (1837). N.º 859, p. 4. Recuperado 15 de junio de 2020, de https://www.boe.es/buscar/gazeta.php?accion=Mas&id_busqueda=_aE9xMUcxTmtzbThFSkI0S3RqUDg3QU53NVhIdEs1Q1p5TnpSRW0xSitaa0xhZklQRi9vU1ppdGgxbWZFN3pmVDdLd2RzZL2hzS0ZLaGlZQ09yYkVlVUNEZjRwWnFYQmZjMjBwNENDWXJoRjBNMm05Uks2QkxtcVBDcnl3l3NjdYc0IyQTdPdHHNrVVNMSzJsRmc3RUJodzJZL0szUnJKSmpxMlRGRGdmZSalc5NGhNPQ,,-122840-40

Fuentes secundarias

Acosta Meneses, Y. (2008). *La información agraria en España: desde sus orígenes hasta la agenda 2000* (Tesis doctoral. Universidad Complutense, Madrid). Recuperada 23 de julio de 2020, de https://eprints.ucm.es/8152/1/T30349.pdf

Aldridge, A. O. (1961). Le problème de la traduction au XVIIIe siècle et aujourd'hui. En *Revue belge de philologie et d'histoire*, n.º 39, 747-758. Recuperado 7 de abril de 2017, de https://www.persee.fr/doc/rbph_0035-0818_1961_num_39_3_2374

Álvarez Uría, F. (1983). *Miserables y locos: Medicina mental y orden social en la España del siglo XIX.* Barcelona: Tusquets.

Anónimo. (1805). De los medios para precaver que vuelva la enfermedad epidémica que se ha padecido en algunos pueblos de las provincias meridionales de España. *Semanario de Agricultura y Artes dirigido a los párrocos, n.º 424,* 107-112. Recuperado 27 de julio de 2020, de http://hemerotecadigital.bne.es/issue.vm?id=0003356747&search=&lang=en

Anónimo. (1805). *Memoria de las disposiciones tomadas por el Gobierno para introducir en España el método para fumigar.* Madrid: Imprenta de Villalpando.

Arnaud, A. (1803a). Observaciones sobre el salitre, y medios que hoy se emplean en Francia para perfeccionar este ramo. Carta de D. Antonio de Arnaud. *Semanario de Agricultura y Artes dirigido a los párrocos*, n.º 331, 274-283. Recuperado 22 de julio de 2020, de: http://hemerotecadigital.bne.es/issue.vm?id=0003348331&search=&lang=en

Arnaud, A. (1803b). Concluye la carta sobre los medios que hoy se emplean en Francia para mejorar el ramo de salitres. Semanario de Agricultura y Artes dirigido a los párrocos, n.º 332, 293-298. Recuperado 22 de julio de 2020, de http://hemerotecadigital.bne.es/issue.vm?id=0003348387&search=&lang=en

Arnaud, A. (1803c). Nuevas observaciones sobre el salitre. Carta de D. Antonio de Arnaud. *Semanario de Agricultura y Artes dirigido a los párrocos*, n.º 340, 9-15. Recuperado 20 de julio de 2020, de http://hemerotecadigital.bne.es/issue.vm?id=0003349160&search=&lang=en

Arnaud, A. (1807). Memoria sobre una nueva substancia tinctoria, cuya introducción en las artes y en el comercio puede ser muy ventajosa. *Semanario de Agricultura y Artes dirigido a los párrocos*, n.º *550,* 38-45. Recuperado 20 de julio de 2020, de http://hemerotecadigital.bne.es/issue.vm?id=0003368235&search=&lang=en

Arrizabalaga, J. (2016). La conceptualización de las enfermedades en la historiografía contemporánea. En C. Garriga Escribano y J. I. Pérez Pascual (eds.), *Lengua de la ciencia e historiografía,* (pp. 11-24). La Coruña: Universidade da Coruña.

Bacardí Tomàs, M. (2012). La traducció en la cultura catalana. En M. Bacardí, O. Domènech, C. Gelpí y M. Presas (Coords.), *Teoria i pràctica de la traducció,* (pp. 181-208). Barcelona: Editorial UOC.

Bacardí Tomas, M. y Godayol Nogué, P. (2014). Catalan women translators: an introductory overview. *The translator*, 20:2, 144-161. Recuperado 28 febrero de 2021, de https://doi.org/ 10.1080/13556509.2014.968327

Bacardí Tomas, M. y Godayol Nogué, P. (2016). Fourfold subalterns: Catalan, women, translators, and theorists. *Journal of Iberian and Latin American Studies*, 22:3, 215-227. Recuperado 28 de febrero de 2021, de https://doi.org/10.1080/14701847.2016.1234253

Ballano García, A. (1805-1807). *Diccionario de Medicina y Cirugía, o Biblioteca manual médico quirúrgica,* 7 vols. Madrid: Imprenta Real.

Bandia, P. F. (2006). The Impact of Postmodern Discourse on the History of Translation. En Bastin, G. y Bandia P. F., *Charting the Future of Translation History,* (pp. 45-58). Recuperado 15 de noviembre de 2020, de https://books.openedition.org/uop/301?lang=es

Bastin, G. (2004). L'histoire de la traduction et la traduction de l'histoire. Introduction. *Meta*, vol. 49, n.º 3, 459-461. Recuperado 21 de noviembre de 2020, de https://doi.org /10.7202/009371ar

Bastin, G. (2006). Subjectivity and rigour in translation history: The case of Latin American. En Bastin, G. y Bandia P. F., *Charting the Future of Translation History,* (pp. 111-129). Recuperado 15 de noviembre de 2020, de https://books.openedition.org/uop/301?lang=es

Bastin, G. (2010). Traduction et histoire. En J. C. de Miguel, C. Hernández y Julia Pinilla (eds.), *Enfoques de teoría, traducción y didáctica de la lengua francesa. Estudios dedicados a la profesora Brigitte Lépinette,* (pp. 47-59). València: Universitat de València.

Berman, A. (1989). La traduction et ses discours. *Meta*, vol. 34, n.º 4, 672-679.

Berman, A. (1994). *Pour une critique des traductions. John Donne.* Paris: Gallimard.

Bertomeu-Sánchez, J. R. (2015). Fugaces novedades y largas persistencias: la terminología química y la profesión farmacéutica durante la primera mitad del siglo XX. En J. Pinilla y B. Lépinette (eds.), *Traducción y difusión de la ciencia y la técnica en España (S. XVI-XIX),* (pp. 207-228). València: Universitat de València, Institut Universitari de Llengües Aplicades Modernes (IULMA).

Bertomeu-Sánchez, J.R. y Muñoz-Bello, R. (2010). Los avatares de la traducción científica: los manuales de química franceses en castellano (1788-1845). En J. C. de Miguel, C. Hernández y Julia Pinilla (eds.), *Enfoques de teoría, traducción y didáctica de la lengua francesa. Estudios dedicados a la profesora Brigitte Lépinette,* (pp. 61-79). València: Universitat de València.

Bertomeu-Sánchez, J.R. y Muñoz-Bello, R. (2012). La terminología química durante el siglo XIX: Retos, polémicas y transformaciones. En *Educación química,* 23 (3), (pp. 405-410). Recuperado 19 de diciembre de 2018, de http://revistas.unam.mx/index.php/req/article/view/64279

Bolufer Peruga, M. (1998)*. Mujeres e ilustración. La construcción de la feminidad en la Ilustración española*. Institució Alfons el Magnánim. Recuperado 15 de febrero de 2019, de http://roderic.uv.es/handle/10550/28447

Bolufer Peruga, M. (2006). Transformaciones culturales. Luces y sombras. En Morant, Isabel (dir.), Vol. 2, *Historia de las mujeres en España y América Latina. II. El mundo moderno*, (pp. 482-510). Madrid: Cátedra.

Bolufer Peruga, M. (2017). La traducción como práctica cultural: agentes y contextos. A propósito de tres traductoras en la España del siglo XVIII. En A. Keilhauer, A. y A. Pagni (eds.), *Refracciones. Traducción y género en las literaturas románicas* (pp. 23-40). Viena: Lit Verlag.

Bolufer-Peruga, M. (1997). Josefa Amar y Borbón, Discurso sobre la educación física y moral de las mujeres [Discours sur l'éducation physique et morale des femmes]. Édition de Mª Victoria Lopez-Cordon. Madrid: Ediciones Cátedra de Valencia, Universitat de Valencia, Instituto de la Mujer. *Clio, Histoire, femmes et sociétés.* Recuperado 19 de septiembre de 2019, de https://journals.openedition.org/clio/425

Borderías, C. (2008). El trabajo de las mujeres: discursos y prácticas. En I. Morant (dir.), G. Gómez-Ferrer, G. Cano, D. Barrancos, A. Lavrin (Coords.), Historia de las mujeres en España y América Latina Volumen III Del siglo XIX a los umbrales del siglo XX (pp. 353-379). Madrid: Ediciones Cátedra (Grupo Anaya).

Brémond, M. (2013). Marguerite Yourcenar, infatigable traductrice. En A. Lerousseau (Coord.), *Des femmes traductrices. Entre altérité et affirmation de soi*, (pp. 59-77). Paris: L'Harmattan.

Briquet, P. (1859). *Traité clinique et thérapeutique de l'hystérie,* Paris, Baillière. Recuperado 25 de noviembre de 2019, de https://gallica.bnf.fr/ark:/12148/bpt6k10251330?rk=21459;2

Brisset, A. (2002). Clémence Royer, ou Darwin en colère. En J. Delisle (Coord.), *Portraits des traductrices*, (pp. 173-203). Ottawa: Presses de l'Université d'Ottawa.

Bruña Cuevas, M. (1999). Las mejoras aportadas a la traducción por el diccionario de Capmany (1805). En Lafarga Maduell, F. (ed.), *La traducción en España (1750-1830). Lengua, literatura, cultura*, (pp. 99-110). Lleida: Edicions de la Universitat de Lleida.

Bueno, A. (1997). ¿Existe la traducción femenina? En N. Ibeas, M.A. Millán (ed.), *La conjura del olvido* (Primera edición, pp.507-521). Barcelona: Icaria Editorial.

Cantos Casenave, M. (2011). Escritura y mujer 1808-1838: Los casos de Frasquita Larrea, M.ª Manuela López de Ulloa y Vicenta Maturana de Gutiérrez. En *Anales de Literatura Española,* n.º 23, 205-231. Recuperado 18 de octubre de 2020, de http://www.cervantesvirtual.com/obra/escritura-y-mujer-1808-1838-los-casos-de-frasquita-larrea-m-manuela-lopez-de-ulloa-y-vicenta-maturana-de-gutierrez/

Carbonell, O. (2015). Traducir al otro. Traducción, exotismo, poscolonialismo. En P. Ordóñez López y J.A. Sabio Pinilla. (Coords.), *Historiografía de la traducción en el espacio ibérico. Textos contemporáneos* (pp. 253-270). Cuenca: Ediciones de la Universidad de Castilla-La Mancha.

Carniani Malvezzi, T. (1800). Observacion [*sic*] sobre la corta de madera, *Semanario de Agricultura y Artes dirigido a los párrocos*, n.º 188, 81.

Carrasco Jarabo, P. (1964). Vida y obra de Pedro Gutiérrez Bueno, *Boletín de la Sociedad Española de Historia de la Farmacia*, n.º 60, 154-169.

Carrasco Jarabo, P. (1965a). Vida y obra de Pedro Gutiérrez Bueno, *Boletín de la Sociedad Española de Historia de la Farmacia*, n.º 61, 10-24.

Carrasco Jarabo, P. (1965b): «Vida y Obras de Pedro Gutiérrez Bueno», *Boletín de la Sociedad Española de Historia de la Farmacia*, n.º 63, 101-118.

Carrasco Jarabo, P. (1965c): «Vida y Obras de Pedro Gutiérrez Bueno», *Boletín de la Sociedad Española de Historia de la Farmacia*, n.º 64, 153-177.

Carreño Rivero, M. y Colmenar Orzaes, C. (1986). 1837: La Biblioteca Nacional, por primera vez, abre sus puertas a la mujer. En *Historia de la educación: revista interuniversitaria*, n.º 5, 177-182. Salamanca (España). Recuperado 20 de agosto de 2020, de https://redined.mecd.gob.es/xmlui/handle/11162/177570

Carrizo Ruiz, J. R. y Mancho Duque, M.J. (2003). Los comienzos de la lexicografía monolingüe. En M. A. Medina Guerra (coord.), *Lexicografía española*, (pp. 204-234). Barcelona: Ariel.

Cazalé-Bérard, C. (2013). Traduction et travestissement de soi dans l'écriture de Christina Campo. En A. Lerousseau (Coord.), *Des femmes traductrices. Entre altérité et affirmation de soi*, (pp. 101-121). Paris: L'Harmattan.

Crespo Sánchez, F.J. (2014). Un modelo de mujer en la prensa del Trienio Laboral: análisis a través del Periódico de las Damas. En El Argonauta español, n.º 11. Recuperado 18 octubre de 2020, de https://doi.org/10.4000/argonauta.2062

Cronin, M. (2002). Jane Wilde, ou l'importante d'être Speranza. En J. Delisle (Coord.), *Portraits des traductrices*, (pp. 267-289). Ottawa: Presses de l'Université d'Ottawa.

Cuenca, M. (1797). Extracto de carta de una señora española, cuyas observaciones en Suecia, y en su viage desde aquel pais al Haya, nos han parecido dignas de publicarse. *Semanario de Agricultura y Artes dirigido a los párrocos*, n.º 25, 396-400. Recuperado 23 de julio de 2020 de http://hemerotecadigital.bne.es/issue.vm?id=0003320606

Chesterman, A. (2016). *Memes of Translation. The Spread of Ideas in Translation Theory. Revised edition.* Amsterdam/Philadelphia: John Benjamins Publishing Company.

D'hulst, L. (1994). Enseigner la traductologie : pour qui et à quelles fins ? Meta, 39 (1), 8-14.

D'hulst, L. (1995). Pour une historiographie des théories de la traduction : questions de méthode. En *TTR*, vol. 8, 13-33. Recuperado 15 de noviembre de 2020, de https://doi.org/10.7202/037195ar

D'hulst, L. (2014). *Essais d'histoire de la traduction*. Paris: Classiques Garnier.

Delisle, J. (1997). Réflexions sur l'historiographie de la traduction et ses exigences scientifiques. En *Équivalences*, n.º 26, 21-44. Recuperado 15 de noviembre de 2020, de https://www.persee.fr/doc/equiv_0751-9532_1997_num_26_2_1203

Delisle, J. (2002). Albertine Necker de Saussure, traductrice de transition, « sourcière » du romantisme. En J. Delisle (Coord.), *Portraits des traductrices*, (pp. 117-171). Ottawa: Presses de l'Université d'Ottawa.

Delisle, J. (2002). Irène de Buisseret : « comtesse » de la traduction, pédagogue humaniste. En J. Delisle (Coord.), *Portraits des traductrices*, (pp. 369-402). Ottawa: Presses de l'Université d'Ottawa.

Deliste, J. y Woordsworth, J. (2014). *Les traducteurs dans l'histoire. Troisième édition.* Québec: Presses de l'Université de Laval.

Dengler, R. (1999). Actitudes ante la traducción en el primer tercio del siglo XIX. En Lafarga Maduell, F. (ed.), *La traducción en España (1750-1830). Lengua, literatura, cultura*, (pp. 67-70). Lleida: Edicions de la Universitat de Lleida.

Díez Canseco, V. (1844). *Diccionario biográfico universal de mujeres célebres*. Madrid: Imprenta de José Félix Palacios.

Durán Sandoval, M. (2015). Histéricas, sensuales y neurasténicas. Las enfermedades nerviosas y las pasiones violentas en el imaginario médico femenino. *Nuevo Mundo Mundos Nuevos* (Colloques). Recuperado 21 de abril de 2023, de https://doi.org/10.4000/nuevomundo.68307

Establier Pérez, H. (2015). La literatura "popular" europea en la España decimonónica: las traducciones de Joaquina García Balmaseda para *La Correspondencia de España (1862-1884).* En Francisco Lafarga y Luis Pegenaute (eds.), *Creación y traducción en la España del siglo XIX,* (pp. 67-84). Suiza: Peter Lang.

Fernández Sánchez, M. M. y Sabio Pinilla, J. A. (2003). El Humanismo renacentista y la traducción de Portugal en los siglos XVI y XVII. En J. A. Sabio Pinilla y M. D. Valencia (eds.), *Seis estudios sobre la traducción en los siglos XVI y XVII,* (pp. 205-242). Granada: Editorial Comares.

Fernández Sánchez, M. M. y Sabio Pinilla, J. A. (2015). Algunas reflexiones acerca del relato canónico de la historia de la traducción y algunas incidencias en el ámbito peninsular. En P. Ordóñez López y J.A. Sabio Pinilla. (Coords.), *Historiografía de la traducción en el espacio ibérico. Textos contemporáneos* (pp. 153-170). Cuenca: Ediciones de la Universidad de Castilla-La Mancha.

Fernández, P. (2011). Geografías culturales: miradas, espacios y redes de las escritoras hispanoamericanas en el siglo XIX. En Facundo Tomás, Isabel Justo y Sofía Barrón (Eds.), *Miradas sobre España*, (pp. 153-169).

Fernández, P. (2016). «La mujer debe ser sin hechos, y sin biografía». En torno a la historia biográfica femenina contemporánea. En Henar Gallego y Mónica Bolufer (eds.), *¿Y ahora qué? Nuevos usos del género biográfico* (pp. 81-110).

Fernández, P. (2017). "Por ser mujer y autora…" Identidades autoriales de escritoras y artistas contemporáneas. En *Ínsula: revista de letras y ciencias humanas,* n.º 841-845 (pp. 2-7). Recuperado 17 de marzo de 2017, de https://www.insula.es/revista/por-ser-mujer-y-autora

Fischbach, H. (1992). Translation, the Great Pollinator of Science. *Babel*, vol. 38, n.º 4, 193-202.

Flecha García, C. (1996a). Currículum para maestras y construcción de un modelo de feminidad. En *El Currículum: Historia de una mediación social y cultural. IX Coloquio de Historia de la Educación,* (pp. 47-56). Granada: Universidad de Granada, Instituto de Ciencias de la Educación.

Foz, C. (2006). Translation, History and the Translation Scholar. En Bastin, G. y Bandia P. F., *Charting the Future of Translation History,* (pp.131-144). Recuperado 15 de noviembre de 2020, de https://books.openedition.org/uop/301?lang=es

Gacto Fernández, E. (1998). Sobre el modelo jurídico del grupo familiar en el siglo XIX. *Historia, Instituciones y Documentos,* N.º 25, pp. 219-234. Recuperado 17 de septiembre de 2020, de https://dialnet.unirioja.es/servlet/articulo?codigo=634127

García Barrera, S. (2008). Le traducteur dans son labyrinthe : analyse de la traduction du premier livre de L'Amadis de Gaule par Herberay des Essarts. *Mutatis Mutandis*, vol. 1, n.º 2, 196-211. Recuperado 15 de mayo de 2018, de https://revistas.udea.edu.co/index.php/mutatismutandis/article/view/330/263

García Barrera, S. (2014). *Le traducteur dans son labyrinthe : la traduction de l'Amadis de Gaule par Nicolas Herberay des Essarts (1540).* Valladolid: Vertere Monográficos de la Revista Hermēneus.

García Belmar, A. y Bertomeu-Sánchez, J.R. (2016/1). L'Espagne fumigée. Consensus et silences autour des fumigations d'acides minéraux en Espagne, 1700-1804. *Annales historiques de la Révolution française,* n.º 383, 177-202. Recuperado 20 de julio de 2020, de https://www.cairn.info/revue-annales-historiques-de-la-revolution-francaise-2016-1-page-177.htm

García Ejarque, L. (1992). Biblioteca Nacional de España. *Boletín de ANABAD*, n.º 42, 203-257. Recuperado 19 de agosto de 2020, de https://dialnet.unirioja.es/servlet/articulo?codigo=224197

García Garrosa, M.J. (2016). Reflexiones sobre la traducción en España: 1800-1830. En Lafarga, F., Fillière, C., M. J. García Garrosa y J. Zaro, *Pensar la traducción en la España del siglo XIX,* (pp. 13-97). Salamanca: Escolar y Mayo Editores, S. L.

García Morales, J. (1971). *La Biblioteca Real (1712-1836).* Madrid: Artes Gráficas Municipales.

Garnier, B. (2002). Anne Dacier, un esprit moderne au pays des Anciens. En J. Delisle (Coord.), *Portraits des traductrices*, (pp. 13-54). Ottawa: Presses de l'Université d'Ottawa.

Gelpí Arroyo, C. (2012). Metodologia de la traducció. En M. Bacardí, O. Domènech, C. Gelpí y M. Presas (Coords.), *Teoria i pràctica de la traducció,* (pp. 107-139). Barcelona: Editorial UOC.

Godayol Nogué, P. (2020). *Feminismes i traducció (1965-1990).* Lleida: Punctum.

Godayol Nogué, P. (2000). *Espais de frontera. Gènere i traducció.* Barcelona: Eumo Editorial.

Godayol Nogué, P. (2013). Metaphors, women and translation: From *les belles infidèles* to *la frontera. Gender and Language*, vol. 7.1., 97-116. Recuperado 25 febrero 2021, de https://journals.equinoxpub.com/GL/article/view/10142

Godayol Nogué, P. (2017). *Tres escritoras censuradas. Simone de Beauvoir, Betty Friedan y Mary MacCarthy*. Granada: Editorial Comares.

Godayol Nogué, P. (2018). Feminist translation. En K. Washbourne y B. Van Wyke (Coords.), *The Routledge Handbook of Literary Translation,* (pp. 468-481). London: Routledge.

Godayol Nogué, P. (2020a). Censorship and women writers in translation. Focus on Spain under Francoism. En L. von Flotow y H. Kamal (Coords.), *The Routledge Handbook of Translation and Gender,* (pp. 147-158). London: Routledge.

Godayol Nogué, P. (2020b). Un espacio de trabajo en relación: el ensayo feminista traducido de LaSal, Edicions de les Dones. *Transfer*, XV (1-2), 115-141. Recuperado 25 febrero de 2021, de https://www.raco.cat/index.php/Transfer/article/view/363076

Godayol, P. (2000). *Espais de frontera. Gènere i traducció.* Barcelona: Eumo Editorial.

Gómez de Enterría, J. (1999). Las traducciones del francés, cauce para la llegada a España de la ciencia ilustrada. Los neologismos en los textos de botánica. En F. Lafarga Maduell (ed.), *La traducción en España (1750-1830). Lengua, literatura, cultura*, (pp. 143-155). Lleida: Edicions de la Universitat de Lleida.

Gómez de Enterría, J. (2003). Notas sobre la traducción científica y técnica en el siglo XVIII. En B. Lépinette y A. Melero (eds.), *Historia de la Traducción,* (pp. 35-67). València: Universitat de València.

Gómez de Enterría, J., Ramírez Luengo, J. L., Carpi, E., Dalle Pezze, F., Navarro, C. y Gallardo, N. (2016). Tres momentos fundamentales en la historia de las ideas para la formación del vocabulario científico en el siglo XVIII. En C. Garriga Escribano y J. I. Pérez Pascual (eds.), *Lengua de la ciencia e historiografía,* (pp. 83-98). La Coruña: Universidade da Coruña.

Gutiérrez Bueno y Ahoiz, M. A. (1835). *Diccionario histórico y biográfico de mugeres célebres.* Madrid: Imprenta de Cruz González.

Gutiérrez Bueno, P. (1800). Principios del arte de teñir. *Semanario de Agricultura y Artes dirigido a los párrocos*, n.º 182, 4-16. Recuperado 21 de julio de 2020, de http://hemerotecadigital.bne.es/issue.vm?id=0003334987

Gutiérrez Bueno, P. (1800a). Sobre la fabricación de los ácidos minerales. *Semanario de Agricultura y Artes dirigido a los párrocos*, n.º 179, 358-367. Recuperado 21 de julio de 2020, de http://hemerotecadigital.bne.es/issue.vm?id=0003334564&search=&lang=en

Gutiérrez Bueno, P. (1788). *Curso de química teórica y práctica para la enseñanza en el Real Laboratorio de Química de esta corte.* Madrid: Imprenta de Don Antonio de Sancha.

Gutiérrez Bueno, P. (1788b). Del agua mineral de Puertollano. *Semanario de Agricultura y Artes dirigido a los párrocos*, n.º 142, 188-192.

Gutiérrez Bueno, P. (1788b). Del agua mineral de Puertollano. *Semanario de Agricultura y Artes dirigido a los párrocos*, n.º 142, 188-192.

Gutiérrez Bueno, P. (1799a). Arte de Vidriería. *Semanario de Agricultura y Artes dirigido a los párrocos*, n.º 131, 7-16.

Gutiérrez Bueno, P. (1800). Continuación del arte de teñir la lana, *Semanario de Agricultura y Artes dirigido a los párrocos*, n.º 188, 84-96.

Gutiérrez Bueno, P. (1800a). Sobre la fabricación de los ácidos minerales. *Semanario de Agricultura y Artes dirigido a los párrocos*, n.º 179, 358-367.

Gutiérrez Bueno, P. (1805). *Descripción y uso del aparato permanente para desinficionar [sic] el ayre [sic], descubierto por el sabio químico de Paris [sic] Mr. Guiton [sic] Morveau: se prepara de Órden [sic] de S.M. En el laboratorio de química de Don Pedro Gutiérrez Bueno, calle Ancha de San Bernardo, en Madrid, en Memoria de las disposiciones tomadas por el Gobierno para introducir en España el método para fumigar,* n.º 4, 19-26. Madrid: Imprenta de Villalpando.

Gutiérrez Rodilla, B. M. (2016). Reflexiones historiográficas sobre el léxico científico y los repertorios lexicográficos. En C. Garriga Escribano y J. I. Pérez Pascual (eds.), *Lengua de la ciencia e historiografía,* (pp. 117-128). La Coruña: Universidade da Coruña.

Heritier, M. (2008). La femme espagnole : De la femme au foyer à la preneuse de décisions. *Proyecto Social. Revista de relaciones laborales*, n.º 12, 120-142. Recuperado 17 de marzo de 2019, de http://proyectosocial.unizar.es/n12/PS12-07Heritier.pdf

Hernández Carralón, G. (2013). Eva en la BNE. *El blog de la Biblioteca Nacional de España.* Recuperado 15 de mayo de 2014, de http://blog.bne.es/blog/eva-en-la-bne/

Hibbs-Lissorgues, S. (2004a). Femmes et écriture en Espagne au XIXème siècle : la double écriture de la pédagogie morale et du roman. En M.-G. Besse y N. Mékouar-Hertzberg, *Colloque International organisé par le Laboratoire de Recherches en Langues et Littératures Romanes, Études Basques, Espace Caraïbe de l'Université de Pau et des Pays de l'Adour : Femme et écriture dans la Péninsule Ibérique,* tomo I, (pp. 43-57). Paris: L'Harmattan.

Hibbs-Lissorgues, S. (2004b). Femmes et lectures au XIXème siècle en Espagne : doctrine et pratiques. En L. Bénat-Tachot y J. Vilar (dir.), *La question du lecteur. Actes du XXXIe Congrès de la Société des hispanistes français,* (pp. 191-208). Marne-la-Vallée : Presses Universitaires, Ambassade d'Espagne. Recuperado 18 de noviembre de 2019, de http://www.cervantesvirtual.com/nd/ark:/59851/bmc2z1r4

Hibbs-Lissorgues, S. (2006). Itinerario de una filósofa y creadora del siglo XIX: Concepción Jimeno de Flaquer. En *Regards sur les Espagnoles créatrices (XVIIIe-XXe siècle),* (pp. 119-135). Paris : Presses Sorbonne Nouvelle.

Hibbs-Lissorgues, S. (2008). Escritoras españolas entre el deber y el deseo: Faustina Sáez de Melgar (1834-1895), Pilar Sinués de Marco (1835-1893) y Antonia Rodríguez de Ureta. En P. Fernández y M.L. Ortega (eds.), *La mujer de letras o la "letraherida": discursos y representaciones sobre la mujer escritora en el siglo XIX,* (pp. 325-343). Madrid: Consejo Superior de Investigaciones Científicas.

Hibbs-Lissorgues, S. (2015). La traducción como mediación cultural en el siglo XIX: reflexiones epistemológicas y metodológicas sobre una práctica compleja. En F. Lafarga y L. Pegenaute (eds.), *Creación y traducción en la España del siglo XIX,* (pp. 197-233). Suiza: Peter Lang.

Hoyos, J. C. (2015). Nacimiento de la ciencia económica: análisis de las traducciones españolas del *Épitomé* de Jean-Baptiste Say. En J. Pinilla y B. Lépinette (eds.), *Traducción y difusión de la ciencia y la técnica en España (S. XVI-XIX),* (pp. 295-314). València: Universitat de València, Institut Universitari de Llengües Aplicades Modernes (IULMA).

Hoyos, J. C. (2016). La correspondencia inédita de Jean-Baptiste Say: aspectos relacionados con la traducción. En B. Lépinette y J. Pinilla (eds.), *Reconstruyendo el pasado de la traducción. A propósito de obras francesas especializadas, científicas y técnicas en sus versiones españolas,* (pp. 179-202). Granada: Editorial Comares.

Hurtado Albir, A. (1990). *La notion de fidélité en traduction.* Paris: Didier Érudition.

Jagoe, C. (1998). Sexo y género en la medicina del siglo XIX. En C. Jagoe, A. Blanco y C. Enríquez de Salamanca (coord.), *La mujer en los discursos de género,* 1.ª ed. (pp. 305-339). Barcelona: Icaria.

Jagoe, C., Blanco, A., Enríquez de Salamanca, C. (1998). *La mujer en los discursos de género: textos y contextos del siglo XIX.* Barcelona: Icaria.

Jiménez Domingo, M. E. (2015). Les traductions espagnoles de textes médicaux au début du XIXe siècle (1800-1810). En J. Pinilla y B. Lépinette (eds.), *Traducción y difusión de la ciencia y la técnica en España (S. XVI-XIX),* (pp. 315-343). València: Universitat de València, Institut Universitari de Llengües Aplicades Modernes (IULMA).

Jiménez Morell, I. (1992). *La prensa femenina en España (desde sus orígenes a 1868).* Madrid: Ediciones de la Torre.

Johnson, R. Zubiaurre, M. (eds). Cuesta, L. F. (col.). (2012). *Antología del pensamiento feminista español (1726-2011).* Madrid: Ediciones Cátedra.

Kargl, E. (2013). Elfriede Jelinek, traductrice de Feydeau. En A. Lerousseau (coord.), *Des femmes traductrices. Entre altérité et affirmation de soi,* (pp. 121-151). Paris: L'Harmattan.

Lafarga Maduell, F. (2004). El siglo XVIII, de la Ilustración al Romanticismo. En F. Lafarga Maduell, F. y L. Pegenaute (eds.), *Historia de la traducción en España,* (pp. 209-321). Salamanca: Editorial Ambos Mundos.

Lafarga Maduell, F. (2015). Historia de la traducción e historia de la traducción científica y técnica: encuentros y desencuentros. En J. Pinilla y B. Lépinette (eds.), *Traducción y difusión de la ciencia y la técnica en España (S. XVI-XIX),* (pp. 27-50). València: Universitat de València, Institut Universitari de Llengües Aplicades Modernes (IULMA).

Lafarga Maduell, F. (2016). El pensamiento sobre la traducción en la época romántica. En F. Lafarga, C. Fillière, M. J. García Garrosa y J. J. Zaro, *Pensar la traducción en la España del siglo XIX,* (pp. 97-173). Salamanca: Escolar y Mayo Editores.

Lafarga, F. (2005). Sobre las traductoras españolas en el siglo XIX. En V. Trueba *et al.* (eds.), *Lectora, Heroína. Autora (La mujer en la literatura española del siglo XIX). III Coloquio de la Sociedad de Literatura Española del siglo XIX,* (pp. 185-194). Barcelona: PPU. Recuperado 18 de noviembre de 2020, de http://www.cervantesvirtual .com/nd/ark:/59851/bmcft915

Lafarga, F. (2019). Marie Rattazzi (née Marie-Lætitia Bonaparte-Wyse) traductrice: le cas du *Grand Galeoto* de José Echegaray. En *Synergies Espagne*, n.° 12, 17-28.

Lee-Jahnke, H. (2002). Eleanor Marx, traductrice militante et miroir d'Emma Bovary. En J. Delisle (Coord.), *Portraits des traductrices,* (pp. 321-368). Ottawa: Presses de l'Université d'Ottawa.

Lépinette, B. (1997). *La historia de la traducción. Metodología. Apuntes bibliográficos.* València: Lynx.

Lépinette, B. (1998). La traduction de textes scientifiques français au XVIIIe siècle en Espagne. Quelques considérations sur des vocabulaires scientifiques espagnols. En M. Ballard (ed.), *Europe et Traduction,* (pp. 117-136). Arras: Artois Presses Université.

Lépinette, B. (2002). L'histoire de la traduction du français en espagnol durant le XVIIIe siècle. En M.C. Figuerola Cabrol, P. Solá y M. Parra (coords.), *La lingüística francesa en el nuevo milenio,* (pp. 403-146). Lleida: Universidad de Lleida.

Lépinette, B. (2003). Traduction et Histoire. En B. Lépinette y A. Melero (eds.), *Historia de la Traducción,* (pp. 69-91). València: Universitat de València.

Lépinette, B. (2013). Traduction et terminologie. À propos de deux versions espagnoles (Madrid, 1800) de la *Logique* de Dumarsais. En *MonTI*, 5, 325-347.

Lépinette, B. (2016). La historiografía traducida del francés (1800-1822). En B. Lépinette y J. Pinilla (eds.), *Reconstruyendo el pasado de la traducción. A propósito de obras francesas especializadas, científicas y técnicas en sus versiones españolas,* (pp. 1-49). Granada: Editorial Comares.

Lépinette, B. (2017). Editores/impresores españoles de Tratados de Medicina traducidos del francés (1800-1850). En B. Lépinette y J. Pinilla (eds.), *Reconstruyendo el pasado de la traducción II. A propósito de las imprentas/editoriales y de las obras científicas y técnicas traducidas del francés al español (siglo XIX),* (pp. 39-63). Granada: Editorial Comares.

Lépinette, B. (2019). La medicina doméstica en Francia. Sus textos y sus traducciones al español (siglos XVIII y XIX). En B. Lépinette y J. Pinilla (Coords.), *Reconstruyendo el pasado de la traducción III. Transmisión del saber médico de Francia a España (siglos XVIII.XIX.* Granada: Editorial Comares.

Lépinette, B. y Sierra Soriano, A. (1997). Algunas consideraciones sobre la formación de vocabularios científicos españoles: La influencia de las traducciones del francés. En *Llivius: Revista de estudios de traducción*, n.º 9, pp. 65-82. Recuperado 19 de diciembre, de 2018, de https://buleria.unileon.es/handle/10612/6401

López Alcalá, S. (2001). *La historia, la traducción y el control del pasado.* Madrid: Universidad Pontificia Comillas.

Lubin, G. (1964). *Correspondence de Georges Sand (1812-1876)*, Paris, Garnier Frères, 25 vols.

Llofriu y Sagrera, E. (1866). Protectores de la Academia Tipográfica de Señoritas, en *El álbum de las familias*, n.º XXI, 3. Recuperado 30 de abril de 2020, de www.hemerotecadigital.bne.es/details.vm?q=parent%3A0003797637&lang=es&s=3

Mancho Duque, M. J. (2016). Las traducciones científico-técnicas integradas en el corpus del Diccionario de la Ciencia y de la Técnica del Renacimiento (DICTER): algunas características. En C. Garriga Escribano y J. I. Pérez Pascual (eds.), *Lengua de la ciencia e historiografía,* (pp. 161-180). La Coruña: Universidade da Coruña.

Mancho Duque, M. J. (2015). Las traducciones de textos científicos técnicos en español en el Renacimiento: algunos rasgos caracterizadores. En J. Pinilla y B. Lépinette (eds.), *Traducción y difusión de la ciencia y la técnica en España (s. XVI-XIX),* (pp. 89-117). València: Universitat de València, Institut Universitari de Llengües Aplicades Modernes (IULMA).

Masiola Rosini, R. (2002). Marianna Florenzi : la « belle marquise » volage en quête de fidélité absolue. En J. Delisle (Coord.), *Portraits des traductrices*, (pp. 239-266). Ottawa : Presses de l'Université d'Ottawa.

McIntosh-Varjabédian, F. (2013). Écrire ou traduire l'histoire quand on est une femme : Un effacement volontaire ? En A. Lerousseau (Coord.), *Des femmes traductrices. Entre altérité et affirmation de soi*, (pp. 43-59). Paris: L'Harmattan.

Mesonero Romanos, R. (1925). Las traducciones. En R. Mesonero Romanos, *Obras*, pp. 225-260. Madrid: Renacimiento III.

Micó Romero, N. (2016). La actividad lexicográfica especializada (siglo XIX). Diccionarios y enciclopedias traducidos. En B. Lépinette y J. Pinilla (eds.), *Reconstruyendo el pasado de la traducción. A propósito de obras francesas especializadas, científicas y técnicas en sus versiones españolas*, (pp. 85-109). Granada: Editorial Comares.

Micó Romero, N. (2019). Ginecología y moral matrimonial de la mujer a través de traducciones en el siglo XIX: una aproximación. En B. Lépinette y J. Pinilla (eds.), *Reconstruyendo el pasado de la traducción III. Transmisión del saber médico de Francia a España (siglos XVIII-XIX),* (pp. 137-152). Granada: Editorial Comares.

Molina, L. y Hurtado Albir, A. (2002). Translation techniques revisited: a dynamic and functionalist approach. *Meta*, 47 (4), 498-512. Recuperado 15 de noviembre de 2020, de https://www.erudit.org/fr/revues/meta/2002-v47-n4-meta688/008033ar/

Montesinos, J. F. (1980). *Introducción a una historia de la novela en España en el siglo XIX. Seguida del esbozo de una bibliografía española de traducciones de novelas 1800-1850.* Madrid: Editorial Castalia.

Mounin, G. (1963). *Les problèmes théoriques de la traduction.* Paris: Gallimard.

Mounin, G. (1994). *Les belles infidèles.* Paris : Presses Universitaires de Lille.

Muñoz Bello, R. (2016a). La terminología química y los libros de enseñanza de la química durante la primera mitad del siglo XIX en España. En C. Garriga Escribano y J. I. Pérez Pascual (eds.), *Lengua de la ciencia e historiografía,* (pp. 193-206). La Coruña: Universidade da Coruña.

Muñoz Bello, R. (2016b). Traducción y enseñanza de la química a finales del siglo XVIII en España. En B. Lépinette y J. Pinilla (eds.), *Reconstruyendo el pasado de la traducción. A propósito de obras francesas especializadas, científicas y técnicas en sus versiones españolas,* (pp. 265-276). Granada: Editorial Comares.

Muñoz Bello, R. y Bertomeu Sánchez, J.R. (2012). La terminología química en los diccionarios de medicina y farmacia de la primera mitad del siglo XIX. En G. Rio-Torto (ed.), *Léxico de la Ciencia: Tradición y Modernidad,* (pp. 237-251). Munich: Lincom Europa.

Muñoz-Muñoz, A.M., y Argente Jiménez, M. (2015). La formación de las bibliotecarias y las bibliotecas de mujeres en España. En *Revista General de Información y Documentación,* vol. 25-1, 47-48. Recuperado 20 de agosto de 2020, de https://revistas.ucm.es/index.php/RGID/article/view/48983

Newmark, P. (1991). La teoría y el arte de la traducción. En *Letras,* vol. 1, n.º 23-24, 29-58. Recuperado 17 de abril de 2017, de https://dialnet.unirioja.es/servlet/articulo?codigo=5476322

Nida, E. A. (1964). *Towards a Science of Translating.* Leiden: E. J. Brill.

Onandía Ruiz, B. (2019). Être une femme (in)visible : la présence des femmes dans le monde de la traduction espagnole des Lumières. *Histoire de la traduction en langues française et espagnole (XVIe-XXe siècles) : femmes, médicine, lois, Synergie Espagne,* n.º 12, 47-62. Recuperado 27 de julio de 2020, de http://gerflint.fr/Base/Espagne12/ornandia_ruiz.pdf

Ordóñez López, P. y Sabio Pinilla, J. A. (2015). *Historiografía de la traducción en el espacio ibérico. Textos contemporáneos.* Cuenca: Universidad de Castilla-La Mancha.

Ortazan y Brunet, E. (1832). *Recopilación de lo mas interesante que se ha publicado en abril de 1832 en la Gaceta de Francia concerniente al cólera-morbo.* Madrid: Imprenta de D. Pedro Ximenez de Haro.

Osca-Lluch, J. (2015). Una aproximación bibliométrica a las obras traducidas del francés durante los siglos XVI-XIX. En J. Pinilla y B. Lépinette (eds.), *Traducción y difusión de la Ciencia y la Técnica en España (s. XVI-XIX)*, (pp. 51-69). València: Universitat de València, Institut Universitari de Llengües Aplicades Modernes (IULMA).

Parkinson de Saz, S. M. (1984). Teoría y técnicas de la traducción. En *Boletín de la Asociación Europea de Profesores de Español,* n.º 31, 91-109.

Pérez-Ramos, S. (2019). Une traductrice spécialisée au XIXe siècle : María Antonia Gutiérrez Bueno y Ahoiz et la maladie du « cholera-morbus », *Synergie Espagne*, 12, 107-119.

Pinilla Martínez, J. (2003). De la traduction des termines techniques aux XVIIIème siècle. À propos des couples synonymiques. En B. Lépinette y A. Melero (eds.), *Historia de la Traducción,* (pp. 263-281). València: Universitat de València.

Pinilla Martínez, J. (2008). *La traducción técnica y científica en España durante el siglo XVIII. Estudio traductológico de la obra en español de H. L. Duhamel du Monceau (1700-1782).* (Tesis doctoral. Universitat de València, València).

Pinilla Martínez, J. (2016). Agronomía y traducción. El diccionario de bibliografía agronómica (Braulio Antón Ramírez, 1865). En B. Lépinette y J. Pinilla (eds.), *Reconstruyendo el pasado de la traducción. A propósito de obras francesas especializadas, científicas y técnicas en sus versiones españolas*, (pp. 51-85). Granada: Editorial Comares.

Pinilla Martínez, J. y Lépinette, B. (2008). Las "creaciones" de un traductor científico de H. L. Duhamel du Monceau (1700-1782): Las notas añadidas a pie de página, mediación cultural y científica entre TO y TM y explicación de conocimientos colectivos divergentes. En *Quaderns de filologia. Estudis literaris,* n.º 13, (pp. 205-222). Recuperado 19 de diciembre de 2018, de https://dialnet.unirioja.es/servlet/articulo?codigo=3015850

Pinilla Martínez, J. y Lépinette, B. (2009). La aportación propia del traductor al texto científico-técnico traducido o el afán de divulgación de un saber foráneo. A propósito del paratexto en una traducción al español de H.L. Duhamel du Monceau (1700-1782). En *Cuadernos del Instituto de Historia de la Lengua,* n.º 3, 109-126. Recuperado 19 de diciembre de 2018, de https://dialnet.unirioja.es/servlet/articulo?codigo=3186552

Pintos de Cea-Naharro, M. (2016). *Concepción Gimeno Flaquer. Del sí de las niñas al yo de las mujeres.* Madrid: Plaza y Valdés.

Pola Morillas, M.T., Arquero Avilés, R. (2020). Ángela García Rives, o cuando ellas llegaron a las bibliotecas y archivos. *BiD: textos universitairs de biblioteconomía i documentación,* n.º 44. Recuperado 21 de agosto de 2020, de http://bid.ub.edu/es/44/pola.htm

Presas Corbella, M. (2012). Qüestions de la Práctica de la traducció. En M. Bacardí, O. Domènech, C. Gelpí y M. Presas (Coords.), *Teoría i Práctica de la traducció,* (pp. 39-67). Barcelona: Editorial UOC.

Puche Lorenzo, M.A. (2017). ¿Por qué (no) traducir del francés en el siglo XIX? El protagonismo el español entre traductores y editores. En B. Lépinette y J. Pinilla (eds.), *Reconstruyendo el pasado de la traducción (II). A propósito de las imprentas/editoriales y de las obras científicas y técnicas traducidas del francés al español (siglo XIX)*, (pp. 233-248). Granada: Editorial Comares.

Pym, A. (1998). *Method in Translation History.* New York: Routledge.

Rábade Villar, M. C. (2015). Rosalía de Castro, traductora: autotraducción, paratraducción y traducción desviada. En Francisco Lafarga y Luis Pegenaute (eds.), *Creación y traducción en la España del siglo XIX,* (pp. 381-394). Suiza: Peter Lang.

Ramírez Gómez, C. (1999). De juicios y advertencias de traductores españoles de letras francesas del siglo XVIII. Feijoo, Lista, Marchena, Maury, Moratín. En Lafarga Maduell, F. (ed.), *La traducción en España (1750-1830). Lengua, literatura, cultura,* (pp. 55-67). Lleida: Edicions de la Universitat de Lleida.

Ramírez Martín, S. M. (2019). Libros sobre vacuna que se traducen del francés al español (1800-1805) y su impacto en América. En B. Lépinette y J. Pinilla, *Reconstruyendo el pasado de la traducción III. Transmisión del saber médico de Francia a España (siglos XVIII.XIX),* (pp. 109-136). Granada: Editorial Comares.

Rao, S. (2004). Quelques considérations éthiques sur l'invisibilité du traducteur ou les vertus du silence en traduction. *TTR,* 17 (2), 13-25. Recuperado 14 marzo 2021, de https://www.erudit.org/fr/revues/ttr/2004-v17-n2-ttr1291/013268ar/

Rodríguez Infiesta, V. (2008). Suscriptores y suscripciones periodísticas en la España de principios del siglo XX. Apuntes desde una perspectiva asturiana. En *HISPANIA. Revista Española de Historia,* vol. I, n.º 230, 761-786. Recuperado 18 octubre 2020, de http://hispania.revistas.csic.es/index.php/hispania/article/view/93/95

Ruiza, M., Fernández, T. y Tamaro, E. (2004). Biografía de Leandro Fernández de Moratín. En *Biografías y Vidas. La enciclopedia biográfica en línea.* Barcelona (España). Recuperado 20 de agosto de 2020, de https://www.biografiasyvidas.com/biografia/m/moratin.htm

Sánchez, L. (2015). La traducción: un espacio de negociación, resistencia o ruptura de significados sociales de género. En L. Saletti-Cuesta (coord.), *Traslaciones en los estudios feministas,* (pp. 55-80). Recuperado 17 diciembre 2018, de https://www.academia.edu/42928362/La_traducci%C3%B3n_un_espacio_de_negociaci%C3%B3n_resistencia_o_ruptura_de_significados_sociales_de_g%C3%A9nero

Sanmartí Roset, C. (2012). Cartes en família. La correspondència d'Assumpció Baldrich Arandes (1770-1848). En *Anuari Verdaguer,* n.º 20, 81-99. Recuperado 12 de octubre de 2019, de https://dialnet.unirioja.es/servlet/articulo?codigo=4969605

Sanmartí, C. y Riba, C. (2020). La recepción de George Sand en España: traducciones y censura (1836-1975). *Quaderns. Revista de traducció,* 27, 29-49.

Santaemilia Ruiz, José. (2013). Gender and translation. A new European tradition? En E. Federici y V. Leonardi (Coords.), *Bridging the Gap between Theory and Practice Translation and Gender studies,* 4-14. Cambridge: Cambridge Scholars Publishing.

Santoyo, J.-C. (2006). Blank Spaces in the History of Translation. En G. Bastin y P. F. Bandía, *Charting the Future of Translation History,* (pp. 11-43). Recuperado 15 de noviembre de 2020, de https://books.openedition.org/uop/301?lang=es

Sanz, A. (2002). Anne de La Roche-Guilhem, « rare en tout ». En J. Delisle (Coord.), *Portraits des traductrices,* 55-85. Ottawa: Presses de l'Université d'Ottawa.

Sendin, M. (1801). Observaciones sobre la formación del salitre, y establecimientos de salitrerías artificiales, *Semanario de Agricultura y Artes dirigido a los párrocos,* n.º 223, 223-232.

Serrano Jerez, E. (2017). Sprending the revolution. Guyton's fumigating machine in Spain. Politics, technology and material culture (1796-1808), en L. Roberts y S. Werrett (coords.),

Compound Histories: Materials, Governance and Production, 1760-1840. Lieden: Brill, (pp. 106-130).

Serrano Jerez, E. *Science for Women in the Spanish Enlightenment 1753-1808* (Tesis doctoral, Universitat Autònoma de Barcelona, Barcelona).

Seruya, T. (2015). Contributos para uma História da Tradução em Portugal. En P. Ordóñez López y J.A. Sabio Pinilla. (Coords.), *Historiografía de la traducción en el espacio ibérico. Textos contemporáneos* (pp. 221-241). Cuenca: Ediciones de la Universidad de Castilla-La Mancha.

Simón Palmer, M.C. (1900). La Higiene y la Medicina de la mujer española a través de los libros (s. XVI a XIX). En *Actas de las Segundas Jornadas de Investigación Interdisciplinaria, La mujer en la Historia de España (siglos XVI.XX)*, (pp. 71-84). Madrid: Servicio de Publicaciones de la Universidad Autónoma de Madrid.

Sirois, A. (1997). *Les femmes dans l'histoire de la traduction. De la Renaissance au XIXème siècle. Domaine français*. (Tesis doctoral. École de traduction et d'interprétation Université d'Ottawa, Ottawa, Canadá). Recuperada 24 marzo 2021, de https://ruor.uottawa.ca/handle/10393/4272

Terreros y Pando, E. (1767). *Diccionario castellano con las voces de ciencias y artes y sus correspondientes en las tres lenguas francesa, latina e italiana,* 3 vols. (I, 1786; II, 1787; III, 1788). (NTTLE). Viuda de Ibarra: Madrid.

Thion Soriano-Mollá, D. (2015). Joaquina García Balsameda, notas sobre el quehacer de una traductora olvidada. En F. Lafarga y L. Pegenaute (eds.), *Creación y traducción en la España del siglo XIX,* (pp. 437-449). Suiza: Peter Lang.

Toury, G. (1995). *Descriptive Translation Studies and Beyond*. Amsterdam/Philadelphia: John Benjamins Publishing Company.

Ull Pont, E. J. (1974). El sufragio censitario en el Derecho electoral español. *Revista de Derecho Político,* Recuperado 10 de mayo de 2020, de https://dialnet.unirioja.es/descarga/articulo/1708416.pdf

Vega, M. A. y Pulido, M. (2015). La historia de la traducción y de la teoría de la traducción en el contexto de los Estudios de Traducción. En P. Ordóñez López y J. A. Sabio Pinilla. (Coords.), *Historiografía de la traducción en el espacio ibérico. Textos contemporáneos* (pp. 189-220). Cuenca: Ediciones de la Universidad de Castilla-La Mancha.

Velasco Molpeceres, A. M. (2016). *Moda y prensa femenina en España (siglo XIX)*. Madrid: Ediciones 19.

Venuti, L. (1997). *The Translator's Invisibility. A History of Translation.* London: Routledge.

Vidal Claramonte, A. (1999). De por qué no se puede traducir en femenino. En M. A. Vega Cernuda y R. Martín Gaitero (eds.), *Lengua y cultura: estudios en torno a la traducción. Encuentros complutenses en torno a la traducción,* vol. II (pp. 229-232).

Vidal Claramonte, M. C. Á. (2018). *La traducción y la(s) historia(s). Nuevas vías para la investigación*. Granada: Editorial Comares.

von Flotow, L. (1991). Feminist translation: Context, Practices and Theories. *TTR*, 4 (2), 69-84. Recuperado 15 febrero de 2021, de Doi https://doi.org/10.7202/037094ar

von Flotow, L. (1997). *Translation and Gender. Translating in the 'Era of Feminism'*. Ottawa: University Press of Ottawa.

von Flotow, L. (2002). Julia E. Smith, traductrice de la Bible à la recherche de la vérité par le littéralisme. En J. Delisle (Coord.), *Portraits des traductrices*, (pp. 291-319). Ottawa: Presses de l'Université d'Ottawa.

Vrinat-Nikolov, M. (2002). Ekaterina Karavelova, une traductrice discrète. En J. Delisle (Coord.), *Portraits des traductrices*, (pp. 205-238). Ottawa: Presses de l'Université d'Ottawa.

Weinmann, F. (2013). Les traductrices littéraires dans la France du XIXème siècle. En A. Lerousseau (Coord.), *Des femmes traductrices. Entre altérité et affirmation de soi*, (pp. 19-43). Paris: L'Harmattan.

Whitfield, A. (2002). Émile du Châtelet, traductrice de Newton, ou la « traduction-confirmation ». En J. Delisle (Coord.), *Portraits des traductrices*, (pp. 87-115). Ottawa: Presses de l'Université d'Ottawa.

Normas de recepción y publicación

VERTERE – Monográficos de la revista *Hermēneus*

Hermēneus, revista de investigación en Traducción e Interpretación publica, como actividad complementaria a su labor de edición periódica de artículos, reseñas y traducciones breves, un volumen anejo, de carácter anual, bajo la denominación genérica de «Vertere. Monográficos de la Revista *Hermēneus*».

La entidad bajo cuyo patrocinio recae este proyecto es la Diputación Provincial de Soria, en colaboración con la Facultad de Traducción e Interpretación de Soria de la Universidad de Valladolid.

Las áreas de investigación serán las mismas que figuran detalladas en las normas de publicación de la revista *Hermēneus*, es decir, todas aquellas enmarcadas dentro de los campos de actividad de la traducción, la interpretación y otras áreas lingüísticas, documentales, literarias y humanísticas afines.

Para que un trabajo pueda ser considerado publicable en esta colección, será necesario hacer llegar a la dirección de la revista *Hermēneus* la siguiente documentación:

- Carta de solicitud con fecha de envío;
- un currículo breve que incluya los datos completos del autor o autores;
- descripción somera del trabajo ya realizado propuesto para su publicación o proyecto del mismo;
- el trabajo completo si se trata de la versión definitiva (en formato digital).

La extensión de los textos no será menor de cien páginas presentadas a doble espacio ni superará las doscientas. En caso de no poderse cumplimentar estos requisitos, los autores deberán ponerse en contacto con la dirección de la revista, donde se analizará el caso para alcanzar, si fuera posible, una solución que satisfaga a ambas partes.

Toda la correspondencia deberá dirigirse a la siguiente dirección:

Juan Miguel Zarandona Fernández
Director de la Revista *Hermēneus*

Facultad de Traducción e Interpretación
Campus Universitario Duques de Soria s/n
42004 Soria, España (Spain)

Tel: + 34 975 129 174/+34 975 129 100
Fax: + 34 975 129 101
Correo-e: juanmiguel.zarandona@uva.es / hermeneus.trad@uva.es

El anonimato estará garantizado en todo momento y, trascurrido el tiempo mínimo necesario, los autores recibirán una respuesta que podrá ser de aceptación plena, aceptación con reservas, o rechazo del original.

Las lenguas prioritarias en que deberán estar escritas las colaboraciones serán el español, el inglés, el francés, el alemán, el italiano y el portugués (lenguas fundamentales de trabajo de la Facultad de Traducción e Interpretación de Soria), si bien se aceptarán trabajos escritos en otros idiomas, siempre que tengan como objetivo de investigación la traducción e interpretación hacia y desde el español u otras lenguas peninsulares.

Los trabajos deberán ser inéditos y no podrán ser presentados, de forma simultánea, para su publicación en cualquier otra institución, organismo o editorial.

Para mantener la coherencia necesaria de las actividades de este proyecto de publicaciones, cualquier otro requisito de la revista *Hermēneus* se aplicará a estos monográficos como añadidura complementaria.

VERTERE
MONOGRÁFICOS DE LA REVISTA HERMĒNEUS

Núm. 1
Año 1999
22 €
Roberto Mayoral.
La traducción de la variación lingüística.

Núm. 2
Año 2000
22 €
Antonio Bueno.
Publicidad y traducción.

Núm. 3
Año 2001
26 €
Mariano García-Landa.
Teoría de la traducción.

Núm. 4
Año 2002
22 €
Liborio Hernández y Beatriz Antón.
Disertación sobre las monedas y medallas antiguas.

Núm. 5
Año 2003
22 €
Miguel Ibáñez Rodríguez.
«Los versos de la muerte» de Helinand de Froidmont. La traducción de textos literarios medievales franceses al español.

Núm. 6
Año 2004
22 €
Ingrid Cáceres Würsig.
Historia de la traducción en la Administración y en las relaciones internacionales en España (s. XVI-XIX).

Núm. 7
Año 2005
22 €
Carlos Castilho Pais.
Apuntes de historia de la traducción portuguesa.

Núm. 8
Año 2006
22 €
Kris Buyse.
¿Como traducir clíticos? Modelo general y estrategias específicas a partir del caso de la traducción española de los clíticos franceses EN e Y.

Núm. 9
Año 2007
22 €
Roxana Recio (ed.).
Traducción y humanismo: panorama de un desarrollo cultural.

Núm. 10
Año 2008
22 €
Antonio Raúl de Toro Santos y Pablo Cancelo López.
Teoría y práctica de la traducción en la prensa periódica española (1900-1965).

Núm. 11
Año 2009
30 €
Joaquín García-Medall.
Vocabularios hispano-asiáticos: traducción y contacto intercultural.

Num. 12
Año 2010
30 €
Heberto H. Fernández U.
Dictionaries in Spanish and English from 1554 to 1740: Their Structure and Development.

Núm. 13
Año 2011
30 €
Vicente López Folgado, Ángeles García Calderón, Miguel A. García Peinado y J. de D. Torralbo Caballero.
Poesía inglesa femenina del siglo XVIII. Estudio y traducción (antología bilingüe).

Núm. 14
Año 2012
30 €
Juan Antonio Albaladejo Martínez.
La literatura marcada: problemas de traducción y recepción ejemplificados a través del teatro popular vienes.

Núm. 15
Año 2013
30 €
Jana Králová y Miguel José Cuenca Drouhard.
Jiři Levy: una concepción (re)descubierta.

Núm. 16
Año 2014
22 €
Daniel Gallego Hernández (ed.).
Traducción económica: entre profesión, formación y recursos documentales.

Núm. 17
Año 2015
30 €
Sebastián García Barrera.
*Le traducteur dans son labyrinthe: La traduction de l'*Amadis de Gaule *par Nicolas Herberay des Essarts (1540).*

Núm. 18
Año 2016
30 €
Daniel Lévêque (Coord.).
Figures et pointes stylistiques novatrices en langue allemande, anglaise, espagnole et leur traduction francaise.

Núm. 19
Año 2017
30 €
Julia Pinilla Martínez.
Ensayo de un diccionario de traductores españoles de obras científicas y técnicas (1750-1900): Medicina.

Núm. 20
Año 2018
30 €
Aura E. Navarro.
Traducción y prensa temprana. El proceso emancipador en la Gaceta de Caracas (1808-1822).

Núm. 21
Año 2019
30 €
Ingrid Cáceres Würsig y María Jesús Fernández Gil (eds.)
La traducción literaria a finales del siglo XX y principios del XXI: hacia la disolución de fronteras.

Núm. 22
Año 2020
30 €
George Eliot.
M.ª Jesús Lorenzo Modia (ed.), María Donapetry Camacho (trad.)
La gitanilla española: poema dramático.

Núm. 23
Año 2021
18 €
Dianella Gambini.
Un fraile de misa y olla por el camino de Santiago. El viaje a Santiago del p.fr. Cristóbal Monte Maggio de Pésaro en 1583.

Núm. 24
Año 2022
20 €
María Laura Spoturno (Coord.)
Subjetividad, discurso y traducción. La construcción del Ethos en la escritura y la traducción